Marxismo como ciência social

COLEÇÃO SOCIOLOGIA
Coordenador: Brasilio Sallum Jr. – Universidade de São Paulo

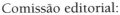

Comissão editorial:
Gabriel Cohn – Universidade de São Paulo
Irlys Barreira – Universidade Federal do Ceará
José Ricardo Ramalho – Universidade Federal do Rio de Janeiro
Marcelo Ridenti – Universidade Estadual de Campinas
Otávio Dulci – Universidade Federal de Minas Gerais

Dados Internacionais de Catalogação na Publicação (CIP)
(Câmara Brasileira do Livro, SP, Brasil)

Codato, Adriano
  Marxismo como ciência social / Adriano Codato, Renato Perissinotto. – Petrópolis, RJ : Vozes; Curitiba : Editora UFPR, 2020. – (Coleção Sociologia)

  Bibliografia.
  ISBN 978-85-326-6325-2

  1. Comunismo e ciências sociais 2. Marx, Karl, 1818-1883 I. Perissinotto, Renato. II. Título. III. Série.

19-30145   CDD-335.4

Índices para catálogo sistemático:
1. Marxismo como ciência social 335.4
Cibele Maria Dias – Bibliotecária – CRB-8/9427

Adriano Codato
Renato Perissinotto

Marxismo como ciência social

Petrópolis

© 2020, Editora Vozes Ltda.
Rua Frei Luís, 100
25689-900 Petrópolis, RJ
www.vozes.com.br
Brasil

Em coedição com:
Editora UFPR – Paraná
Rua João Negrão, 280 – 2º andar
Centro
80010-200 Curitiba, PR

Todos os direitos reservados. Nenhuma parte desta obra poderá ser reproduzida ou transmitida por qualquer forma e/ou quaisquer meios (eletrônico ou mecânico, incluindo fotocópia e gravação) ou arquivada em qualquer sistema ou banco de dados sem permissão escrita da editora.

CONSELHO EDITORIAL

Diretor
Gilberto Gonçalves Garcia

Editores
Aline dos Santos Carneiro
Edrian Josué Pasini
Marilac Loraine Oleniki
Welder Lancieri Marchini

Conselheiros
Francisco Morás
Ludovico Garmus
Teobaldo Heidemann
Volney J. Berkenbrock

Secretário executivo
João Batista Kreuch

Diagramação: Mania de criar
Revisão gráfica: Nilton Braz da Rocha / Nivaldo S. Menezes
Capa: Editora Vozes

ISBN 978-85-326-6325-2

Esta obra foi publicada originalmente em 2011 pela Editora da UFPR.

Editado conforme o novo acordo ortográfico.

Este livro foi composto e impresso pela Editora Vozes Ltda.

Para Décio Saes

Hic Rhodus, hic salta!

Sumário

Siglas utilizadas para as obras de Marx & Engels, 10

Edições utilizadas, 11

Sobre os autores, 12

Apresentação da coleção, 13
 Brasilio Sallum Jr.

Apresentação – Ler Marx, hoje, 15

Notícia sobre os textos, 24

1 Lendo Marx à luz de Marx, 29
 Adriano Codato

 Para ler a *Crítica da Economia Política*, 32

 Teoria social *versus* História, 35

 Dois princípios explicativos, 36

 Os discursos e seus tipos, 38

 A autoridade do econômico, 41

 Aparência e essência, 46

2 O Estado como instituição, 55
 Adriano Codato & Renato Perissinotto

 Estado capitalista: função social e instituição política, 57

 Estado: um sistema institucional de aparelhos, 63

 Estado e poder de Estado, 69

 A funcionalidade do Estado como predicado histórico, 70

3 Marx e a teoria contemporânea do Estado, 76
 Renato Perissinotto

O 18 Brumário no conjunto da produção clássica, 77

A influência de "O 18 Brumário" na teoria marxista contemporânea do Estado, 87

Conclusão, 93

4 Poulantzas, 1, 2 e 3, 99
Adriano Codato

Estado e teoria do Estado, 101

Três princípios de classificação, 103

O Estado como estrutura, como aparelho e como relação, 107

Conclusão, 119

5 O espaço político segundo Marx, 123
Adriano Codato

O destinatário da obra e a dicção do texto marxiano, 125

O grande teatro da política, 129

A cena política como metáfora problemática, 134

A forma-política e as funções do espaço político, 138

6 Considerações sobre o marxismo analítico, 149
Renato Perissinotto

O problema do método, 150

A explicação funcional não é uma explicação, 151

Uma defesa da explicação funcional, 155

Individualismo metodológico, teoria da escolha racional e teoria dos jogos, 159

Considerações finais, 165

7 Marx e a análise contemporânea de classe, 172
Renato Perissinotto

Análise de classe e processo político em *O 18 Brumário*, 173

A teoria marxista contemporânea: os problemas permanecem, 177

Alternativas classistas ao marxismo: a visão culturalista, 183

Reflexão à guisa de conclusão, 189

8 Marxismo ou elitismo?, 198
Adriano Codato & Renato Perissinotto

Poder, classe (dominante) e burocracia, 200

A crítica teórica à teoria das elites, 202

Um sistema conceitual alternativo, 203

Por um diálogo na pesquisa social, 205

9 Por uma análise societalista da política, 215
Renato Perissinotto & Adriano Codato

Por um retorno à análise classista da política, 216

As críticas ao elitismo, 219

As críticas ao conceito de classe, 223

Em defesa da aproximação entre marxismo e elitismo, 228

A análise de classe na prática: possibilidades e limites, 231

Siglas utilizadas para as obras de Marx & Engels

18 Br.	*O 18 Brumário de Luís Bonaparte*
CEP	*Crítica da Economia Política*
Cr. Ing.	*Crônicas Inglesas (1852-1854)*
GCF	*A guerra civil na França*
IA	*A ideologia alemã*
ICEP	*Introdução geral à Crítica da Economia Política (1857)*
K	*O Capital*
LCF	*As lutas de classe na França (1848-1850)*
LP	*Lord Palmerston (1853)*
MC	*Manifesto Comunista*
OFPE	*A origem da família, da propriedade e do Estado*
Prefácio	*Prefácio à Crítica da Economia Política (1859)*
RCR	*Revolução e contrarrevolução na Europa*

Edições utilizadas

Marx, Karl e Engels, Friedrich. *L'idéologie allemande*. In: Marx, Karl. *Œuvres*, v. III: Philosophie. Trad.: Maximilien Rubel. Paris: Gallimard, 1982, Bibliothèque de La Pléiade.

Marx, Karl e Engels, Friedrich. *Le Manifeste Comuniste*. In: Marx, Karl. *Œuvres*, v. I, Économie. Trad.: Maximilien Rubel. Paris: Gallimard, 1965, Bibliothèque de La Pléiade.

Marx, Karl. *La guerre civile en France*. IIIème partie. Disponível em: <http://www.marxists.org/francais/ait/1871/05/km18710530c.htm>. Acesso em: 13 jan. 2010.

Marx, Karl. Avant-Propos. *Critique de l'Économie Politique* (1859). In: Marx, Karl. *Œuvres*. v. I: Économie. Trad.: Maximilien Rubel. Paris: Gallimard, 1965, Bibliothèque de La Pléiade.

Marx, Karl. *Introduction générale a la Critique de l'Économie Politique* (1857). In: Marx, Karl. *Œuvres*. v. I: Économie. Trad.: Maximilien Rubel. Paris: Gallimard, 1965, Bibliothèque de La Pléiade.

Marx, Karl. *Le 18 Brumaire de Louis Bonaparte*. In: _____. *Œuvres*. Vol. IV, Tomo I: Politique. Trad. : Maximilien Rubel. Paris: Gallimard, 1994.

Marx, Karl. *Les luttes de classes en France*. 1848 a 1850. In: _____. *Œuvres*. Vol. IV, Tomo I: Politique. Trad.: Maximilien Rubel. Paris: Gallimard, 1994.

Marx, Karl. *Lord Palmerston*. In: _____. *Œuvres*. Vol. IV, Tomo I: Politique. Trad.: Maximilien Rubel. Paris: Gallimard, 1994.

Marx, Karl. *O capital*: crítica da economia política. São Paulo: Abril Cultural, 1983.

Marx, Karl. *The Civil War in France*. In: Carver, Terrell (ed.). *Marx: Later Political Writings*. Cambridge: Cambridge University, 2003.

* * *

Sobre os autores

Adriano Codato é graduado em Ciências Sociais (com ênfase em Ciência Política), Mestre em Ciência Política e Doutor em Ciência Política, sempre pela UNICAMP. Professor de Ciência Política na Universidade Federal do Paraná (UFPR) desde 1992, é fundador e editor da *Revista de Sociologia e Política* (www.scielo.br/rsocp) e um dos coordenadores do Núcleo de Pesquisa em Sociologia Política da UFPR. Atua nos Programas de Pós-Graduação em Ciência Política e em Políticas Públicas na UFPR e é pesquisador do CNPq. Publicou *Sistema estatal e política econômica no Brasil pós-64*. São Paulo: Hucitec, 1997. Organizou a coletânea *Political Transition and Democratic Consolidation: Studies on Contemporary Brazil*. New York: Nova Science Publishers, 2006 e, mais recentemente, *Élites en las Américas: diferentes perspectivas*. Curitiba; Buenos Aires: Editora UFPR; Ediciones UNGS, 2018. Seus temas de pesquisa incluem os seguintes assuntos: partidos políticos, elites políticas e estatais, carreiras parlamentares.

Renato Perissinotto concluiu o seu doutorado em Ciências Sociais pela Universidade Estadual de Campinas (UNICAMP) em 1997 e realizou seu pós-doutorado no Latin American Centre da Universidade de Oxford (2011-2012). É professor de Ciência Política da Universidade Federal do Paraná (UFPR) desde 1992 e é pesquisador do CNPq. É coeditor da *Revista de Sociologia e Política* (www.scielo.br/rsocp) e co-coordenador do Núcleo de Pesquisa em Sociologia Política da UFPR. Foi coordenador do Programa de Pós-Graduação em Ciência Política da UFPR e professor do Programa de Pós-Graduação em Sociologia da mesma universidade. Foi também presidente da Associação Brasileira de Ciência Política (ABCP) entre 2016 e 2018. Pesquisa e publica fundamentalmente na área de sociologia política das elites (recrutamento político-partidário, perfil das elites políticas e estatais, relação entre elites e decisão política).

* * *

Apresentação da coleção

Brasilio Sallum Jr.

A **Coleção Sociologia** ambiciona reunir contribuições importantes desta disciplina para a análise da sociedade moderna. Nascida no século XIX, a sociologia expandiu-se rapidamente sob o impulso de intelectuais de grande estatura – considerados hoje clássicos da disciplina –, formulou técnicas próprias de investigação e fertilizou o desenvolvimento de tradições teóricas que orientam o investigador de maneiras distintas para o mundo empírico. Não há o que lamentar o fato de a sociologia não ter um corpus teórico único e acabado. E, menos ainda, há que esperar que este seja construído no futuro. É da própria natureza da disciplina – de fato, uma de suas características mais estimulantes intelectualmente – renovar conceitos, focos de investigação e conhecimentos produzidos. Este é um dos ensinamentos mais duradouros de Max Weber: a sociologia e as outras disciplinas que estudam a sociedade estão condenadas à eterna juventude, a renovar permanentemente seus conceitos à luz de novos problemas suscitados pela marcha incessante da história. No período histórico atual este ensinamento é mais verdadeiro do que nunca, pois as sociedades nacionais, que foram os alicerces da construção da disciplina, estão passando por processos de inclusão, de intensidade variável, em uma sociedade mundial em formação. Os sociólogos têm respondido com vigor aos desafios desta mudança histórica, ajustando o foco da disciplina em suas várias especialidades.

A **Coleção Sociologia** pretende oferecer aos leitores de língua portuguesa um conjunto de obras que espelhe o tanto quanto possível o desenvolvimento teórico e metodológico da disciplina. A coleção conta com a orientação de comissão editorial, composta por profissionais relevantes da disciplina, para selecionar os livros a serem nela publicados.

A par de editar seus autores clássicos, a **Coleção Sociologia** abrirá espaço para obras representativas de suas várias correntes teóricas e de suas especialidades, voltadas para o estudo de esferas específicas da vida social. Deverá também suprir as necessidades de ensino da Sociologia para um público mais amplo, inclusive por meio de manuais didáticos. Por último – mas não menos importante –, a **Coleção Sociologia** almeja oferecer ao público trabalhos sociológicos sobre a sociedade brasileira. Deseja, deste modo, contribuir para que ela possa adensar a reflexão científica sobre suas próprias características e problemas. Tem a esperança de que, com isso, possa ajudar a impulsioná-la no rumo do desenvolvimento e da democratização.

Apresentação

Ler Marx, hoje

Este é um livro sobre a Política em Marx, em alguns marxismos posteriores e sobre como as considerações/teorizações a respeito do Estado, da política institucional e da ação de classe propostas por essa tradição cultural podem ser operacionalizadas cientificamente, se é que podem.

O assunto deve soar estranho por pelo menos dois motivos: a inatualidade do escritor e a ausência, em sua obra, de uma Teoria Política digna desse nome.

Por que, ou mais exatamente, para que decifrar de novo o inventor do *Manifesto comunista* se a História parece ter se incumbido de desmentir sucessivamente suas apostas na crise final do capitalismo, no partido revolucionário como organizador da vontade da maioria e na classe operária como o sujeito da transformação social? Além do mais, a obra teórica de Marx parece ter se tornado pouco mais que uma relíquia do século XIX à medida que a Ciência Política conheceu, depois da revolução comportamentalista e da reação neoinstitucionalista, um notável avanço no século XX, tanto em termos de quantidade de conhecimento produzido como em qualidade de reflexão acumulada. Logo, ler e reler sempre os mesmos textos de Marx e Engels – esse vício incorrigível de todos os marxistas, conforme a repreensão sentenciosa de Norberto Bobbio (1983, p. 41-42) – seria pouco mais do que uma teimosia de antiquário. A obsessão denunciaria tanto a ignorância olímpica da literatura sociológica contemporânea como a falta de perspicácia para perceber o mundo social tal como ele se apresenta no século XXI ("pós-moderno", "complexo", "líquido" etc.). O projeto de um livro como esse não estaria só defasado politicamente, mas desatualizado intelectualmente.

Não bastassem esses contratempos, o que Marx tem mesmo a dizer de relevante sobre Política?

Não sabemos que o marxismo, essa variante do materialismo filosófico, é no fundo um economicismo, mesmo nas suas versões mais sofisticadas, como insistiu Cohen (1978)? E que o instrumentalismo presente nas suas formulações sobre o Estado é, tal qual redescobriu Elster (1985) com certo estrondo, o sucedâneo do funcionalismo da sua sociologia? Não aprendemos também que a denúncia que se seguiu à revelação do caráter de classe do Estado moderno, combinada com uma desconfiança aberta em relação à democracia capitalista (um regime político, tal como qualquer ditadura, a serviço do mesmo despotismo de classe), foi o que afinal impediu Marx e os marxistas de pensarem com mais frequência as questões clássicas da Filosofia Política: o poder, a autoridade, a obediência, a legitimidade, a representação, a participação etc.? Não é amplamente conhecido que Marx nunca pôde – ou nunca pretendeu realmente – dedicar-se a completar o ambicioso projeto anunciado no Prefácio da *Crítica da Economia Política*: um livro que tratasse "do Estado, do comércio exterior e do mercado mundial"[1]?

Essa última dificuldade, a falta de um volume que tornasse tanto a política como a teoria política moderna objeto de reflexão teórica, assim como foi feito, no outro domínio, com a mercadoria e com a economia política clássica, não é um impedimento menor ou mero acidente bibliográfico. Não pode, portanto, ser descartado sem mais.

Quando se põem frente a frente os três tomos de *O capital* e a série quase infinita de textos curtos, panfletos, notas de leitura, estudos inéditos ou inacabados, artigos em jornais estrangeiros, polêmicas com emigrados alemães na Inglaterra, relatórios apresentados à Associação de Trabalhadores, discursos sobre isso e aquilo, a enorme correspondência entre Marx e Engels, o que ressalta, no fim de tudo, é o caráter precário, fragmentado e infrequente do material dedicado à Política[2]. São exatamente a natureza incompleta da reflexão marxiana e o sentido provisório e esquemático de muitas das suas formulações os responsáveis pela interpelação-padrão divulgada, por exemplo, por Lebrun: "o que é este pensamento *marxista* da política? O marxismo", conforme seu parecer, "é inegavelmente uma ontologia do social, uma hermenêutica original do capitalismo – *mas de maneira alguma uma filosofia política*. Não existe pensamento marxiano do político (a menos que se considere, por exemplo, suficientemente determinada a essência do Estado ao ser definido como poder da classe dominante)" (Lebrun, 1983, p. 151, grifado no original).

---

1. Na sua carta a L. Kugelmann de 28 dez. 1862 somos informados de que o andamento daquela intenção esboçada no Prefácio de 1859 iria apenas até o estudo do "capital em geral" ou até os "princípios de economia política", a parte realmente importante de todo o projeto, e "*talvez* [as] relações das diferentes formas de Estado para com as diferentes estruturas de sociedade" (Marx, 2002, p. 177, sem grifos no original).

2. Uma evidência eloquente dessa carência: para completar o tomo "Politique" de Marx da Bibliothèque de La Pléiade, Maximilien Rubel teve de juntar aos conhecidos *O 18 Brumário de Luís Bonaparte* (1852) e a *As lutas de classe em França de 1848 a 1850* (1850) – esse último livro, a propósito, uma reunião póstuma de artigos –, os textos que saíram na *Neue Rheinische Zeitung* (entre 1848-1849), no *New York Daily Tribune* (1852-1854) e no jornal cartista de Londres *The People's Paper* (1852-1856). Ver Marx, 1994. Esse volume heterogêneo contém ainda outros textos de ocasião, como o panfleto político *Revelações sobre o processo dos comunistas em Colônia* (1853), o panfleto crítico *Lord Palmerston* (1853) e o panfleto satírico *O cavaleiro da nobre consciência* (1854).

Logo, na ausência de uma Obra, no sentido convencional do termo, o estudioso de Marx estaria condenado a torturar seus escritos para fazê-los falar mais do que podem ou além do que devem, na ilusão de esbarrar com uma coerência artificial ou, no melhor dos casos, com uma teoria feita apenas de "metáforas românticas" (Lebrun, 1983). De toda forma, essa teoria só poderia ser conquistada ou construída *a posteriori*, graças ao recurso às citações consagradas e conforme a arbitrariedade típica de empreitadas desse tipo. Foi essa a inspiração responsável por aquilo que Bobbio chamou, com muita razão, aliás, de reverência exagerada às passagens clássicas e aos intérpretes autorizados (1979, p. 22).

Mas será mesmo preciso recordar que "Marx passou as quatro décadas de sua carreira de comunista militante insultando [...] as três principais formas de 'totalitarismo' de seu tempo: o bonapartismo, o czarismo e o absolutismo prussiano" (Rubel, 1989, p. 143)? E que isso não só rendeu centenas e centenas de folhas, mas certas *noções operatórias* e, especialmente, *estratégias analíticas* combinadas com um modo radicalmente novo de explicação social? Então, como defender que esse emigrado alemão na Inglaterra tenha subestimado as circunstâncias do mundo político real e simplesmente se esquecido de tratar das questões fundamentais da teoria política?

Deixando de lado a política revolucionária, e os pouquíssimos escritos que se incumbiram de falar do mundo pós-capitalista e da reengenharia social, para ficar somente com o pensador da política capitalista, o livro que o leitor tem em mãos retém apenas um aspecto da imensa obra teórica de Marx. Nosso foco recai sobre seus escritos históricos, justamente aqueles onde o nosso autor analisa o bonapartismo francês. O termo "histórico" não tem aqui o sentido usual de exame do passado nem designa um estudo elaborado conforme as regras e os métodos da História (a disciplina). As "obras históricas" de Marx são ensaios que tratam de eventos ou processos concretos, pondo em primeiro plano a descrição e a análise da dinâmica política de uma dada formação social. Eles pretendem captar a reprodução e/ou a transformação de uma conjuntura política específica[3].

Esse é, desde logo, um Marx pela metade e amputado dos aspectos político-ideológicos, autoimputados ou colados depois ao autor por epígonos e adversários. Nem "poeta das mercadorias", nem "ditador do proletariado", de acordo com a fraseologia de Wilson (1986). Mas uma metade de Marx pouco ou nada estudada na direção que pretendemos[4].

A compilação dos nove textos que compõem esta coletânea está bem longe da busca do marxismo puro e duro ou do "verdadeiro Marx", propósito esse

---

3. Adotamos essa expressão, corrente na literatura, para diferenciar esses escritos de Marx dos ensaios filosóficos de juventude (inclusive aqueles dedicados explicitamente à política) e dos famosos textos sobre a Economia Política clássica.
4. Um livro que serviu de parâmetro ao nosso projeto foi o de Artous, 1999.

inspirado no projeto althusseriano de "nos separarmos da literalidade de Marx, para torná-lo inteligível a seu próprio pensamento" (Althusser, 1992, p. 197). Essa miragem filosofante, responsável por parir no século XX tantos marxismos quantos analistas disponíveis, implicou em uma glorificação desmedida do autor em tempos mais favoráveis; e em uma escovadela pouco meditada em tempos bicudos. E praticamente só isso[5]. As ideologias teóricas que surgiram daí, cujo efeito foi encerrar a discussão e não a permitir, criaram uma série de campos de força que dividiram artificialmente as ciências sociais em "Sociologia burguesa", de um lado, e "Teoria Marxista", de outro. A primeira, supostamente derivada de uma epistemologia "positivista" e de uma metodologia "empirista", foi condenada e banida por sua inexplicável ignorância da formidável dialética materialista. Mesmo análises concretas e estudos metódicos sobre a sociedade capitalista, empreendidos por autores marxistas nos anos 1960 e 1970, foram censurados porque utilizaram "categorias marxistas sem se valer da teoria marxista" (Wright, 1979).

Não é só um pouco desconcertante quando uma descobre a outra (Wright, 2009)[6]. O prejuízo contabilizado por essa separação bizantina, que parece ter mais a ver com as vantagens simbólicas que cada partido teórico retira dessa luta ideológica, implicou no isolamento provinciano de ambas as partes – e ele foi, nós avaliamos, muito mais prejudicial ao marxismo acadêmico. A redescoberta e a revalorização do pensamento de Marx nos últimos anos em alguns círculos intelectuais e sua relativa popularidade (novos periódicos, novas traduções, encontros científicos, reedições de textos comentados etc.)[7] parecem, todavia, refletir e repetir os mesmos defeitos. Seja como convicção partidária, seja como ideologia universitária, supõe-se que os textos clássicos dos clássicos do marxismo (Marx, Engels, Lenin, Gramsci etc.) já fornecem uma teoria autossuficiente da sociedade. Esse não é um problema menor, nem uma crença ultrapassada.

* * *

---

[5]. Bobbio anota que o marxismo, quando assumido como uma profissão de fé, promoveu fenômenos de conversão e de abjuração. Já "quando foi acolhido como a única ciência possível da sociedade, foi seguido por afastamentos graduais mediante processos de questionamento guiados pela observação da história real. No primeiro caso, poder-se-ia falar de uma verdadeira inversão de rota, de uma brusca passagem de uma difusa e acrítica *Marxlatria* a uma igualmente difusa e acrítica *Marxfobia*. No segundo caso, poder-se-ia dizer que o resultado foi obtido por meio de uma contestação das pretensas verdades do marxismo" (Bobbio, 2006, p. 300).

[6]. Erik Olin Wright (2009) sustenta lucidamente que "a investigação sociológica feita por marxistas deve combinar mecanismos específicos identificados pelo marxismo *com quaisquer outros processos causais que pareçam pertinentes para a explicação*. O que poderia ser chamado de 'realismo pragmático' substituiu", ou deveria ter substituído, "a 'grande batalha de paradigmas'" na Ciência Social contemporânea (p. 101, grifos nossos).

[7]. Ver, a esse respeito, Boito Jr. e Mota, 2010.

Este livro consegue ser lido de três maneiras, já que reúne e justapõe três camadas expositivas diferentes: *análise conceitual* (sem ser uma exegese completa ou "leitura estrutural" de alguns dos textos consagrados); *reflexão teórica* (mas que não se contenta em restituir a pretensa coerência formal desse discurso); e *interpretação crítica*. Esse é um livro de marxologia, com o perdão do neologismo.

Assim, o nosso escrito pode bem servir aos iniciantes como uma introdução ao pensamento político de Marx e dos vários marxismos posteriores. Grande parte dos ensaios é, à primeira vista, uma apresentação comentada dos conceitos e das dificuldades conceituais do marxismo clássico no campo da teoria do Estado, do poder e da política capitalista. Mas o volume deve interessar também ao especialista já que o que há nesses nove textos é uma interpretação – isto é, uma investigação e uma discussão do conteúdo *latente* que existe nas palavras mais usuais do vocabulário político marxiano – em confronto com boa parte da literatura de ciência social mais recente sobre essas matérias. Por último, essa coletânea pretende ser uma aposta para tomar o pensamento de Marx como uma ciência social normal. E isso em dois sentidos: como um tipo de conhecimento, e não uma teoria normativa ou uma visão social de mundo (ainda que também o sejam); e como um gênero interpretativo, que consiste em conectar as ações e instituições políticas à sua *dimensão social*. Esse ponto exige um comentário mais extenso já que ele sintetiza a motivação que está na base do nosso projeto.

Therborn (1989), na linha da história intelectual realizada por Anderson (1976) sobre o marxismo ocidental, dividiu e classificou os herdeiros de Marx em três gerações. Ao longo do século XX, o marxismo, originalmente uma crítica da economia política, converteu-se, dos anos 1930 em diante, em ensaísmo filosófico (Lukács, Korsch, Adorno, Sartre etc.) e, mais tarde, primeiro na Europa e depois nos Estados Unidos, em uma ciência social, isto é, em um tipo de "análise sociopolítica empírica" das sociedades capitalistas contemporâneas. "A sociologia", escreveu com excessivo otimismo, substituiu, a partir dos anos 1960 e 1970, "a filosofia e a economia política como principal ponto de referência [...] e como gramática de sua linguagem" (Therborn, 1989, p. 392 e p. 391). Nessa linha, esta coletânea de ensaios pretende ser ao mesmo tempo uma sorte de continuação e de radicalização dessa ideia, mas em outra direção.

Wright sintetizou já há um bom tempo os desafios postos ao marxismo como ciência da sociedade e aos seus praticantes. É preciso ter um conhecimento adequado e competente de muitos métodos de trabalho e técnicas de pesquisa para empreender investigações científicas, o que implica, concluímos nós, vencer preconceitos renitentes contra, por exemplo, o "quantitativismo". É preciso possuir também mais do que noções vagas ou notícias distantes sobre as grandes categorias de entendimento marxistas. O principal é dominar a sua lógica, isto é, sua forma de raciocínio. Por fim, é essencial relacionar a grande teoria, que está na base dessa lógica, a programas concretos de pesquisas sobre a vida social (cf. Wright, 1979). Isso, por sua vez, requer uma atitude diferente diante da Teoria.

As consequências mais óbvias de perceber o marxismo como uma ciência social normal[8] são ao menos duas: seus postulados devem ser entendidos como hipóteses, não como princípios; e hipóteses são por definição verificáveis, ou seja, passíveis de serem confirmadas – ou refutadas. Só assim os estudos marxistas conseguirão deixar de ser o que frequentemente têm sido: ilustração de teoria[9].

Essa postura implica em uma compreensão diferente dos textos de Marx, mais interessada nas suas *operações analíticas efetivas* do que na monumental parafernália teórica sobre a qual elas se apoiam (o "materialismo histórico", a "dialética hegeliana", a economia política clássica etc.). São essas operações analíticas que podem ajudar a formular estratégias intelectuais para conectar microevidências à macroteoria e propor conceitos de médio alcance para colaborar na pesquisa social[10]. Wright Mills criticou os grandes teóricos que em geral separam o aspecto sintático da construção conceitual do seu aspecto semântico. Ele escreveu: os praticantes dessa sorte de filosofia social "não compreendem realmente que quando definimos uma palavra estamos apenas convidando outros a usá-la como gostaríamos que fosse usada; que o objetivo dessa definição é concentrar o raciocínio sobre o fato, e que o resultado adequado da boa definição é transformar o raciocínio sobre termos em desacordos sobre fatos, e assim franquear ao raciocínio uma nova pesquisa" (Wright Mills, 1965, p. 42). O que nós sugerimos aqui não é que se pare de polir conceitos, comentar passagens, ler os mesmos livros, mas que essa atividade tenha como perspectiva usá-los numa ciência da sociedade orientada empiricamente.

Não nos escapa, obviamente, o intelectualismo desse projeto. O marxismo livresco das páginas seguintes é apenas o efeito de um pensamento radical reduzido ao uso pacífico e conveniente da mesa e do escritório. Por outro lado, o *marxismo como ciência social* – a frase-propaganda do título – é uma maneira de postular nossa diferença com um sistema que não deve ser reduzido a grandes declarações definitivas sobre o mundo social, cuja principal utilidade seria a de responder de maneira total questões totais.

---

8. O que é em tudo diferente de reduzi-lo, acomodá-lo e transformá-lo em uma disciplina acadêmica especializada: Ciência Política, Economia, Filosofia, Crítica Literária, Sociologia etc.

9. O próprio Marx deu-se conta dos equívocos a que seu "método de exposição" da dinâmica social do capitalismo poderia induzir. Como ele escondia o "método de pesquisa", isto é, a investigação das particularidades dos fenômenos concretos, as várias formas sob as quais um dado assunto poderia surgir e se desenvolver, a conexão íntima entre cadeias de causas e efeitos etc., "talvez possa parecer que se esteja tratando de uma construção *a priori*" (Marx, 1983, p. 20).

10. Para Maguire (1978), o estudo das obras históricas de Marx permite apreender várias "ferramentas" úteis para a análise política.

* * *

O fio que costura este volume é feito de uma obsessão, de um incômodo e de uma aposta.

Agora que Marx e o marxismo não estão mais na crista da onda[11], seu estudo deixou de ser um ato de fé ou uma tarefa necessária, porém efêmera, no caminho de coisas mais sérias – a Revolução Social, por exemplo. Se isso, por um lado, diminuiu bastante a audiência do radical político, tornando sua leitura mais solitária e mais silenciosa, fez, em compensação, sua obra mais reflexiva e menos comprometida com algumas tomadas de posição políticas e ideológicas. Daí que, talvez, seja hoje mais simples "ler e reler e discutir Marx" (Derrida, 1993). Ler e reler e discutir Marx é uma empresa exercida aqui com um empenho obsessivo a fim de revelar certos *mecanismos de análise* em ação nos textos comentados.

Há também na base deste livro um incômodo.

Não é nada surpreendente o juízo que se cristalizou nos círculos universitários dominantes segundo o qual o pensamento de Marx sobre a política, o poder e o Estado deveria ser condenado ao mutismo desde que os "regimes do Leste" desapareceram junto com o "Muro de Berlim", para falar no idioma dos jornalistas de variedades. Curiosamente, esses acontecimentos históricos tiveram dois efeitos opostos sobre o marxismo tanto como política quanto como teoria, já que demonstraram duas contradições: (*i*) que o pensamento político marxista estava essencialmente errado, pois teria tramado o "totalitarismo" comunista; (*ii*) que nunca existiu um pensamento marxista consequente sobre a política, como prova o sensacional naufrágio do socialismo real como sistema de vida e como forma de governo. Os efeitos diretos da conjuntura política sobre essa teoria social são fruto não só da má-fé e da ignorância de certos críticos, mas também do engajamento político deliberado que seus defensores adotaram, transformando, em muitas ocasiões, o pensamento de Marx num catecismo iluminador. Essa é, a propósito, uma dimensão que os seus opositores gostam de enfatizar, já que a derrocada da própria sociologia marxista pode ser identificada assim com a derrota política dos partidos comunistas. Pensamos, por outro lado, que é possível assumir o marxismo como uma *teoria social* com claras pretensões científicas (inclusive para relembrar os objetivos "positivistas" do próprio Marx), cuja rentabilidade analítica *potencial* não precisa ser descartada em função da derrota política de seus partidários.

Há aqui, por fim, uma aposta.

---

11. Sobre a hegemonia do marxismo nos departamentos universitários dos EUA no Pós-guerra, ver, entre outros, Jacoby, 1990. Sobre a *intelligentsia* brasileira de esquerda no século XX e a influência do marxismo, ver Ridenti, 2010.

Quando se tem em mente a lógica agonística que constitui e rege o campo científico, é insuficiente e ingênuo postular, como fez Bensaïd, que "enquanto o capital continuar dominando as relações sociais, a teoria de Marx permanecerá atual" (Bensaïd, 1999, p. 11)[12]. Acreditamos que este volume possa chamar a atenção tanto para teses fundamentais como para alguns pormenores que, se não passaram despercebidos pela literatura, estão, todavia, provisoriamente esquecidos.

Não temos a pretensão descabida de "fazer avançar a teoria", como se dizia. Se o silêncio da Ciência Social sobre o marxismo teórico, de um lado, e, de outro, a ignorância olímpica desse mesmo marxismo teórico diante da Ciência Social dominante, resultado do preconceito de ambos, for ao menos perturbado já terá sido ótimo.

Adriano Codato e
Renato Perissinotto
Curitiba, verão de 2011.

Referências

ALTHUSSER, Louis. *O futuro dura muito tempo*. São Paulo: Companhia das Letras, 1992.

ANDERSON, Perry. *Considerations on Western Marxism*. London: Verso, 1976.

ARTOUS, Antoine. *Marx, l'État et la politique*. Paris: Syllepse, 1999.

BENSAÏD, Daniel. *Marx, o Intempestivo*. Grandezas e misérias de uma aventura crítica (séculos XIX e XX). Rio de Janeiro: Civilização Brasileira, 1999.

BOBBIO, Norberto. Existe uma doutrina marxista do Estado? In: _____. *Qual socialismo?* Debate sobre uma alternativa. 2. ed. Rio de Janeiro: Paz e Terra, 1983.

BOBBIO, Norberto. Existe uma doutrina marxista do Estado? In: Bobbio, Norberto *et al.*, *O marxismo e o Estado*. Rio de Janeiro: Graal, 1979.

BOBBIO, Norberto. *Nem com Marx, nem contra Marx*. São Paulo: Editora UNESP, 2006.

BOITO Jr., Armando e MOTTA, Luiz Eduardo. Marx in Brazil. *Socialism and Democracy*, v. 24, p. 155-160, 2010.

COHEN, Gerald A. *Karl Marx's Theory of History*: A Defense. New Jersey: Princeton University Press, 1978.

---

[12]. A crise mundial do capitalismo financeiro em 2008 e em 2011 repôs essa profissão de fé. Ver, entre tantos, a entrevista de Eric Hobsbawm: "A crise do capitalismo e a importância atual de Marx" (Hobsbawm, 2008) e as inúmeras religiões marxistas no Facebook.

DERRIDA, Jacques. *Spéctres de Marx*. Paris: Galilée, 1993.

ELSTER, Jon. *Making Sense of Marx*. Cambridge: Cambridge University Press, 1985.

HOBSBAWM, Eric. A crise do capitalismo e a importância atual de Marx (entrevista a Marcello Musto por ocasião da publicação do livro *Karl Marx's Grundrisse. Foundations of the Critique of Political Economy 150 Years Later*). *pravda.ru*. 1 out. 2008. Disponível em: <http://port.pravda.ru/mundo/01-10-2008/24665-crisemarx-0/>. Acesso em: 3 ago. 2011.

JACOBY, Russel. *Os últimos intelectuais*: a cultura americana na era da academia. São Paulo: Trajetória Cultural/EDUSP, 1990.

LEBRUN, Gérard. Althusser e seu partido. In: _____. *Passeios ao léu*. São Paulo: Brasiliense, 1983.

MAGUIRE, John M. *Marx's Theory of Politics*. Cambridge: Cambridge University Press, 1978.

MARX, Karl. *O 18 Brumário e cartas a Kugelman*. 7. ed. Rio de Janeiro: Paz e Terra, 2002.

MARX, Karl. *Œuvres*. Trad. Maximilien Rubel. Paris: Gallimard, 1994. Vol. IV, Tomo I: Politique.

MARX, Karl. Posfácio da segunda edição alemã de *O Capital* (1873). In: _____. *O capital*: crítica da economia política. São Paulo: Abril Cultural, 1983.

RIDENTI, Marcelo. *Brasilidade revolucionária*: um século de cultura e política. São Paulo: Editora UNESP, 2010.

RUBEL, Maximilien. Em torno do marxismo. In: *Entrevistas do Le Monde*: a sociedade. São Paulo: Ática, 1989.

THERBORN, Göran. A análise de classe no mundo atual: o marxismo como ciência social. In: Hobsbawm, Eric (Org.). *História do marxismo*. Rio de Janeiro: Paz e Terra, 1989. Col. História do marxismo, vol. 11.

WILSON, Edmund. *Rumo à Estação Finlândia*: escritores e atores da História. São Paulo: Companhia das Letras, 1986.

WRIGHT MILLS, Charles. *A imaginação sociológica*. Rio de Janeiro: Zahar, 1965.

WRIGHT, Erik Olin. *Class, Crisis and the State*. London: Verso, 1979.

WRIGHT, Erik Olin. Understanding Class. *New Left Review*, London, n. 60, Nov./Dec., p. 101-116, 2009.

* * *

Notícia sobre os textos

Este livro tem a unidade e a coerência possível de uma coletânea de artigos avulsos escritos tendo em vista diferentes audiências e objetivos. A sequência deles, tal como fixada por nós no Sumário, é a que julgamos a mais didática e a mais compreensível do assunto. Há um capítulo de ordem geral, que é o primeiro, sobre a interpretação de Marx à luz da sua própria teoria; em seguida, três capítulos sobre a teoria marxiana e marxista do Estado capitalista; e mais quatro capítulos sobre a política como prática social (o capítulo 5 trata do lugar dessa prática; o 6 discute uma maneira de pensar essa prática; e os capítulos 7 e 8 debatem a questão da ação de classe na política e as dificuldades práticas para analisá-la, e o 9 avança uma proposta de solução alternativa). De toda maneira, os ensaios podem ser lidos como textos independentes, já que cada um ataca um tema bem determinado. Por isso foram mantidas algumas redundâncias entre um texto e outro e alguns trechos semelhantes, em particular nos textos 7, 8 e 9. Preferimos proceder assim a correr o risco de alterar e confundir a estrutura do argumento tal como publicado originalmente. Na revisão para esta edição, certas passagens foram reelaboradas, mas o que se alterou foram basicamente questões de estilo. Já se passaram oito anos desde a primeira publicação deste livro e é certo que novos estudos sobre o tema tenham sido publicados durante esse longo intervalo. A nossa lista de leituras, porém, não foi atualizada. Fazê-lo exigiria um desvio em nossas atividades acadêmicas correntes e um longo adiamento da publicação desta edição. O leitor poderá avaliar por si próprio em que medida as teses aqui defendidas se sustentam frente aos novos textos à disposição do público nos principais periódicos acadêmicos.

Praticamente todos os títulos reunidos aqui resultam de notas tomadas para os cursos que ministramos a partir dos anos 1990 na Universidade Federal do Paraná (na graduação em Ciências Sociais, na especialização em Sociologia Política e depois no mestrado/doutorado em Sociologia e em Ciência Política). Eles foram, portanto, primeiro pensados em voz alta. Depois ganharam uma versão definitiva e foram então publicados em periódicos acadêmicos. Além disso, é importante dizer que os capítulos mais propositivos tiveram sua origem em dificuldades práticas enfrentadas por nós nas várias investigações sobre elites políticas e sociais que realizamos ou coordenamos no Núcleo de Pesquisa em Sociologia Política (Nusp) da UFPR a partir dos anos 2000. Eles são também uma tentativa de resposta a elas.

A apresentação ao volume, "Ler Marx, hoje", foi adaptada e editada como um artigo independente na revista *Mediações*[13]. "Lendo Marx à luz de Marx" (capítulo 1) apareceu com outro título, e numa versão mais extensa, em *Lua Nova*[14]. O artigo também foi publicado em espanhol, na versão mais próxima da que aparece aqui, em *Herramienta* (Buenos Aires) e em *Laberinto* (Granada)[15]. O ensaio pretende ser um balanço e uma crítica a algumas interpretações correntes da teoria política marxista da segunda metade do século XX. Basicamente, propõe-se aí que se leia *O 18 Brumário* de Marx a partir do Prefácio da *Contribuição à crítica da Economia Política* a fim de estabelecer três pontos: (*i*) o lugar do econômico naquele texto (o que implica rever a ortodoxia marxista); (*ii*) a relação entre o político e o econômico (o que implica questionar a heterodoxia marxista); e (*iii*) a natureza do próprio texto marxiano (o que implica refutar as leituras pós-modernas do livro).

"O Estado como instituição" (capítulo 2) saiu primeiro em português em *Crítica Marxista*[16], em espanhol em *Herramienta*[17] e numa versão reduzida em inglês como um capítulo da coletânea organizada por Stanley Aronowitz e Peter Bratsis sobre as obras de Ralph Miliband e Nicos Poulantzas[18]. Este texto, depois reproduzido em diversos *sites* na internet, é uma tentativa de demonstrar como podem conviver, na teoria marxiana, uma concepção *funcional* e uma concepção *institucional* de Estado. Aproveitamos para criticar a compreensão neoinstitucionalista da teoria marxiana do Estado. A versão publicada agora é um tanto diferente das anteriores, já que foi adaptada para este livro.

"Marx e a teoria contemporânea do Estado" (capítulo 3) foi escrito especialmente para um colóquio dedicado a lembrar do aniversário de 150 anos de publicação do livro sobre o golpe de Estado de 2 de dezembro de 1851[19]. A versão atual, um tanto alterada, e assinada por nós dois, apareceu na *Revista Brasileira*

---

13. Ler Marx hoje: um programa de pesquisa e de interpretação. *Mediações* (UEL), v. 15, p. 219-230, 2010.

14. *O Dezoito Brumário*, Política e Pós-modernismo. *Lua Nova: Revista de Cultura e Política*, São Paulo, v. 64, p. 85-115, 2005.

15. Leyendo Marx a la luz de Marx: la relación entre economía y política en los textos de los años cincuenta. *Herramienta: Revista de Debate y Crítica Marxista.* Buenos Aires (Argentina), vol. 31, p. 149-166, 2006; e também em *Filosofía, política y economía en el Laberinto*, Granada (Espanha), vol. 20, p. 68-79, 2006.

16. *Crítica Marxista*, São Paulo, vol. 13, p. 9-28, 2001.

17. El Estado como institución. Una lectura de las obras históricas de Marx. *Herramienta: Revista de Debate y Crítica Marxista.* Buenos Aires (Argentina), vol. 24, p. 73-91, 2003.

18. The State and Contemporary Political Theory: Lessons from Marx. In: *Paradigm Lost*: State Theory Reconsidered. Minneapolis (EUA): University of Minnesota Press, 2002, p. 53-72.

19. Conferência pronunciada no Evento "150 anos de *O 18 brumário* de K. Marx" realizado na Universidade Federal do Paraná (UFPR), entre 4 e 8 de novembro de 2002. O encontro foi promovido pelo Departamento de Ciências Sociais (Deciso), pelo Centro Acadêmico de História (Cahis) e pelo Centro Acadêmico de Ciências Sociais (Cacs).

de Informação Bibliográfica em Ciências Sociais – BIB, no primeiro semestre de 2011. O objetivo do ensaio é identificar, no *18 Brumário*, algumas ideias intuídas ou esboçadas por Marx e que se tornaram fundamentais para o estabelecimento e o desenvolvimento da teoria marxista do Estado no século XX. Embora a importância dessa obra para o incremento da teoria do Estado capitalista tenha sido amplamente reconhecida por um sem-número de autores (o próprio Lenin foi um deles em *O Estado e a revolução*), não há, salvo engano, estudos acadêmicos que tenham identificado *sistematicamente* os vínculos temáticos entre a análise de Marx e os trabalhos dos cientistas sociais publicados da década de 1960 em diante que pretenderam dar uma forma definitiva à teoria marxista do Estado capitalista.

O capítulo 4, "Poulantzas 1, 2 e 3", expõe a teoria do Estado capitalista proposta e desenvolvida por Nicos Poulantzas nos anos 1960 e 1970. Ele apareceu em *Crítica Marxista* em 2008, quando *Poder político e classes sociais* fez 40 anos[20]. A versão publicada agora neste livro é ligeiramente maior que a original. Defende-se que é possível encontrar, na obra de Poulantzas, três formulações sucessivas e diferentes sobre o Estado capitalista (e não duas, como é convencional mencionar). Ele foi primeiro pensado como uma estrutura, depois como um aparelho e por último como uma relação social (no mesmo sentido que o capital é uma relação social). A cada uma dessas definições corresponde uma estratégia política sobre como derrubar o Estado, de sorte que os dois problemas, o *teórico* (a função do Estado nas sociedades capitalistas), e o *prático* (a superação do Estado capitalista), têm de ser pensados, conforme Poulantzas, em conjunto. O problema de fundo é verificar que dificuldades essa ligação direta entre teoria e política impõe a essa teoria teórica do Estado.

"O espaço político segundo Marx" (capítulo 5) também saiu em *Crítica Marxista*[21]. Essa versão do texto, agora completamente reorganizada e significativamente aumentada, tem pouca semelhança com o *paper* originalmente apresentado numa sessão do III Congresso da Associação Latino-americana de Ciência Política (Alacip) em Campinas, em 2006[22]. A tese central do ensaio é que, para Marx, o espaço político não é um campo de lutas sociais por posições estratégicas (*à la* Bourdieu), nem um sistema de instituições funcionalmente integradas (como para D. Easton), nem, no sentido mais convencional, uma estrutura jurídico-política (Poulantzas) apreensível através dos seus efeitos práticos no mundo social. O espaço político deve ser concebido, pelo marxismo clássico, como uma *forma* cujas propriedades são análogas às da forma-mercadoria. A consequência fundamental disso é que a política não

---

20. Ver Poulantzas, o Estado e a Revolução. *Crítica Marxista*, São Paulo, v. 27, p. 65-85, 2008.

21. *Crítica Marxista*, São Paulo, v. 32, p. 33-56, 2011.

22. *O espaço político em Marx: a noção de cena política revisitada*. In: 3º Congresso Latino-americano de Ciência Política: democracia & desigualdades, 2006, Campinas-SP, Unicamp.

pode ser apreendida nem analisada como uma mera *aparência social*. E se, tal como no mundo da economia, há um fetichismo propriamente político que é constitutivo desse mundo, o esquema "essência *versus* aparência" é inadequado para apreendê-lo.

"Considerações sobre o marxismo analítico" (capítulo 6) saiu na *Revista Brasileira de Ciências Sociais* em 2010[23]. Ele é uma revisão do debate teórico dos anos 1980 entre Jon Elster, Adam Przeworski, John Roemer e Erik Olin Wright. Dispensado o *método* marxiano (e suas conclusões) em troca do casamento do marxismo com três parceiros, o individualismo metodológico, a teoria da escolha racional e a teoria dos jogos, o que valeria a pena levar em consideração nas críticas feitas pelos marxistas analíticos a fim de fazer avançar o marxismo como ciência social? Essa é a pergunta a que o ensaio procura responder.

"Marx e a análise contemporânea de classe" (capítulo 7) foi publicado numa versão mais extensa em *Lua Nova*[24]. Esse texto pondera que *O 18 Brumário de Luís Bonaparte* é afinal uma espécie de súmula que condensa todas as dificuldades inerentes à *análise de classe* da vida política. Em primeiro lugar são avaliadas as passagens daquele livro que enunciam certas proposições fundamentais acerca da investigação política com base nas classes sociais; em seguida, mostra-se que a literatura marxista contemporânea não solucionou os problemas identificados pelos críticos em relação às proposições marxianas sobre o assunto; depois, se discute algumas perspectivas alternativas ao marxismo sobre esse problema; na conclusão, reflete-se sobre os modos possíveis de *operacionalizar* a análise de classe na política e sobre os problemas práticos e teóricos a serem enfrentados neste caso.

"Marxismo ou elitismo?" (capítulo 8) contrapõe-se às proposições sobre poder, classe e dominação política de classe elaboradas por uma vertente particular do marxismo – o marxismo estruturalista – por meio de um diálogo crítico com um de seus autores mais paradigmáticos: Nicos Poulantzas (1936-1979). Ao contrário do que sugere Poulantzas, defendemos que a introdução do conceito de "elite" no interior do marxismo teórico pode sim ser produtiva para o desenvolvimento dessa perspectiva de análise social, tornando a abordagem classista da política operacionalizável cientificamente. Essa ideia foi debatida primeiro na reunião do grupo de trabalho "Marxismo e Ciências Sociais" da Anpocs em 2008. O texto aqui editado é praticamente o mesmo que apareceu na *Revista Brasileira de Ciências Sociais* em fins de 2009[25].

---

23. Marxismo e ciência social: um balanço crítico do marxismo analítico. *Revista Brasileira de Ciências Sociais*, São Paulo, v. 25, n. 73, p. 113-128, jun. 2010.

24. *O 18 Brumário* e a análise de classe contemporânea. *Lua Nova*: Revista de Cultura e Política, São Paulo, n. 71, p. 81-121, 2007.

25. Marxismo e elitismo: dois modelos antagônicos de análise social? *Revista Brasileira de Ciências Sociais*, São Paulo, v. 24, n. 71, p. 143-153, out. 2009.

Por fim, "Por uma análise societalista da política" (capítulo 9) foi publicado na *Revista Brasileira de Ciência Política* em 2009[26]. O ensaio retoma um problema tradicional da teoria social que é o da discrepância e da oposição entre os conceitos de "classe social" e "elite", já discutido anteriormente por autores como Aron, Wright Mills, Miliband, Bottomore, Giddens e Therborn. Ao invés de apresentar alguma contribuição teórica original a esse debate, nosso alvo é insistir nas conveniências analíticas e nas dificuldades práticas dessa junção conceitual, procurando mostrar como o conceito de *elite de classe* pode tornar viável a operacionalização de uma análise política de corte classista.

* * *

---

[26]. Classe social, elite política e elite de classe: por uma análise societalista da política. *Revista Brasileira de Ciência Política*, Brasília, v. 1, n. 2, p. 243-270, 2009.

1
Lendo Marx à luz de Marx

Adriano Codato

Uma das questões centrais da Sociologia Política marxista é a das relações entre política e economia e *O 18 Brumário de Luís Bonaparte* tem sido celebrado como o texto canônico a respeito desse problema teórico.

A retomada desse livro na virada dos anos 1960 para os anos 1970 permitiu ao neomarxismo avançar em muitas direções novas: no desenvolvimento de uma teoria do Estado contrária ao instrumentalismo, que rebaixava as complicadas ligações entre as classes economicamente dominantes e o aparelho estatal a uma relação de controle estrito do segundo pelas primeiras; na reformulação de uma teoria da ideologia contrária ao mecanicismo, que deduzia dos movimentos da economia a configuração e a função das superestruturas culturais; e na compreensão do problema das classes sociais contrária ao economicismo, que as definia e explicava exclusivamente em função da sua inserção no processo produtivo. Essa manobra intelectual contra a ortodoxia tornou-se mais legítima à medida que se reconheceu (ou, na verdade, na medida em que não mais se ignorou) a prioridade das *questões políticas* nas obras históricas de Marx. No que diz respeito ao problema do Estado e das suas relações com a "sociedade civil", já em 1960 Rubel sugeria que se considerasse o fenômeno do *bonapartismo* – a autonomia que o aparelho do Estado francês desfrutou em relação à sociedade francesa na segunda metade do século XIX – como correspondendo à ideia que Marx e Engels faziam do Estado capitalista em geral (ou seja, de todos os Estados capitalistas), e não como um fenômeno político particular[27].

No final dos anos 1960, a reação intelectual contra o desinteresse sistemático pelas questões relativas ao poder e à política na problemática marxista (o traço básico do "marxismo ocidental" (Anderson, 1976)) foi fundamental para repor o problema do Estado numa nova chave interpretativa. Ela deu aos neomarxistas a oportunidade para enfocar o nível jurídico-político (diante do nível

---

27. "'Le bonapartisme, c'est la religion de la bourgeoisie': voilà, mise en boutade par Engels, la pensée fondamentale que Marx a développée dans son *Dix-huit Brumaire*" (Rubel, 1960, p. 152).

econômico), o aparelho do Estado (em relação às classes sociais) e a prática política (frente à atividade econômica) *enquanto objetos de conhecimento específicos*. O retorno do Estado à cena teórica foi provocado também pela tentativa desse marxismo renovado em contestar o comportamentalismo e o culturalismo dominantes na Ciência Política acadêmica. Esse movimento revisionista acabou também por refletir-se sobre o *mainstream*, retirando o assunto do Estado do domínio praticamente exclusivo dos estudos jurídico-constitucionais e demarcando a diferença do conceito de Estado do de "governo" dos pluralistas. Como resumiu Leo Panitch, "Para a Ciência Política e para a Sociologia Política, um dos legados da teoria neomarxista foi o Estado ter sido efetivamente restabelecido como parte do léxico conceitual do estudo da política contemporânea" (Panitch, 2002, p. 92)[28]. No que diz respeito à teoria marxista, foi precisamente a partir dessa virada que ela deixou de ser fundamentalmente filosofia e crítica da cultura para tornar-se uma "teoria social, [uma] teoria sobre a sociedade contemporânea e sobre a política do nosso tempo" (Therborn, 1989, p. 390).

Desconfio, porém, que os trabalhos históricos de Marx que inspiraram boa parte do "marxismo como ciência social", para usar a fórmula de Therborn, tenham passado a ser estudados apenas como textos políticos, à parte ou em contradição com a teoria marxiana *no seu conjunto*. O aspecto comum às interpretações politicistas mais contemporâneas d'*O 18 Brumário de Luís Bonaparte* é, sintomaticamente, a supressão de toda menção à economia e a insistência obcecada na "especificidade do político". Considerando que, como lembrou Skocpol (1985), os neomarxistas nunca abandonaram a perspectiva funcionalista – cujo acordo básico era justamente em torno do papel do Estado na dominação, acumulação e reprodução do capitalismo –, essa ausência inesperada do econômico repercute em dois campos: nas interpretações heterodoxas que se dá do pensamento político de Marx e no tipo de análise política daí resultante, inspirada nesse marxismo depurado.

A heterodoxia ganhou novo impulso com a leva de análises que se seguiram às comemorações dos cento e cinquenta anos de publicação d'*O 18 Brumário* em 2002. Terrell Carver propôs uma leitura pós-moderna do livro baseada na relação peculiar entre o estilo do texto – a linguagem figurativa e a imagética dramática – e a ideia que Marx realmente faria da política: uma ação simbólica que se dá primeiro no nível emocional ou psicológico, ainda que produza efeitos concretos. Carver sugere que

> [...] Em vez de excluirmos a extravagância linguística para encontrar as ideias, invertemos o processo e encontramos as ideias na escolha das palavras e das imagens. Afinal, Marx escreveu dessa maneira. Essa estratégia [de análise] desloca a leitura estabelecida, segundo a qual o texto de Marx tem que ser sobre ciência e sobre materialismo históri-

---

28. Para uma visão completa dessa história, ver Jessop, 1990.

co [...] O mais espantoso, original, notório e subestimado dispositivo de Marx em *O 18 Brumário* não é a ideia de que as pessoas fazem a História, ainda que sob constrangimentos. A novidade reside antes na identificação das "circunstâncias dadas e herdadas" – não com as condições econômicas ou as relações de produção ou qualquer traço "material" da experiência – mas com algo bem diferente: "a tradição de todas as gerações mortas" pesando "como um pesadelo sobre o cérebro dos vivos" (Carver, 2002, p. 119 e p. 120-121).

James Martin, a partir da suposição segundo a qual haveria n'*O 18 Brumário* certas premissas que permitiriam entender a política como uma *ação performativa*, sustentou que a luta política deveria ser concebida *também* como uma disputa sobre "significados", e não apenas como um duelo em torno de interesses materiais: "[...] encontramos implícito nos seus escritos [de Marx] a suposição de que a luta política deve, em algum nível [sic], ser lida em termos de seus símbolos e construções imaginárias, pois ambos são elementos efetivos no ato de fazer a história" (Martin, 2002, p. 140-141)[29]. Essa nova leitura autorizaria também os marxistas a questionarem, na linha dos pós-modernos, a centralidade das noções ultrapassadas de "classe" e "ideologia" em nome das de "identidade" e "discurso"[30].

Não seria o caso de se perguntar se não foi longe demais essa compreensão das relações entre economia, política e ideologia nos comentários a propósito d'*O 18 Brumário*? O objetivo deste capítulo é justamente discutir um aspecto relativamente esquecido (ou às vezes explicitamente negado) do livro e, por extensão, da *sociologia marxista*: o papel do "econômico" diante do político e do ideológico, para falar em jargão.

Meu argumento central é que há nessa série de sete textos, escritos entre dezembro de 1851 e março de 1852, uma interpretação da vida política francesa que é solidária com a concepção materialista e, mais precisamente, com dois princípios teóricos: (i) o lugar de destaque que o econômico ocupa no interior dessa concepção; (ii) a centralidade da ideia que distingue (sem opor) essência e aparência, dando à relação entre esses dois termos um sentido inusual. Os dois princípios foram apresentados, de maneira resumida e alusiva, no Prefácio de 1859 da *Crítica da Economia Política*.

Nada disso é novo, certamente. O próprio Engels advertiu que bastaria examinar o trabalho de Marx sobre o golpe de Estado na França para saber que mesmo num texto que trata "quase exclusivamente do papel *particular* desempenhado pelas lutas e acontecimentos políticos", isso é feito, "é claro", nos

---

29. Para uma crítica às interpretações pós-modernas, v. Geras, 1987 e Eagleton, 2003.

30. Tanto a interpretação pós-moderna de Carver quanto a de Martin podem ser vistas como uma continuação (não uma repetição, diga-se) da leitura pós-estruturalista d'*O 18 Brumário* e d'*As lutas de classe na França* de Jeffrey Mehlman (1978). Mehlman propõe que se leia Marx através de Freud. Para uma crítica contundente dessa "desconstrução" de Marx, cf. Rose, 1981.

"limites de sua dependência *geral* das condições econômicas" (Engels, 1983b, p. 291, grifos no original). Indagado mais tarde sobre o estatuto do "econômico" no âmbito da teoria social marxiana e sobre a aplicação desse princípio na análise social, Engels enfatizou que esse livro de Marx consistiria no melhor "exemplo prático" para pôr à prova dois problemas não triviais da explicação histórica: a relação entre causa e efeito e a relação entre necessidade e acaso. Simplificadamente, o materialismo histórico consistiria em afirmar a irrelevância e a improcedência das narrativas que desprezariam as "condições econômicas", assumindo, ao contrário, que "há todo um jogo de ações e reações" entre a superestrutura e a infraestrutura e que, "em última instância", o econômico acaba sempre por impor-se, na vida e na teoria (Engels, 1983c, p. 298-300). A questão que, todavia, permanece é: onde exatamente ler essa dinâmica peculiar e complexa entre a base material e a superestrutura (política e ideológica) n'*O 18 Brumário*? Se esse volume é a aplicação de uma ideia, onde e como essa ideia é aplicada? Assim posta a questão, a leitura aqui recomendada pretende ser um pouco mais que um comentário de texto. O que se pretende é interpretar o texto marxiano, mas na chave deste livro. Isso significa pôr em primeiro plano as *estratégias analíticas* dessa ciência social.

O ensaio está dividido em seis partes. Na primeira indico a maneira pela qual se pode ler o Prefácio de 59 e porque o seu vocabulário encobre uma revolução teórica. Na segunda parte procuro ilustrar a interpretação dualista do pensamento de Marx com base no divórcio por ramos de atividade entre o historiador e o teórico social. Na terceira seção apresento minha hipótese de leitura. Ela deseja unir a forma (o "estilo") e o conteúdo manifesto d'*O 18 Brumário* (a análise efetiva do processo social) aos postulados convencionais do materialismo histórico. Na quarta seção, listo as diferenças de estatuto entre os textos de 1852 e 1859 e relativizo a oposição e o desacordo tradicionalmente ressaltados pela maior parte dos comentadores. Na quinta seção busco comprovar um ponto do meu argumento: como se dá, no livro em questão, a "primazia do econômico" (o que é diferente da "determinação pela economia"). E na sexta empenho-me para explicar o outro ponto: em que sentido se deve ler, n'*O 18 Brumário de Luís Bonaparte*, a conexão (e não a oposição) entre "essência" e "aparência", discutindo, de passagem, a função da aparência na política. Esse ponto será retomado com detalhes no capítulo 5.

Para ler a *Crítica da Economia Política*

Pondo de lado as ponderações de Engels, vejamos que princípios de 1859 podem ser aproveitados na análise de 1852.

O senso comum douto sustentou que haveria dois Marx. De um lado, o historiador semiprofissional, o analista político, cujo trabalho seria inventivo, perspicaz e sofisticado; de outro, o teórico social, o filósofo da História, o economista político cujo pensamento seria prisioneiro do modelo dualista "base e superestrutura". A prevalência e o legado desse segundo Marx teriam reduzido o marxismo a esquemas de interpretação evolucionistas, mecanicistas e economicistas. Aron, que achava "as duas brochuras de Marx brilhantes" (*As lutas de classe na França* e *O 18 Brumário*), viu a superioridade desses trabalhos em relação aos textos econômicos como um desvio: "inspirado pela clarividência de historiador, Marx esquece [sic] suas teorias e analisa os acontecimentos como observador genial" (Aron, 1987, p. 266).

Penso que ler *O 18 Brumário* à luz dessa oposição simplificadora – entre a teoria (o paradigma) e a prática (a análise concreta) – é tresler o modelo de análise histórica tal como proposto pelo marxismo clássico no Prefácio de 1859. Os escritos históricos de Marx sobre a política são, antes de tudo, informados pelas proposições teóricas sistematizadas nos seus escritos "metodológicos", obviedade que se perde de vista quando, sob o pretexto de refazer-se o percurso intelectual de Marx, toma-se seu pensamento ou em termos estáticos, compartimentando-o em Filosofia, Economia, Política, ou em termos cronológicos, pensando-o como uma evolução. Ironicamente, considerando as datas dos dois livros aqui em questão, e as diferentes avaliações sobre um e outro, trata-se de um caso curioso de involução. Marx teria desaprendido o marxismo sofisticado entre o livro sobre a política bonapartista (1852) e o volume sobre a economia política clássica (1859).

Proponho, ao invés disso, que se interprete *O 18 Brumário* a partir do Prefácio de 1859 a fim de restabelecer três pontos: (*i*) o lugar do econômico no texto, o que implica em rever os pressupostos da ortodoxia; (*ii*) a relação entre o político e o econômico, o que requer questionar a heterodoxia; (*iii*) a natureza do próprio texto, o que implica em refutar as leituras pós-modernas.

Não me escapa que esse projeto exigiria que se explicitasse como, afinal de contas, pode-se ler o próprio Prefácio de 59; ou mesmo como entender o "desenvolvimento" do pensamento de Marx. Esses são, todavia, problemas que reclamariam um tratamento bem mais extenso. Vou limitar-me aqui em indicar algumas escolhas que informam minha "política de leitura" do texto marxiano, para falar como Carver.

Resumidamente, sabemos que Marx representa o todo social por meio de uma imagem polêmica e poderosa: "o conjunto das relações de produção forma a estrutura econômica da sociedade, a base real sobre a qual se levanta um edifício jurídico e político, e à qual correspondem formas determinadas da consciência social" (*CEP*, p. 272-273). O que essa passagem, que é um enunciado teórico cifrado, significa?

Em primeiro lugar, atentemos aqui para a *linguagem* empregada no texto de 1859. A metáfora base/superestrutura, que substitui e pretende contraditar as noções tradicionais da filosofia política, Estado/sociedade civil, indica uma mudança teórica que não encontra, no plano ideal, um nome próprio, isto é, um conceito plenamente formulado. Se ainda é por meio do antigo vocabulário que Marx se expressa nas obras históricas de fins dos anos 1840 e princípios dos anos 1850 ("em um país como a França, [...] onde o *Estado* encerra, controla, regula, vigia e mantém sob sua tutela a *sociedade civil*" (*18 Br.*, p. 477; sem grifos no original)), o uso dessas palavras é, no entanto, puramente descritivo (Luporini, 1979, p. 91-102) e, em grande medida, anacrônico (Colliot-Thélène, 1984).

Em seguida, atentemos para a *imagem* do edifício social a que se recorre. Essa representação não é, por sua vez, apenas a expressão de uma carência terminológica ou de um processo arbitrário de substituição de termos: "superestrutura jurídico-política" ao invés de "Estado", e "estrutura econômica da sociedade" no lugar de "sociedade civil". O sentido figurado dessa formulação registra também uma (r)evolução teórica. Ao invés de denotar a *oposição* tradicional entre Estado e sociedade civil, trata-se agora de exprimir duas ideias complementares: (*i*) a *articulação* entre as instâncias que compõem o todo social; (*ii*) a articulação entre instâncias *diferentes*. Essa distinção, como insistiu Althusser, diz respeito a "diferenças reais, e não apenas [a] diferenças de esferas de atividades, de práticas, de objetos: são diferenças de eficácia" (Althusser, 1978, p. 146). O todo social, pensado como uma estrutura formada por níveis específicos (o econômico, o político e o ideológico) em conexão estrita, é um todo intrincado e desequilibrado. A desproporção entre seus termos vem justamente do fato de que o nível econômico é determinante (Marx), mas "em última instância" (Engels). Marx, prossegue Althusser, "também não nos disse que tudo deveria estar contido [nesse edifício], e que tudo fosse ou infraestrutura ou superestrutura" (1978, p. 146). Terry Eagleton parece sugerir a mesma ideia quando adverte para o uso errôneo do termo "superestrutura" como um *substantivo* abstrato, "um 'domínio' dado, fixo de instituições que [a] formam". O fundamental segundo ele é reter o uso *adjetivo* do termo. Certas instituições sociais podem, ou não, atuar de maneira "superestrutural". Elas o fazem quando contribuem para a produção/reprodução das relações sociais dominantes. Enfim, a metáfora não nos diz que o mundo social possa ou deva ser dividido em "fatias" (Eagleton, 1997, p. 81).

Em que pese a linguagem antiga, tomada de empréstimo da Filosofia Política, já n'*O 18 Brumário* nós iremos encontrar *em operação* essas premissas "estruturais". Meu objetivo específico é então demonstrar essa operação. Para tanto, ao invés de contrapor esses dois textos dos anos 1850, *O 18 Brumário* e o *Prefácio*, pretendo indicar algo mais do que alguns pontos de concordância: é preciso comprovar a "aplicação" dos princípios de 1859 na análise de 1852. Todas as contas feitas, a leitura de um livro deve iluminar a leitura do outro.

Teoria social *versus* História

A partir da pretensa divergência entre o Marx de 1852 e o de 1859 difundiu-se a ideia segundo a qual nessa e nas outras obras históricas haveria uma interpretação tributária do *multideterminismo*; nas obras econômicas ou de combate político (o *Manifesto Comunista*, por exemplo), uma análise prisioneira do *unideterminismo*. As declarações mais consistentes para sustentar essa dissociação cognitiva do pensamento marxiano viriam, ironicamente, das suas autojustificações teóricas. Tome-se, por exemplo, duas passagens nas quais Marx pensa o seu próprio ponto de vista: uma retirada do Prefácio de 1859 e outra da Introdução de 1857 da *Crítica da Economia Política*. Na seção 3 da Introdução de 57 (O método da Economia Política) aprende-se que "o método cientificamente exato" é aquele em que os elementos da economia real (a "população", para ficar no caso escolhido pelo autor) não são uma abstração, mas uma "rica totalidade de *determinações e relações diversas*". A realidade social, "o concreto", numa palavra, "é a síntese de *muitas determinações*, isto é, unidade do diverso" (*ICEP*, p. 255, sem grifos no original). Já no Prefácio de 1859, no qual Marx narra de maneira um tanto cifrada a que conclusão seus estudos econômicos começados em Paris quinze anos antes haviam chegado, lê-se que "o modo de produção da vida material *condiciona* o processo em geral de vida social, político e espiritual. Não é a consciência dos homens que determina o seu ser, mas, ao contrário, é o seu ser social que *determina* sua consciência" (*CEP*, p. 273, grifos meus)[31].

A compreensão literal dessa última passagem (e a sua mera confrontação com a anterior) conduziu os analistas a dois erros simétricos. O primeiro consistiu em tomar o dito pelo feito. Da apresentação sintética de uma proposição geral sobre a consciência humana (de alcance ontológico), e de uma advertência específica contra o idealismo alemão, concluiu-se que os estudos posteriores de Marx e dos marxistas deveriam sempre render homenagem à "economia", o único princípio explicativo da História. O segundo erro consistiu em tomar o feito pelo dito. Os ensaios sobre a história política da Alemanha, da Inglaterra ou da França, graças ao fascínio exercido pelo tema, à linguagem adotada, à sofisticação das explicações apresentadas e à riqueza em detalhes, resultado do trabalho de um historiador minucioso e de um observador aplicado, só poderiam ser entendidos como a concretização da ideia de multideterminação anunciada na Introdução de 1857.

E.P. Thompson traduziu essa imaginada ambiguidade do pensamento de Marx em um impasse: haveria ou ortodoxias filosofantes dispostas a repetir o modelo causal tradicional consagrado na "metáfora mecânica" da base-superestrutura, ou simplesmente empirismo. Nos dois casos, o que se perderia de vista

---

31. Na formulação de *A Ideologia Alemã:* "Não é a consciência que determina a vida, mas a vida que determina a consciência" (*IA*, p. 1 057).

seria a "dialética da dinâmica social". Como recuperá-la, superando os raciocínios dedutivos (a partir do "modelo") ou indutivos (a partir da "realidade")? Resposta: "*Só podemos descrever o processo social* – como Marx mostrou em *O 18 Brumário* – *escrevendo história*. E, mesmo assim, terminaremos apenas com um relato seletivo de um processo particular" (Thompson, 2001, p. 158, grifos meus). Eric Hobsbawm por sua vez afirmou que "o valor principal de Marx para os historiadores" residiria "em suas proposições sobre a história, *enquanto distintas* de suas proposições sobre a sociedade em geral" (1998, p. 162, grifos meus)[32].

Um comentador resumiu assim o problema: quando se realiza a revisão das análises de Marx a respeito dos acontecimentos na França entre 1848 e 1851, ressalta o uso de um modelo implícito e *ad hoc* de análise política, *ao lado* de um modelo teórico mais ou menos explícito que enfatiza certas condicionantes estruturais. Essa tensão entre uma perspectiva que sublinha a autonomia do poder de Estado, com a primazia das variáveis estritamente políticas, e outra que, na linha da "ortodoxia teórica", trata os eventos revolucionários como manifestações da inexorabilidade do processo histórico, conduziria esse pensamento a uma dificuldade insolúvel. A análise política *ad hoc* – presente nos famosos textos históricos – resolveria essa contradição e evidenciaria a superioridade do Marx comentarista político sobre o teórico da sociedade (cf. Spencer, 1979, p. 196).

Norberto Bobbio chama essa estratégia para salvar o marxismo de Marx de "estratégia de dissociação". Ela é diferente da estratégia da revelação. Essa última consiste em retomar o autor, recusando todas as interpretações realizadas até aqui, a fim de revelar o verdadeiro Marx. A estratégia da dissociação "parte da constatação de que existem muitos Marx e de que, à distância de mais de um século, não dá para salvar a todos eles nem para jogá-los fora". Como há um Marx filósofo, um Marx historiador, um Marx economista, e assim por diante, eles devem ser dissociados e aproveitados segundo o grau de acerto (empírico?) de cada um (ver Bobbio, 2006, p. 304).

Como superar essas visões? Como reatar o historiador e o filósofo, o jornalista e o cientista ou, num sentido mais preciso, a exposição dos princípios que informam a análise materialista e a análise materialista propriamente dita?

Dois princípios explicativos

A dessemelhança entre um Marx e outro deriva na verdade de certas dificuldades que dizem respeito não exatamente à relação *entre os dois textos* de Marx, mas às proposições do próprio texto em questão, *O 18 Brumário de Luís Bonaparte*.

---

[32]. Para um exemplo da copiosa literatura que opõe o Prefácio ao *18 Brumário*, ver, entre outros, Larrain, 1986.

A primeira dificuldade, e a mais superficial, decorre da constatação de um truísmo: a dinâmica dos *eventos políticos* da II República é independente na narrativa e principalmente na explicação oferecida, n'*O 18 Brumário*, da dinâmica dos *eventos econômicos*. Em rigor, a crise comercial francesa só comparece como um dos elementos que justificam o golpe de 2 de dezembro na seção VI do livro (ver *18 Br.*, p. 517-520), e ainda assim não como o fato mais importante. O fundamental nessa conjuntura é a *luta política de classes*, "essa indescritível e ensurdecedora confusão de fusão, revisão, prorrogação, Constituição, conspiração, coalizão, emigração, usurpação e revolução" (*18 Br.*, p. 520). Trata-se, contudo, do meu ponto de vista, de uma concentração excessiva no argumento *factual* do livro: não é um fato que a economia não causou o golpe de Estado? Disso se conclui que o princípio da determinação econômica não vige nesse caso.

A segunda dificuldade reside na leitura demasiado livre de certas partes isoladas de *O 18 Brumário*, no qual se enfatiza, de maneira unilateral e num sentido extremamente vago, a "autonomia da política" sem mesmo atentar para os vários sentidos de "autonomia" presentes no livro ou para a integração dessa noção e o seu significado no conjunto do sistema intelectual marxiano. Afinal, o que é "autônomo" e em face de quê? Penso que seja necessário separar a esse respeito três ideias complementares, mas distintas: (*i*) a ideia de autonomia *do político* (i.e., do nível jurídico-político) em relação ao nível econômico; (*ii*) a ideia de autonomia *da política* (i.e., da prática política) em relação à prática econômica; (*iii*) a ideia de autonomia *do Estado* (i.e., do aparelho do Estado) em relação à "sociedade civil" (a inspiração aqui é Poulantzas, 1971, *passim*). É usual nas interpretações d'*O 18 Brumário* de Marx a fusão dessas proposições em uma só ou a confusão que resulta ao tomar-se uma pela outra quando se pretende enfatizar a "irredutibilidade da política à economia", a "especificidade do político" etc.[33] Trata-se, portanto, de desatenção ao argumento *conceitual* do livro.

A terceira dificuldade reside na desconsideração da obra de Marx como um "sistema intelectual" que dispõe de uma "teoria do desenvolvimento histórico" (Anderson, 1984, p. 100). Seu pensamento certamente comporta correções de rumo, contradições, impasses, torções de sentido em determinados conceitos, deslizes terminológicos e mesmo a oposição entre problemáticas teóricas distintas. Mas ainda assim é um sistema porque conserva um princípio geral ou um "fio condutor"[34], para retomar a notória expressão do Prefácio de 1859: a *primazia do econômico*. Essa é a primeira lição da concepção materialista da História. A segun-

---

33. Engels, ao contrário, ainda que não tenha elaborado conceitualmente as diferenças, intuiu essa variedade de sentidos. Para o primeiro significado de "autonomia", ver sua carta a Starkenburg (1894) (Engels, 1983c); para o segundo, sua carta a Schmidt (1890) (Engels, 1983b); e para o terceiro, a formulação explícita em *OFPE*, p. 194.

34. Terrell Carver contestou precisamente esse ponto: "Why should readers really need a 'guiding thread'?" (Carver, 1983).

da lição, igualmente central nessa concepção, é a separação, postulada inicialmente em *A Ideologia Alemã*, entre *essência* (a vida material) e *aparência* (a vida "espiritual"). Essa diferença foi traduzida em 1859 em termos bastante simples: "Assim como não se julga o que um indivíduo é a partir do julgamento que ele faz de si mesmo, da mesma maneira não se pode julgar uma época de transformação a partir de sua própria consciência; ao contrário, é preciso explicar essa consciência a partir das contradições da vida material [...]" (*CEP*, p. 273). Mesmo um exame pouco atencioso do Prefácio da *Crítica da Economia Política* constatará a centralidade desses dois princípios explicativos do materialismo de Marx.

Em que sentido então se poderia aliar a interpretação da vida política francesa de meados do século XIX (a análise meticulosa dos acontecimentos de 24 de fevereiro de 1848 a 2 de dezembro de 1851), exposta em detalhe n'*O 18 Brumário*, às instruções gerais para a análise da sociedade em geral sintetizada, exatos sete anos depois, no Prefácio de 1859? O que equivale a dizer: *qual o peso da concepção materialista da História na análise histórica no marxismo clássico*?

Minha sugestão é que se verifique o efeito dessas duas proposições fundamentais – a primazia do econômico e a separação entre essência e aparência – na escritura d'*O 18 Brumário* em dois níveis: sobre a sua *forma* e sobre o seu *conteúdo*. O primeiro nível – a forma de expressão – diz respeito à lógica que preside a argumentação (e não ao "estilo" exuberante do texto, embora não seja indiferente a ele). Ela é tributária principalmente da segunda proposição, a relação entre aparência e essência. O segundo nível – o conteúdo – diz respeito à análise do processo político concreto. Ela é tributária da primeira proposição, a prioridade das relações sociais materiais. O comentário do texto será feito a partir dessa grade interpretativa.

Os discursos e seus tipos

Há, nessa possibilidade de leitura, uma série de impedimentos bem conhecidos que deveriam travar a inspeção, a aproximação e a superposição dos dois trabalhos, em quase tudo desiguais. Recordemos aqui as interpretações mais tradicionais. Elas enfatizam quatro divergências irreconciliáveis.

Afirma-se que enquanto *O 18 Brumário* é reconhecidamente uma análise de conjuntura destinada a explicar um evento político discreto – o golpe de um "aventureiro" (*18 Br.*, p. 439) –, o Prefácio da *Crítica da Economia Política* é o resumo de uma teoria geral da História, no qual o que conta são as transformações da estrutura social através das épocas progressivas de reorganização econômica da sociedade, os *modos de produção*. Ora, diferença de *níveis de abstração*, em primeiro lugar.

Entretanto, essa separação entre um texto teórico (ou mais "abstrato") e outro histórico (e mais "concreto") não é a maior dificuldade. É preciso frisar que, segundo a compreensão usual, enquanto o Prefácio de 1859 postularia uma necessidade férrea e absoluta, conforme a ação de determinadas leis que permitiriam anunciar inclusive o futuro da humanidade, *O 18 Brumário* seria o exemplo mais bem-acabado da atuação da contingência na História: diferença de *modelos de interpretação*, em segundo lugar.

No Prefácio, a base econômica não é só o fundamento das práticas políticas, ideológicas, filosóficas etc., mas a sua *causa*: "O modo de produção da vida material *domina* em geral o desenvolvimento da vida social, política e intelectual" (*CEP*, p. 273, grifos meus). Existe aqui um postulado impossível de ignorar. Ora, nada mais distante das interpretações avançadas n'*O 18 Brumário*. É evidente, para quem lê esse livro, que se está muito distante dessa posição dita "mecanicista". As motivações das ações humanas são muito mais complexas e quase nunca podem ser reduzidas a manifestações de uma única causa fundamental. O que separava os legitimistas dos orleanistas? O fato de os primeiros representarem o capital financeiro e industrial, e os segundos, a grande propriedade fundiária. Contudo, sustenta Marx, não apenas: "Que ao mesmo tempo velhas recordações, inimizades pessoais, esperanças e temores, preconceitos e ilusões, simpatias e antipatias, convicções, questões de fé e de princípio os tenham ligado a uma ou à outra casa real, quem sonharia em negá-lo?" (*18 Br.*, p. 464). Diferença de *tipos de causação*, em terceiro lugar.

Por fim, enquanto a categoria "luta de classes" é onipresente n'*O 18 Brumário*, ela não só está ausente no Prefácio, como é efetivamente substituída por outra – a contradição entre "as forças produtivas materiais da sociedade" e "as relações de produção existentes" (*CEP*, p. 272). Haveria, portanto, a partir daí, *duas variáveis independentes* no marxismo dificilmente conciliáveis: enquanto n'*O 18 Brumário* o princípio de análise da *evolução política* de uma conjuntura concreta é a "luta de classes", no Prefácio de 1859 é a contradição na "estrutura econômica" (*CEP*, p. 272) entre forças produtivas e relações de produção que parece funcionar como o modelo de explanação da *transformação histórica*. Diferença de *princípios de explicação*, em quarto lugar.

Essas são, sem dúvida, diferenças importantes. Mas não são incompatibilidades lógicas. Em primeiro lugar porque essas divergências decorrem exatamente do tipo de discurso e não da natureza do argumento. E o tipo do discurso decorre, por sua vez, do propósito manifesto dos dois textos. Ou mais exatamente: do objeto teórico de cada trabalho. Como aliás recordou Terry Eagleton:

> Talvez os pós-modernistas temam que uma atenção para as grandes narrativas vá reduzir as pequenas narrativas a meros efeitos delas; mas é difícil ver que o *Brumário* simplesmente "expulsa" o estado da luta de classes francesa da natureza da produção capitalista em geral. Para Marx, pelo menos, o objetivo da análise [nesse caso] não era o geral, mas o concreto; ele apenas reconhecia, junto com Hegel e qualquer

pensador sério, a impossibilidade de construir o concreto sem categorias gerais (Eagleton, 1998, p. 56).

Se um dos textos é o esboço de uma visão totalizante sobre a história universal, enquanto o outro abrange apenas quatro anos críticos da política francesa na metade do século XIX, então "não é surpresa que haja um repertório conceitual diferente apropriado para os dois casos" (Wolff, 2002, p. 2). Assim, por que não pensar que a proposição ontológica mais abstrata ("Não é a consciência do homem que determina o seu ser, mas, ao contrário, é o seu ser social que determina a sua consciência") informa – em termos mais precisos, isto é, como *condição* ou como *influência* – o exame do processo histórico mais concreto? Por que não ponderar que o oposto de "contingência" (supondo que *O 18 Brumário* seja apenas a crônica de uma eventualidade[35]) não é "necessidade" (supondo, igualmente, que o Prefácio de 1859 seja a postulação de um percurso inevitável e predeterminado da História[36]), mas possibilidades limitadas de converter interesses em práticas? Por que não dispor sob uma hierarquia mais complexa, *ao invés de contrapor*, as motivações econômicas a todas as outras classes de motivações não econômicas, enxergando a ação política segundo um princípio mais exigente e mais preciso (supondo, o que é discutível, que todo problema da causação se dê em torno de "motivos")? Por que não pensar, enfim, que a luta de classes é inexplicável sem referência às classes, e que as classes simplesmente não existem fora das (ou anteriormente às) relações de produção? Não é propriamente um segredo que "para Marx as classes são [...] um aspecto das *relações de produção*. [...] As classes derivam da posição em que os vários grupos de indivíduos se encontram frente à propriedade privada dos meios de produção" (Giddens, 1984, p. 72, grifos meus)[37].

Assim posto, não penso que os dois textos completem-se (no sentido mais convencional: um teórico, outro empírico), ou se confundam (no sentido mais artificial: tornem-se indistintos), mas sim que, postos um diante do outro, indiquem uma via que permita romper com o vício habitual do modo de leitura dos mais variados intérpretes – ou politicismo, na sua versão heterodoxa, ou economicismo, na sua versão ortodoxa, e mais recentemente, na falta de um nome melhor, idealismo, na sua versão pós-moderna.

---

35. O que é difícil de sustentar, visto que "o golpe de Estado [...] foi um resultado necessário e inevitável da evolução [dos acontecimentos] anteriores" (*18 Br.*, p. 521).
36. A esse respeito ver a refutação enfática ao "etapismo" na carta de Marx a Vera Zasoulich, de março de 1881.
37. Aron também concorda que na famosa passagem do Prefácio de 1859 "nem a noção de classes nem o conceito de luta de classes aparecem aí explicitamente. No entanto, é fácil reintroduzi-los nessa concepção geral". Para essa operação, ver Aron, 1987, p. 140-141.

A autoridade do econômico

Mencionei acima a centralidade do econômico na argumentação marxiana. Mas o que se deve entender por favoritismo do econômico? E como essa prioridade entre todas as outras vem expressa num livro cujo tema principal é, afinal de contas, uma questão eminentemente política?

A "primazia do econômico" é um postulado controverso e, como lembrou Engels, de difícil verificação empírica. Ele só surge na análise retrospectivamente e a exposição da conexão entre a "série de acontecimentos da história do dia a dia" (os eventos) nem sempre permite ao observador recuar até as "causas em última instância econômicas" (Engels, 1982, p. 189), pois essas são causas que atuam "inconscientemente e involuntariamente" (Engels, 1983a, p. 285), no nível, portanto, das estruturas. Logo, esse não é um princípio autoevidente para o analista, ou consciente para o agente.

A segunda restrição que se deve fazer ao entendimento dessa ideia é que "o fato econômico" não é, conforme Engels, "o *único* fato determinante". Ao referir-se a essa questão, Engels enfatizou, contra seus críticos, que o esquema explicativo do marxismo clássico aplicado à análise de "uma época histórica" deveria sempre considerar o "jogo recíproco de ações e reações" entre "o aspecto econômico" e os "demais fatores", sendo "*O 18 Brumário de Luís Bonaparte* [...] um exemplo magnífico de aplicação" dessa relação complexa de causalidade. Há na verdade uma série de "condições políticas e mesmo a tradição, que", na sua sugestiva alegoria, "perambula como um duende no cérebro dos homens", e que "também exerce sua influência sobre o curso das lutas históricas e, em muitos casos, determinam sua *forma*, como fator predominante" (todas as expressões entre aspas são de Engels, 1983a, p. 284-286; grifos no original). O modelo de causalidade histórica exposto no Prefácio de 1859 seria parcial (isto é, não representativo do pensamento completo dos autores) e essa parcialidade resultaria de sua formulação antitética: "face aos adversários, éramos forçados a sublinhar este princípio primordial que eles negavam [...]" (Engels, 1983a, p. 286) a todo custo nas narrativas tradicionais.

A interpretação de Engels, todavia, e as duas ideias básicas que ela contém – "sobredeterminação" e "determinação em última instância", na linguagem de Althusser (1965) – mesmo que fosse válida para a compreensão das transformações históricas em geral, não resolveria a questão da interpretação da segunda edição do "18 Brumário" (o golpe de Estado) à luz dos princípios materialistas expostos no Prefácio. E o recuo tático de Engels frente a seus críticos soa antes como uma desculpa que uma razão fundamentada.

Se a primeira ideia (baseada na existência de "conjunto inumerável de forças que se entrecruzam") é, de fato, a ideia-força do livro ou, por outra, o livro é a ilustração exemplar desse princípio analítico, a segunda, baseada nas "circunstâncias econômicas" (Engels, 1983a, p. 285), não integra, ou ao menos não integra assim, seu esquema explicativo. Para que o golpe de 2 de dezembro fosse explicável, em última instância, pela "economia", o papel que Marx atribui à "pequena crise comercial" (*18 Br.*, p. 517) de 1851 deveria ser exagerado. De fato, nem mesmo se poderia afirmar que a economia (no sentido mais trivial: como prática econômica, como motivo econômico da ação) cumpriu um papel nas lutas entre a burguesia *no* Parlamento e a burguesia *fora do* parlamento. É o que o próprio Marx indica:

> Quando os negócios prosperavam, como era o caso ainda em princípios de 1851, a burguesia comercial enfurecia-se contra toda luta parlamentar, para que o comércio não perdesse sua intensidade. Quando os negócios diminuíam, como foi constantemente o caso a partir do fim de fevereiro de 1851, ela atribuía a estagnação às lutas parlamentares e clamava pelo seu fim para permitir ao comércio retomar seu ritmo (*18 Br.*, p. 515).

Essa "circunstância econômica" – *a crise geral do comércio* – é, na verdade, mais um dos fatores que compõem o quadro geral desse período conflitivo e que conduz a burguesia francesa a abdicar de seu "poder político" em nome de seus "interesses de classe" (*18 Br.*, p. 514). Ela aprendeu no final das contas que, no curso das lutas políticas, "para salvar sua bolsa seria preciso perder a coroa" (*18 Br.*, p. 482). Examine essa passagem:

> Imagine-se agora o burguês francês: a que ponto, em meio a esse pânico comercial, seu espírito mercantil é torturado, atormentado, aturdido pelos rumores de golpes de Estado e de restauração do sufrágio universal, pela luta entre o Parlamento e o Poder Executivo, pela fronda [guerra civil] entre orleanistas e legitimistas, pelas conspirações comunistas no sul do país, pelas supostas *jacqueries* nos Departamentos de Nièvre e Cher, pela propaganda de diversos candidatos à presidência, pelas palavras de ordem inconsequentes dos jornais, pelas ameaças dos republicanos de defender a Constituição e o sufrágio universal de armas na mão, pela pregação dos heróis emigrados *in partibus*, que anunciavam o fim do mundo no segundo domingo de maio de 1852, pense-se em tudo isso e se compreenderá que, em meio a essa indescritível e ensurdecedora confusão de fusão, revisão, prorrogação, Constituição, conspiração, coalizão, emigração, usurpação e revolução, o burguês, espumando de raiva, lança à sua república parlamentar este grito: "*Antes um fim com terror, do que um terror sem fim*" (*18 Br.*, p. 519-520).

A conclusão dessa comédia contém uma lição: ainda que "a economia" não comande absolutamente o comportamento das classes, o *interesse puramente político de classe* – a "coroa" – submete-se, estrategicamente, ao *interesse econômico geral de classe* – a "bolsa" – ou mais exatamente, ao *capitalismo*, como regime de exploração econômica e como regime de dominação política. Nessa conjuntura, a burguesia, *como classe*, "reconhece" (ainda que essa não seja uma ação nem consciente nem racional) que

> para manter intacto seu *poder social*, é necessário quebrar seu poder político; que o burguês particular só pode continuar a *explorar* as outras classes e a desfrutar tranquilamente a propriedade, a família, a religião e a ordem sob a condição de que sua classe seja condenada, como as outras, à mesma nulidade política (*18 Br.*, p. 481-482; sem grifos no original).

O econômico tem, portanto, de ser tomado, nesse contexto, como o princípio-base de organização da vida social que não deve ser contornado, nem pode ser negado. Assim, "o econômico" não se confunde com "a economia" (no sentido de atividade econômica vulgar, como prática econômica ou como *acontecimentos econômicos*) e a precedência do econômico refere-se ao papel determinante das *estruturas econômicas*, e não a uma relação de causação simples entre razões econômicas estritas ("motivações") ou causas econômicas específicas ("acontecimentos") e condutas políticas empiricamente verificáveis ("ações").

O lugar e a função que os camponeses parcelares, "a massa do povo francês" (*18 Br.*, p. 532), ocupam na argumentação de Marx são paradigmáticos dessa ideia.

Como e por que o sobrinho de Bonaparte pôde tornar-se o representante político dessa massa e a *forma política* que essa representação assumiu – ao mesmo tempo como seu "senhor" e seu "protetor" (*18 Br.*, p. 533) – só são explicáveis em função das *transformações nas relações de produção capitalistas* na França entre fins do século XVIII e meados do século XIX. De maneira idêntica, a nova forma do "Estado moderno" – centralizado, "forte e absoluto" (*18 Br.*, p. 537) – só é explicável em função da ruína progressiva da pequena propriedade, justamente a *primeira* (e a ordem aqui não é casual) das "*idées napoléniennes*" (*18 Br.*, p. 535; em francês no original) denotada por Marx.

> Depois que a primeira Revolução [1789-1799] transformara os camponeses semisservos em livres proprietários de terra, Napoleão [o tio] consolidou e regulamentou as condições sob as quais eles podiam tranquilamente explorar o solo da França que acabava de lhes caber e satisfazer seu desejo juvenil de propriedade. Mas o que agora provoca a ruína do camponês francês é precisamente sua pequena propriedade, a divisão da terra, a forma de propriedade que Napoleão consolidou na França. Essas foram exatamente *as condições materiais* que fizeram do camponês francês um pequeno proprietário e de Napoleão um imperador. Duas gerações foram suficientes para produzir esse resultado inevitável: deterioração progressiva da agricultura, endividamento progressivo do agricultor. A forma "napoleônica" da propriedade, que foi no princípio do século XIX a condição para libertação e enriquecimento do campesinato francês, tornou-se, durante esse século, a lei da sua escravização e pauperização (*18 Br.*, p. 535, grifos meus).

Nem é preciso ler nas entrelinhas. As *condições materiais de existência* do pequeno proprietário, essa *"ordre matériel"* (*18 Br.*, p. 537; em francês no original) que constitui o fundamento objetivo da sua prática política e das suas representações mentais, impõe a ele um isolamento embrutecedor que impede não apenas que o campesinato constitua-se como classe, mas principalmente que ele se represente de forma autônoma "no Parlamento" (*18 Br.*, p. 533), ou seja, no nível político. A escravização da pequena propriedade ao capital, que dela extrai, como um "vampiro", através de hipotecas, "lucros, juros e renda", e que "transformou a massa da nação francesa em trogloditas" (*18 Br.*, p. 536), em uma massa de miseráveis; em seguida os impostos que pesam sobre a pequena propriedade e "engendram uma superpopulação desocupada" cuja forma de sobrevivência são os empregos públicos (uma espécie de "esmola respeitável") que incham o Estado (*18 Br.*, p. 537): essas são, dirá Marx, as condições – *econômicas* – que formarão o lumpemproletariado de Paris e são esses indivíduos que servirão de verdadeiro apoio – político – ao "Bonaparte *sans phrase*" (*18 Br.*, p. 489).

A legitimidade política que os camponeses emprestam ao Estado bonapartista é, contudo, trocada por uma ilusão ideológica. A nostalgia do Império e de suas "glórias" – a consagração da propriedade da terra – projetaram diante dos camponeses franceses a miragem segundo a qual "um homem chamado Napoleão" (*18 Br.*, p. 533) seria capaz de realizar o milagre de deter a História. Sua identificação com o segundo Bonaparte vem justamente daí: da ideia de que um poder Executivo forte seria o meio de preservá-los do desenvolvimento do capitalismo. Ironicamente, justo o que o II Império tratou nos vinte anos seguintes de assegurar. Marx dirá depois, em 1870, que "sua indústria e seu comércio atingiram proporções colossais; a especulação financeira celebrou orgias cosmopolitas" (*GCF*, p. 183).

Todas as contas feitas, o "bonapartismo" enquanto realidade histórica, ou mais exatamente, *as condições materiais que tornaram seu advento possível*, só são inteligíveis a partir da caracterização precisa da *estrutura econômica* da sociedade francesa num estágio determinado do seu desenvolvimento – isto é, só são inteligíveis a partir do "econômico".

Olhado mais de perto, o econômico não pode, portanto, ser entendido, nos estudos políticos de Marx, como o contexto social em geral – o *enquadramento* – das práticas de classe, as suas circunstâncias, o pano de fundo no qual a evolução da II República se dá. A sugestão de Fred Block para pensar em termos mais exatos a "especificidade do político" e, nesse sentido, a diferença entre o poder "do Estado" (da burocracia) diante do poder "da classe" (dominante), assim como o grau, maior ou menor, de independência dos *state managers* como o resultado contingente do "contexto de classe" em que esse poder é exercido, pode até se constituir em uma alternativa à noção pouco operacional de "autonomia relativa de Estado" proposta por Nicos Poulantzas, mas está longe de ajustar-se à noção marxiana de "estrutura econômica"[38].

Penso que o econômico pode ser entendido mais exatamente como: (i) o interesse geral da classe burguesa – o *ordenamento* capitalista – que deve ser garantido sempre, mesmo quando a burguesia "perdeu sua vocação para governar" (*18 Br.*, p. 500); (ii) a variável que em última instância determina – o *condicionamento*, portanto – as ações políticas, as representações ideológicas etc. dos agentes sociais; (iii) a realidade última – o *fundamento* – dos conflitos políticos entre as classes.

No prefácio à terceira edição alemã de 1885 de *O 18 Brumário*, Engels, sublinhando a importância do autor e da obra, advertiu:

> Fora precisamente Marx quem primeiro descobrira *a grande lei da marcha da história*, a lei segundo a qual *todas as lutas históricas* quer se processem no domínio político, religioso, filosófico ou qualquer outro campo ideológico, *são na realidade apenas a expressão mais ou menos clara de lutas entre classes sociais*, e que a existência e, portanto, também os conflitos entre essas classes são, por seu turno, condicionados pelo grau de desenvolvimento de sua *situação econômica*, pelo seu modo de produção e pelo seu modo de troca, este determinado pelo precedente. Essa lei – que tem para a história a mesma importância que a lei da transformação da energia tem para as ciências naturais – forneceu-lhe, aqui também, a chave para a compreensão da história da II República Francesa (Engels, 1978, p. 327-328, grifos meus).

Descontado o cientificismo dessa proposição, o resumo acima fixa o princípio teórico que explicará não somente os fenômenos políticos franceses de 1848 a 1851, mas os fenômenos políticos em geral.

Esquematicamente: a centralidade de toda a explanação está ancorada na noção de luta de classes e essa contradição entre as classes não deriva de uma oposição qualquer, mas das suas "situações econômicas" respectivas (ainda que elas possam assumir formas específicas: jurídicas, políticas, ideológicas, simbólicas etc.). As análises históricas de Marx não negam essa realidade, não contornam essa tese, nem propõem outro princípio teórico diante da "primazia do econômico", *assim entendido*. O que *O 18 Brumário* evidencia é a dissimulação desse fato na política. Seja porque a atividade política, se expressa, conforme o livro, na existência de grupos "puramente políticos". Por isso mesmo, a representação partidária das classes e frações de classe, as batalhas entre dinastias rivais etc., nem sempre podem ser ligadas expli-

---

[38]. O que não seria problema algum se Block não confundisse "contexto de classe" com "o papel determinante das relações de produção". Nos seus próprios termos: "[...] o exercício do poder de Estado ocorre dentro de contextos de classe determinados, que modelam e limitam o exercício desse poder. Esses contextos de classe são, por sua vez, o produto de relações de produção específicas" (Block, 1987b, p. 84).

citamente aos interesses econômicos; seja porque essa dissimulação daquilo que é em relação ao que parece ser é o que torna a dominação tanto possível quanto "legítima".

Recorde-se, para o primeiro ponto, a ação desastrada da *Montagne* – a pequena-burguesia democrática – no 13 de junho em defesa da "Constituição" (*18 Br.*, p. 468-469). Da mesma maneira, recorde-se que os representantes dos interesses de uma classe nem sempre precisam ser idênticos a ela ou nela recrutados: "Não se deve [...] imaginar que os representantes democratas [a *Montagne*] sejam todos *shopkeepers*, lojistas, ou simpatizantes destes últimos. Graças à sua educação e situação individual, podem ser tão diferentes uns dos outros como o dia e a noite" (*18 Br.*, p. 467).

Há aqui em ação um jogo entre essência e aparência que preside e estrutura a argumentação. Exagerando um pouco, talvez se pudesse mesmo pensar que essa dissimulação/confusão do que é e do que se vê é a possibilidade mesma da vida política. Napoleão III deveria apresentar-se à vista de todos como o procurador estrito da aristocracia financeira ou como o mandatário do campesinato, "a classe mais numerosa da sociedade francesa" (*18 Br.*, p. 532)?

Aparência e essência

A segunda proposição central da concepção materialista da História é aquela que diz respeito ao alegado antagonismo entre "essência" e "aparência", para falar na linguagem filosófica de *A Ideologia Alemã*. Ela está presente, como já se mencionou, no Prefácio de 1859 ("Assim como não se julga o que um indivíduo é a partir do julgamento que ele faz de si mesmo" etc.) e Marx irá antecipar literalmente essa mesma formulação em 1852 na seção III d'*O 18 Brumário*:

> E assim como na vida privada distingue-se o que um homem pensa e diz de si mesmo daquilo que ele é e faz na realidade, convém igualmente, nas lutas históricas, distinguir ainda mais a *retórica* e as *fantasias* dos partidos, de um lado, de sua *verdadeira natureza* e de seus *verdadeiros interesses*, de outro, distinguir o que eles imaginam ser daquilo que eles realmente são (*18 Br.*, p. 465; grifos meus).

Para Lefort (1990), a realização desse princípio, a disputa entre aparência e essência, decorre do alvo do autor e do método empregado. A intenção assumidamente desmistificadora, que constitui de resto o grande objetivo anunciado do trabalho[39], resulta no estilo iconoclasta adotado pelo livro, e o estilo do texto, eu poderia acrescentar, submete-se à lógica da argumentação, já que não é um expediente puramente formal ou "literário".

---

39. Cf. *18 Br.*, "Avant-Propos", 1869, p. 433.

Os pós-modernos têm razão em enfatizar a eficiência e os méritos da linguagem alegórica empregada por Marx (a série infindável de metáforas, metonímias, lítotes, sinédoques, hipérboles, oximoros etc.) e em censurar a pouca importância que Engels atribui a esse recurso estilístico. Segundo Engels, tratar-se-ia de "uma exposição concisa [e] epigramática" da história política francesa (Engels, 1978, p. 327). Por outro lado, parece excessivo hipostasiar a forma de expressão das ideias. LaCapra defendeu um ponto de vista no mínimo curioso: depois de vencidos o proletariado de Paris, a pequena-burguesia democrática, a burguesia republicana e o partido da ordem, nessa ordem, "a única força social [sic] que não é derrotada pelo curso de eventos analisado por Marx é a força da linguagem, tal como utilizada pelo próprio Marx". O argumento inteiro é o seguinte:

> [...] a exuberância quase rabelaisiana do escrito de Marx é em si mesma uma força que não pode ser abafada por interpretações unilaterais [...] num trabalho como *O 18 Brumário*, Marx mobiliza um estilo poderosamente carnavalizado – que ultrapassa qualquer projeto ou objetivo estritamente didático [...]. Por meio do uso dessa linguagem, Marx confronta um mundo no qual a crítica, a despeito do desejo de obter pleno domínio sobre ele, nunca está totalmente imune à mistificação – daí a necessidade de antídotos (tais como a paródia) cuja efetividade nunca é certa (LaCapra, 1987, p. 289 e p. 288, respectivamente)[40].

No sentido oposto, penso que encontramos n'*O 18 Brumário* de Marx um gênero literário em que a forma (o "estilo") está a serviço do conteúdo (a análise materialista do processo social), e não o contrário. Se as visões pós-modernas possuem a grande virtude de reprovar o modo tradicional de compreensão dos textos de Marx, caem no mesmo pecado ao proporem uma "política de leitura" absolutamente convencional do Prefácio de 1859 (a determinação da política pela economia). Ao fixarem-se nos enunciados teóricos mais graúdos, dispensam-se da verificação da validade dos conceitos. Daí que as assertivas aqui analisadas terminem por ficar ocultas graças àquilo que os seduz em primeiro lugar: os "efeitos especiais", os efeitos cinematográficos produzidos pelo dialeto do livro[41].

Retomando o argumento: a própria escritura do texto traz em si, no andamento da exposição, o movimento peculiar que Marx estabelece entre aparência e essência. Lefort sugeriu que a operação realizada n'*O 18 Brumário* é no fundo muito próxima daquela de Maquiavel: a "arte da desmistificação no exame das

---

40. A conclusão de LaCapra é a seguinte: "Ao mesmo tempo, ele [Marx] salienta para nós a relação entre o uso cognitivo (ou 'científico') e o uso performativo da linguagem num relato histórico – incluindo especialmente o uso carnavalesco" (1987, p. 289-290).

41. "Na verdade, os efeitos especiais [utilizados por Marx no livro] foi o mais próximo do que Marx poderia chegar do cinema" (Carver, 2002, p. 119).

peripécias da intriga política". Marx é o "analista virtuoso que consegue fazer com que o palco gire para mostrar o avesso do cenário"; ele tem o dom da perspicácia, "ao desvelar a comédia por trás da tragédia da História; ao reduzir os supostos heróis à dimensão de sua mediocridade, ao dissolver no pântano dos interesses a mixórdia das ideologias, mostrando, simultaneamente, os sinais da inelutável gestação de um novo mundo" (Lefort, 1991a, p. 165). O método empregado por Marx consistiria, assim, na habilidade para discernir, sob as aparências, as razões efetivas de tão "gritantes antinomias" (*18 Br.*, p. 461) que caracterizaram essa época, confundiram os contemporâneos e desconcertaram os analistas:

> constitucionalistas que conspiram abertamente contra a Constituição; revolucionários que se confessam constitucionalistas; uma Assembleia nacional que pretende ser todo-poderosa mas que permanece sempre parlamentar; uma *Montagne* que faz da resignação sua vocação e que se consola diante de suas derrotas presentes profetizando vitórias futuras; realistas que são os *patres conscripti* da república (*18 Br.*, p. 461).

Apesar desses disfarces caricatos, esse mundo ilusório, irreal da política (mas ao mesmo tempo real, pois é assim que as coisas aparecem e é assim que as coisas acontecem, poderíamos acrescentar[42]) não detém, dirá Lefort, o empenho de Marx "em descobrir [...] o sentido das práticas nas quais as instituições e as representações se fundamentam, em captar o princípio de sua gênese" (Lefort, 1991b, p. 179). Afinal, todos nós não aprendemos que orleanistas e legitimistas defendiam seus interesses, o domínio da burguesia, como "partido da ordem", essencialmente um "rótulo *social* e não *político*" (*18 Br.*, p. 465)?[43] Não seria falso concluir, a partir do exemplo dos realistas coligados, que o fundamento último desse mundo não são interesses quaisquer, mas os interesses *econômicos* de classe. Reencontramos, dessa maneira, a "essência".

Acompanhe mais atentamente essa longa e bem conhecida passagem. Ela condensa e exprime ao mesmo tempo os dois princípios que quero enfatizar:

> Quando se examina a situação mais de perto, esta aparência superficial que dissimula a *luta de classes* e a fisionomia peculiar desse período [i.e., o período da "república constitucional"] desaparece [...]. Legitimistas e orleanistas constituíam [...] as duas grandes frações do partido da ordem [...]. Sob os Bourbons fora a *grande propriedade agrária* que havia reinado, com seus padres e seus lacaios, sob os Orléans fora a alta finança, a grande indústria, o grande comércio, isto é, o *capital*,

---

42. Esse ponto será mais bem desenvolvido adiante, no capítulo 5 ("O espaço político segundo Marx").

43. Há aqui uma pequena diferença em relação à posição de Marx e ao emprego que ele faz da expressão "partido da ordem". "Partido da ordem" foi o nome que encontrou para ridicularizar os despachantes políticos e literários de todas as frações burguesas e seus padres que, alarmados, designavam a aliança potencial dos camponeses, pequeno-burgueses e operários como o "partido da anarquia" (*LCF*, p. 322). Um rótulo político e não social, portanto.

> com seus advogados, professores e oradores bem-falantes. [...] O que separava essas duas frações não era nenhum dos pretensos princípios, eram suas condições materiais de existência, dois tipos diferentes de propriedade, era a velha oposição entre a cidade e o campo, a rivalidade entre o capital e a propriedade da terra. [...] Enquanto orleanistas e legitimistas, enquanto cada uma dessas frações procurava persuadir-se e persuadir seu adversário que apenas suas ligações às duas dinastias as separava, os fatos provaram mais tarde que fora principalmente seus interesses opostos que haviam impedido a união das duas dinastias (*18 Br.*, p. 464-465, grifos no original).

Trata-se de uma operação analítica que implica duas reduções: (*i*) as autor-representações ideológicas são reduzidas ao seu fundamento de classe, ao seu princípio genético – orleanistas e legitimistas enfrentam-se "como representantes do mundo e da ordem burguesa, não como cavaleiros errantes de princesas longínquas" (*18 Br.*, p. 465); (*ii*) os interesses puramente políticos são reduzidos à sua essência, ou seja, aos interesses especificamente econômicos das classes.

Todavia, note que reduzidos não significa dissolvidos, anulados. Aqui cabem duas observações numa direção diferente da interpretação proposta por Lefort (1991a; e 1991b).

Primeira: esse procedimento analítico é análogo à intenção crítica que caracteriza a "Crítica da Economia Política" (n'*O capital*) e a "Crítica da Filosofia Especulativa" (em *A sagrada família*, por exemplo). A "Crítica da Política Prática", para mantermos a similitude, é igualmente desmistificadora, ainda que a desmistificação não corrija a realidade tal como os homens a representam (simbolicamente) e a percebem (ideologicamente). Achamo-nos, portanto, aqui diante do problema da *eficácia própria das representações coletivas* – não por acaso, o primeiro tema d'*O 18 Brumário*, como lembrou Artous (1999, p. 173)[44].

O método empregado no trabalho – traduzido e exprimido de forma cifrada na linguagem que o acompanha – obriga o analista a reconhecer a influência das justificações ideológicas sobre os interesses econômicos, das representações imaginárias sobre o "mundo profano" (*18 Br.*, p. 453). Não é precisamente por essa ideia – a eficácia simbólica do político e a eficácia política do simbólico – que começa o livro?

Quando os homens

> parecem empenhados em transformar-se a si mesmos e a revolucionar as coisas, em criar o absolutamente novo, é justamente nesses períodos de crise revolucionária que evocam ansiosamente em seu auxílio os espíritos do passado, tomando-lhes emprestado os nomes, as suas pala-

---

44. De acordo com Geras, "as distinções forma/conteúdo, aparência/essência conservam sua significação para a análise e a explicação [das] realidades [sociais], *com a condição de que não se tome o primeiro termo de cada uma das oposições como sinônimo de ilusão*" (1977, p. 270; grifos meus).

vras de ordem e vestimentas, a fim de representar a nova peça histórica sob um antigo e venerável disfarce e com essa linguagem emprestada (*18 Br.*, p. 437-438).

Marx lembra que "Lutero adotou a máscara do apóstolo Paulo, [..] a Revolução de 1789-1814 disfarçou-se ora como República romana, ora como Império romano" (*18 Br.*, p. 438) e que "um século antes Cromwell e o povo inglês haviam emprestado do Velho Testamento sua linguagem, suas paixões e suas ilusões para servir à sua revolução burguesa" (*18 Br.*, p. 439).

A escolha dos termos não é arbitrária: máscara, disfarce, ilusão querem sugerir que esse simbolismo é antes de tudo uma *ideologia*: "As revoluções [burguesas] tiveram de recorrer a recordações da história universal para se iludirem quanto ao seu próprio conteúdo" (*18 Br.*, p. 440). Mas uma ideologia – ou uma "aparência" – que tem *o poder de produzir um efeito determinado*, empurrar a História para frente. Uma fantasia (no duplo sentido: como imaginação/ilusão e como disfarce) eficiente, não uma mistificação simplória. Um imaginário coletivo que tem a propriedade de produzir a realidade (Assoun, 1978, p. 185 *apud* Artous, 1999, p. 174).

A segunda observação, que decorre da primeira, é menos óbvia, penso eu: é exatamente nesse terreno ideológico que se dão as práticas políticas de classe, pois não há outro lugar possível – não há política sem ideologia, fora da ideologia, acima das ideologias. A ideologia é a linguagem da política. Essa é uma ideia indicada, de passagem, no próprio Prefácio de 1859. Recorde-se que, numa "época de revolução social", é por meio das "formas jurídicas, políticas, religiosas, artísticas ou filosóficas, em resumo, [das] formas ideológicas [que] os homens tomam consciência desse conflito e o conduzem até o fim" (*CEP*, p. 273). Assim, também os gladiadores da sociedade burguesa "[...] encontraram nas austeras tradições clássicas da República romana os ideais e as formas de arte, as ilusões de que necessitavam para ocultarem de si próprios as limitações burguesas do conteúdo de suas lutas e manterem sua paixão à altura da grande tragédia histórica" (*18 Br.*, p. 439).

Logo, a menos que sejamos reféns de uma fantasia objetivista, é preciso preterir a ideia, manifesta em *A Ideologia Alemã*, segundo a qual o "ideológico" é uma simples aparência passível de ser corrigida e ultrapassada depois de censurada pelo crítico social. Esse entendimento conduz a projetar sobre o par "essência-aparência" uma antinomia essencialista e abstrata do tipo verdadeiro *versus* falso em tudo estranha ao espírito do texto marxiano. Raymond Williams sublinhou a propósito desse problema que

> a decisão de *não partir* "daquilo que os homens dizem, imaginam, concebem, nem dos homens como narrados, pensados, imaginados, concebidos" será, portanto, no máximo, um lembrete corretivo de que há outras evidências, e por vezes mais convincentes, daquilo que eles fizeram. Mas será também, em seus piores aspectos, uma fantasia

objetivista: a de que todo o "processo de vida real" pode ser conhecido *independentemente* da linguagem e de seus registros (Williams, 1979, p. 65, sem grifos no original).

Contra a autonomia absoluta da política, das suas leis exclusivas e dos seus movimentos próprios, contra o imperialismo do simbólico sobre o mundo profano, o recurso marxiano por excelência consiste em tecer o fio que liga as instituições políticas e as representações ideológicas à realidade "econômica", isto é, às "contradições da vida material". O livro de Marx é o cumprimento eficiente dessa tarefa desmistificadora só que, paradoxalmente, por meio da sua linguagem conotativa. Ela, por sua vez, cumpre a função de nos lembrar de que não se pode desconhecer a função específica de mediação das instituições políticas e das representações ideológicas – isto é, as "formas" – no processo de dominação social do capitalismo. O duende que Engels menciona na carta a Bloch, afinal de contas, não é apenas uma fantasmagoria. O que ele não possui, nem a linguagem do livro pode possuir, é vontade própria.

Referências

ALTHUSSER, Louis. *Posições I*. Rio de Janeiro: Graal, 1978.

ALTHUSSER, Louis. *Pour Marx*. Paris: François Maspero, 1965.

ANDERSON, Perry. *A crise da crise do marxismo*: introdução a um debate contemporâneo. São Paulo: Brasiliense, 1984.

ANDERSON, Perry. *Considerations on Western Marxism*. London: New Left Books, 1976.

ARON, Raymond. *As etapas do pensamento sociológico*. 2. ed. São Paulo: Martins Fontes/Editora Universidade de Brasília, 1987.

ARONOWITZ, Stanley and Bratsis, Peter (eds.). *Paradigm Lost*. State Theory Reconsidered. Minneapolis: University of Minnesota Press, 2002.

ARTOUS, Antoine. *Marx, l'État et la politique*. Paris: Syllepse, 1999.

ASSOUN, Paul-Laurent. *Marx et la répétition historique*. Paris: Presses Universitaires de France, 1978.

BLOCK, Fred. Beyond Relative Autonomy: State Managers as Historical Subjects. In: _____. *Revising State Theory*. Essays in Politics and Post industrialism. Philadelphia, Temple University Press, 1987b.

BOBBIO, Norberto. *Nem com Marx, nem contra Marx*. São Paulo: Editora UNESP, 2006.

CARVER, Terrell. Imagery/Writing, Imagination/Politics: Reading Marx through the *Eighteenth Brumaire*. In: Martin, James and Cowling, Mark (eds.). *Marx's Eighteenth Brumaire*: (Post)Modern Interpretations. London: Pluto Press, 2002.

CARVER, Terrell. *Marx's Social Theory*. Oxford: Oxford University Press, 1983.

COLLIOT-THELENE, Catherine. Le materialisme historique a aussi une histoire. *Actes de la recherche en Sciences Sociales*, n. 55, p. 15-21, nov., 1984.

EAGLETON, Terry. *After Theory*, London: Allen Lane/Penguin Press, 2003.

EAGLETON, Terry. *As ilusões do pós-modernismo*. Rio de Janeiro: Jorge Zahar, 1998.

EAGLETON, Terry. *Ideologia*. Uma introdução. São Paulo: Editora da Universidade Estadual Paulista; Editora Boitempo, 1997.

ENGELS, Friedrich. *A origem da família, da propriedade privada e do Estado*. 8. ed. Rio de Janeiro: Civilização Brasileira, 1982.

ENGELS, Friedrich. Carta de F. Engels a Bloch, 21-22 set. 1890. In: Marx, Karl e Engels, Friedrich. *Obras escolhidas*. São Paulo: Alfa-Ômega, 1983a, v. 3.

ENGELS, Friedrich. Carta de F. Engels a Schmidt, 27 out. 1890. In: Marx, Karl e Engels, Friedrich. *Obras escolhidas*. São Paulo: Alfa-Ômega, 1983b, v. 3.

ENGELS, Friedrich. Carta de F. Engels a Starkenburg, 25 jan. 1894. In: Marx, Karl e Engels, Friedrich. *Obras escolhidas*. São Paulo: Alfa-Ômega, 1983c, v. 3.

ENGELS, Friedrich. Introdução de Friedrich Engels à edição de 1895. In: Marx, Karl. *As lutas de classe em França de 1848 a 1850*. Lisboa/Moscou: Avante!/Progresso, 1982.

ENGELS, Friedrich. Prefácio de Engels para a terceira edição alemã [1885]. In: Marx, Karl. *O dezoito brumário de Luís Bonaparte*. 2. ed. São Paulo: Abril Cultural, Col. Os Pensadores, 1978.

GERAS, Norman. Essência e aparência: aspectos da análise da mercadoria em Marx. In: Cohn, Gabriel (Org.). *Sociologia*: para ler os clássicos. Rio de Janeiro: Livros Técnicos e Científicos, 1977.

GERAS, Norman. Post-Marxism? *New Left Review*, n. 163, p. 40-84, May-June, 1987.

GIDDENS, Anthony. *Capitalismo e moderna teoria social*. 2. ed. Lisboa: Editorial Presença, 1984.

HOBSBAWM, Eric. O que os historiadores devem a Karl Marx? In: _____. *Sobre história*. São Paulo: Companhia das Letras, 1998.

JESSOP, Bob. *State Theory*: Putting Capitalist State in its Place. Pennsylvania: The Pennsylvania University Press, 1990.

LaCAPRA, Dominick. Reading Marx: The Case of *The Eighteenth Brumaire*. In: _____. *Rethinking Intellectual History*: Texts, Contexts, Language. Ithaca and London: Cornell University Press, 1987.

LARRAIN, Jorge. *A Reconstruction of Historical Materialism*. London: Allen and Unwin, 1986.

LEFORT, Claude. A revolução enquanto princípio e enquanto indivíduo. In: _____. Pensando o político: ensaios sobre democracia, revolução e liberdade. Rio de Janeiro: Paz e Terra, 1991a.

LEFORT, Claude. Marx: de uma visão de história a outra. In: _____. As formas da História. Ensaios de Antropologia Política. 2. ed. São Paulo: Brasiliense, 1990.

LEFORT, Claude. Releitura do Manifesto Comunista. In: _____. Pensando o político: ensaios sobre democracia, revolução e liberdade. Rio de Janeiro: Paz e Terra, 1991b.

LUPORINI, Cesare. Le Politique et l'Étatique: une ou deux critiques? In: Balibar, Étienne; Luporini, Cesare et Tosel, André. Marx e sa critique de la politique. Paris: Maspero, 1979.

MARTIN, James. Performing Politics: Class, ideology and Discourse in Marx's Eighteenth Brumaire. In: Martin, James and Cowling, Mark (eds.). Marx's Eighteenth Brumaire: (Post)Modern Interpretations. London: Pluto Press, 2002.

MARX, Karl e ENGELS, Friedrich. L'idéologie allemande. In: Marx, Karl. Œuvres. Trad.: Maximilien Rubel. Paris: Gallimard, 1982, v. III: Philosophie. Bibliothèque de La Pléiade.

MARX, Karl. Avant-Propos. Critique de l'Économie Politique (1859). In: Marx, Karl. Œuvres. Trad.: Maximilien Rubel. Paris: Gallimard, 1965, v. I: Économie. Bibliothèque de La Pléiade.

MARX, Karl. Introduction générale a la Critique de l'Économie Politique (1857). In: Marx, Karl. Œuvres. Trad.: Maximilien Rubel. Paris: Gallimard, 1965, v. I: Économie. Bibliothèque de La Pléiade.

MARX, Karl. La guerre civile en France. IIIème partie. Disponível em: <http://www.marxists.org/francais/ait/1871/05/km18710530c.htm>. Acesso em: 13 jan. 2010.

MARX, Karl. Le 18 Brumaire de Louis Bonaparte. In: _____. Œuvres. Paris: Gallimard, v. IV, Tomo I: Politique, 1994.

MARX, Karl. The Civil War in France. In: Carver, Terrell (ed.). Marx: Later Political Writings. Cambridge: Cambridge University Press, 2003.

MEHLMAN, Jeffrey. Revolution and Repetition: Marx-Hugo-Balzac. Berkeley and Los Angeles: University of California Press, 1978.

MÉSZÁROS, István. Marx's Theory of Alienation. London: Merlin Press, 1979.

PANITCH, Leo. The Impoverishment of State Theory. In: Aronowitz, Stanley and Bratsis, Peter (eds.). Paradigm Lost. State Theory Reconsidered. Minneapolis: University of Minnesota Press, 2002.

POULANTZAS, Nicos. Pouvoir politique et classes sociales. Paris: Maspero, 1971.

ROSE, Margaret A. The Holy Cloak of Criticism: Structuralism and Marx's Eighteenth Brumaire. Thesis Eleven, v. 2, p. 79-97, 1981.

RUBEL, Maximilien. *Karl Marx devant le bonapartisme*. Paris: Mouton & CO, 1960.

SKOCPOL, Theda. Bringing the State Back In: Strategies of Analysis in Current Research. In: Evans, Peter B.; Rueschemeyer, Dietrich; Skocpol, Theda (eds.). *Bringing the State Back In*. Cambridge: Cambridge University Press, 1985.

SPENCER, Martin E. Marx on the State: The Events in France between 1848-1850. *Theory and Society*, v. 7, p. 167-198, Jan.-May., 1979.

THERBORN, Göran. A análise de classe no mundo atual: o marxismo como ciência social. In: Hobsbawm, Eric (Org.). *História do marxismo*. Rio de Janeiro: Paz e Terra, 1989, Col. História do marxismo, v. 11.

THOMPSON, Edward P. As peculiaridades dos ingleses. In: Negro, Antonio Luigi e Silva, Sergio (Orgs.). *As peculiaridades dos ingleses e outros artigos*. Campinas: Editora da Unicamp, 2001.

WILLIAMS, Raymond. *Marxismo e literatura*. Rio de Janeiro: Zahar, 1979.

WOLFF, Jonathan. *The 18th Brumaire and the 1859 Preface* (Pre-conference draft). Paper presented 150th Anniversary of the Publication of *The Eighteenth Brumaire of Louis Bonaparte* at the Murphy Institute of Political Economy, Tulane University, New Orleans, Louisiana, USA 13th-14th, April, 2002.

* * *

2
O Estado como instituição

Adriano Codato & Renato Perissinotto

Embora constasse do projeto intelectual original de Marx submeter o tema do Estado a um tratamento mais sistemático – como atestam suas cartas a F. Lassalle (22 de fevereiro de 1858), a F. Engels (2 de abril de 1858) e a J. Weydemeyer (1º de fevereiro de 1859), redigidas antes mesmo da publicação, em Berlim, de *Para a crítica da Economia Política* –, isso nunca se realizou. Igualmente, o próprio estudo sobre o capital e, dentro dele, o capítulo sobre as classes, permaneceu incompleto (Miliband, 1981, p. 127-128).

Mesmo assim, é razoável sustentar que existe, na obra de Marx e Engels, uma concepção genérica sobre o Estado e que pode servir, para usar uma expressão do próprio Marx, como "fio condutor" ("Prefácio" de 1859) para a análise política. Tal concepção consiste na determinação do *caráter de classe* do Estado.

A teoria marxista da política implica uma rejeição categórica da visão segundo a qual o Estado seria o agente da sociedade "como um todo" ou do "interesse nacional". Essa é a essência de toda concepção marxista sobre o Estado, sintetizada com notável clareza na conhecida fórmula do *Manifesto Comunista*: "O Estado moderno não é mais que um comitê que administra os negócios comuns de toda a classe burguesa" (*MC*, p. 163)[45]. O próprio Engels expressou a mesma ideia numa passagem igualmente célebre: "A força de coesão da sociedade civilizada é o Estado, que, em todos os períodos típicos, é exclusivamente o Estado da classe dominante e, de qualquer modo, essencialmente uma máquina destinada a reprimir a classe oprimida e explorada" (*OFPE*, p. 199). Para todos os efeitos, essa passagem pode ser tomada como a mais representativa do núcleo de uma "teoria geral do Estado" no campo do marxismo teórico.

---

45. Essa é também a interpretação de Miliband a respeito do núcleo da concepção marxiana (e marxista) sobre o Estado. Cf. Miliband, 1988, p. 133. Cf. igualmente Gruppi, 1983.

Como resumiu Macpherson, uma das conquistas teóricas mais fundamentais para a teoria política moderna foi a determinação da natureza de classe dos processos de dominação política pelos clássicos do marxismo (1991, p. 87-89). Todavia, se a determinação do caráter de classe do aparelho de Estado é uma condição necessária para a análise do sistema estatal, quando se trata de compreender sua *configuração interna*, seus *níveis decisórios* e as funções que os diversos *centros de poder* cumprem, seja como produtores de decisões, seja como organizadores políticos dos interesses das classes, ela é amplamente insuficiente. O *aparelho de Estado*, lembra Nicos Poulantzas, ou seja, como o Estado se organiza, "não se esgota no *poder de Estado*", ou naquilo que ele faz. "O Estado apresenta uma *ossatura material própria* que não pode de maneira alguma ser reduzida simplesmente à dominação política" (Poulantzas, 1985, p. 17, grifos nossos). Nesse sentido, a função de *mediação* que o aparelho estatal desempenha através de suas atividades administrativas e burocráticas rotineiras adquire uma importância decisiva para a determinação de seu *caráter de classe*. De forma análoga, esse último problema não pode se referir, exclusivamente, aos "resultados da política estatal – que estão ligados à questão, analiticamente distinta, porém empiricamente muito próxima, do poder estatal –, mas [antes] à forma e [ao] conteúdo intrínseco", assumidos pelo sistema institucional dos aparelhos do Estado em uma conjuntura concreta (Therborn, 1989, p. 37).

Em que pese a advertência de Göran Therborn, o traço mais marcante no desenvolvimento da teoria política marxista na segunda metade do século XX (Miliband, Offe, Altvater, Hirsch, Wright, Przeworsky etc.) foi a ausência das questões referentes aos processos organizativos internos do aparelho de Estado. O próprio Poulantzas, que procurou compreender o sistema de estruturação e funcionamento do aparelho do Estado capitalista sob o conceito de "burocratismo", explorou os efeitos ideológicos desse sistema sobre as práticas dos agentes do Estado (cf. Poulantzas, 1971, v. II, p. 153-193). É verdade que no seu último livro, *O Estado, o poder, o socialismo*, de 1978, ele tratou da "ossatura do Estado". Mas sua análise pretendeu salientar os efeitos gerais da luta de classes e das transformações da economia capitalista sobre o Estado.

Segundo a crítica corrente, as razões desse esquecimento sistemático deveriam ser buscadas na confusão promovida pela tradição marxista que teimaria em identificar *poder de Estado* e *poder de classe*, reduzindo o *aparelho de Estado* a um instrumento controlado pelos interesses das classes e frações dominantes. É como se a identificação da natureza de classe do Estado tivesse dispensado os marxistas de analisar as formas concretas através das quais ela se realiza (o *funcionamento* regular do Estado). No máximo, a atenção dos marxistas recairia sobre o sentido de classe da *política estatal* (i.e., os setores sociais beneficiados por uma decisão determinada, em geral econômica), mas não sobre o modo de *organização interna* do aparelho do Estado e suas repercussões sobre o processo decisório, a hierarquia entre os diferentes centros de poder, os mecanismos de recrutamento e o perfil característico dos agentes estatais.

Há duas versões dessa crítica. A primeira, sustentada por N. Bobbio, sublinha os efeitos dessa concepção restritiva da política e do Estado sobre a "teoria das formas de governo" (os regimes políticos). A segunda, cuja fonte são os autores neoinstitucionalistas (Theda Skocpol, Fred Block), enfatiza as dificuldades decorrentes da ausência de uma teoria *sobre o Estado* em Marx e nos marxismos posteriores.

O objetivo deste capítulo é apresentar uma leitura da teoria marxiana do Estado mais ambiciosa do que aquela feita pelas críticas neoinstitucionalistas. A partir da reconsideração das obras históricas de Marx – *A burguesia e a contrarrevolução* (1848), *As lutas de classe em França de 1848 a 1850* (1850) e *O 18 Brumário de Luís Bonaparte* (1852) – pretendemos demonstrar que Marx possui uma concepção de Estado que leva em conta sim sua dinâmica institucional, seus procedimentos organizativos, suas hierarquias internas sem, entretanto, abrir mão da perspectiva classista. Dessa forma, ao introduzir em suas análises políticas os aspectos institucionais do aparelho estatal, Marx apresentaria uma concepção de Estado ao mesmo tempo mais sofisticada do que a defendida pela perspectiva instrumentalista (perspectiva essa presente tanto na obra de alguns marxistas quanto na dos críticos do marxismo), e menos formalista do que as interpretações institucionalistas. O fato de por que a teoria política marxista não ter se concentrado nesse ponto, nem desenvolvido e aprofundado essas sugestões, mereceria outra investigação.

O ensaio está dividido em quatro partes. Na primeira, resumimos as críticas correntes à teoria marxista do Estado, definimos nossa grade de leitura e avançamos uma hipótese de trabalho. A segunda parte consiste na análise e na interpretação de passagens selecionadas das obras históricas de Marx. Na terceira parte, insistimos sobre um ganho da análise materialista, a *ligação* necessária entre as noções de "aparelho de Estado" e "poder de Estado", apesar do funcionalismo embutido no argumento. Na última parte do capítulo, retomamos e aprofundamos a distinção, a nosso ver presente nas análises de Marx, entre a *dimensão funcional* e a *dimensão institucional* do Estado procurando destacar sua relevância para essa teoria política.

Estado capitalista: função social e instituição política

A partir de meados dos anos 1970, notadamente na Itália, a literatura que se incorporou à vaga revisionista que se seguiu à crise do marxismo profetizada por Lucio Colleti (1983), enfatizou a incipiência e a irrelevância de uma teoria *política* marxista[46].

Segundo Norberto Bobbio, o fato de Marx não ter redigido o livro planejado sobre o Estado (o que poderia ser um fato apenas circunstancial), só teria confirmado o tratamento enviesado que o problema recebeu por parte dessa tradição teórica. O Estado frequentemente foi pensado como "instrumental" para a dominação de classe, como simples "força repressiva" a serviço da classe dominante ou como puro "reflexo" das determinações emanadas da base econômica. Ora, estariam aí, nessa "concepção negativa do Estado" (Bobbio, 1980, p. 154), soldada ao economicismo característico de sua Filosofia da História, as dificuldades principais para o marxismo examinar dois problemas caros a toda tradição do pensamento político: o problema das formas de governo e o problema correlato, que polarizou a agenda teórica da Ciência Política no início e no fim do século XX, das instituições políticas.

O argumento pode ser assim apresentado: ao insistir na *natureza de classe do poder de Estado*, os clássicos do marxismo – aí incluídos Marx, Engels, Lenin, Gramsci – não abordaram os diversos modos pelos quais esse poder seria exercido. Uma vez que sempre estiveram preocupados com o "quem" da dominação política e não com o "como" se governa, numa sociedade dividida e estratificada em classes, o governo, *qualquer governo*, sob qualquer forma (seja democrática, seja ditatorial), estaria sempre voltado a cumprir os interesses gerais da classe dominante, independentemente da configuração das suas instituições. A passagem seguinte é bem explícita:

> Marx e Engels (e sobre sua linha, um chefe revolucionário como Lenin), convencidos como estavam de que a esfera da política fosse a esfera da força (e nisso tinham perfeitamente razão), colocaram-se sempre o problema do argumento histórico dessa força, individualizado na classe dominante de tempos em tempos, em vez do problema dos *diversos modos* pelos quais essa força podia ser exercida (que é o problema das instituições) (Bobbio, 1979, p. 28-29, sem grifos no original; trad. modificada).

Resultou daí uma teoria do Estado essencialmente incompleta e parcial (ver igualmente Bobbio, 1983, p. 21-35).

Esse problema teórico converteu-se, ao longo do tempo, também em um problema político. Os atrasos, lacunas e contradições da ciência política marxista, nesse particular, tornaram difícil o desenvolvimento de uma reflexão mais articulada a respeito da forma de organização do Estado socialista, de suas instituições específicas e de sua forma de governo (a "ditadura do proletariado").

---

46. Sobre o subdesenvolvimento da produção intelectual marxista no domínio da teoria política e econômica a partir dos anos 1930 e a prevalência dos estudos culturais, estéticos e filosóficos, ver também Anderson, 1976.

Daí que a uma teoria "negativa" do Estado capitalista justapôs-se a falta completa de uma teoria socialista do próprio Estado socialista.

Quando se verifica que o interesse dos teóricos do socialismo científico pelo problema prático e urgente da conquista do poder induziu uma maior atenção sobre a *questão do partido* (a organização revolucionária) do que propriamente sobre a *questão do Estado* (a organização burocrática de exercício do poder), e que, com base em uma convicção difundida segundo a qual uma vez conquistado o poder o Estado seria um fenômeno transitório destinado a desaparecer na futura sociedade comunista, pode-se estimar o peso desses determinantes. Está aí, de acordo com Bobbio, a causa da pouca atenção dedicada por essa tradição ao "problema das instituições" políticas (Bobbio, 1979, p. 14).

A posição expressa acima foi reforçada e ampliada pela literatura de Ciência Política neo-institucionalista. O neoinstitucionalismo[47] prevê uma volta ao tema do Estado e uma recusa das determinações puramente societais na abordagem dos processos históricos e dos fenômenos políticos.

Essa crítica sustenta que a visão que Marx possuía do Estado e da burocracia era pobre e esquemática, e que não haveria, nos seus escritos, um tratamento mais detido do problema que fosse além da mera *constatação* da natureza de classe dos processos de dominação política. Como consequência, o Estado, na perspectiva de Marx, não poderia jamais ser abordado como "um ator independente", segundo a expressão de Skocpol, i.e., como uma variável autônoma ou como um *fator explicativo* dos fenômenos sociais e políticos. Nessa perspectiva, não poderia haver propriamente uma teoria marxista *do Estado*[48]. Mesmo os trabalhos empíricos sobre o Estado capitalista, apesar de alguns avanços inegáveis no que se refere ao reconhecimento da autonomia relativa do político produzidos nos anos 1970, não teriam superado essa dificuldade genética do marxismo.

O conceito de autonomia relativa do Estado capitalista foi teoricamente elaborado por Nicos Poulantzas em *Pouvoir politique et classes sociales* (1968; 1971). Esse trabalho gerou, por parte dos autores marxistas, ou de inspiração marxista, uma retomada dos estudos sobre o Estado. Foi certamente a preocupação em conjugar teoricamente a ideia da "natureza de classe" do aparelho estatal com a "autonomia" desse aparelho frente às classes dominantes que orientou,

---

47. Como já observou Goodin, o "neoinstitucionalismo" compreende uma variedade de correntes teóricas dos mais diversos campos do conhecimento (Economia, Sociologia, História, Ciência Política etc.). Todas elas, entretanto, partilham a tese mais geral segundo a qual as instituições políticas devem ser vistas como variáveis explicativas autônomas, dotadas de uma lógica própria, e não como resultantes das forças sociais em conflito. Cf. Goodin, 1996, p. 1 e segs.

48. Este nosso ensaio não pretende dialogar com todas as correntes teóricas do neoinstitucionalismo, mas apenas com aquelas que elegeram o marxismo como interlocutor privilegiado. Pensamos aqui no reputado artigo de Theda Skocpol (1985, p. 3-43). Ver também Block, 1987a e 1987b; Miliband, 1983, p. 63-78; e March e Olsen, 1989, especialmente o cap. 1: Institutional Perspectives on Politics, p. 1-19.

de diferentes maneiras, os trabalhos de Joaquim Hirsch, Claus Offe, Elmar Altvater e Ralph Miliband, entre outros.

A perspectiva neoinstitucionalista é, por sua vez, uma tentativa de superar o que seus animadores julgavam ser os limites societalistas das análises dos neomarxistas a respeito do Estado/poder do Estado[49]. Fred Block, um dos expoentes dessa interpretação, sustentou que a noção de "autonomia relativa" recolocava, ainda que de maneira um pouco mais sofisticada, o renitente reducionismo marxista, que consistiria em identificar poder de Estado com poder de classe. Isso impossibilitaria tomar o Estado e a sociedade a partir de uma perspectiva relacional. Essa perspectiva deveria dar a ambos os termos um peso próprio na explicação sociológica, resultando assim em uma visão mais complexa dos processos de decisão e de dominação (Block, 1987b, p. 229). Nesse sentido, é significativo o título do artigo mais importante do livro de Block: "Para além da autonomia relativa: dirigentes estatais como sujeitos históricos".

Não pretendemos fazer um balanço da contribuição clássica e contemporânea no campo do marxismo teórico a fim de confrontá-la com os julgamentos dos neoinstitucionalistas sintetizados acima. Nosso objetivo, mais restrito, consiste em corrigir essas interpretações, opondo a elas uma leitura menos superficial e mais atenta a certas passagens selecionadas dos textos políticos de Marx. Esse procedimento exige explicações adicionais e um comentário seja sobre o estatuto dos textos referidos por nós, seja sobre a perspectiva de leitura aqui adotada.

Como reconheceu Nicos Poulantzas, os textos dos clássicos do marxismo não trataram o nível político de forma sistemática, o que equivale dizer: não realizaram explicitamente sua "teoria" no sentido rigoroso do termo). Ao contrário, o que se poderiam encontrar nas suas obras principais são: (i) conceitos no estado prático, isto é, presentes em toda argumentação, mas não teoricamente elaborados, já que foram pensados para dirigir a atividade política numa conjuntura concreta (a noção de "partido revolucionário", por exemplo); (ii) elementos de conhecimento da prática política e da superestrutura do Estado, não inseridos, entretanto, num discurso teórico ordenado (a ideia de "bonapartismo", por exemplo); ou, ainda, (iii) uma concepção implícita do lugar e da função da estrutura política na problemática marxista (Poulantzas, 1971, v. I, p. 14) – mas não um tratamento "orgânico" do problema do Estado (a expressão é de Gruppi, 1983, p. 28; ver também Girardin, 1972). Isso, contudo, não impediu que a partir do conjunto dos trabalhos de Marx – sejam os textos sobre a economia capitalista (aí incluído *O capital*), os textos de luta ideológica ou os textos políticos de análise ou de combate –, se pudesse *elaborar* e *construir* (e não simplesmente *extrair*) uma teoria do Estado capitalista.

---

[49]. Para um resumo das críticas neoinstitucionalistas ao marxismo ver, entre outros, Barrow, 1993, cap. V.

Assim é que tentamos realizar uma leitura das obras históricas de Marx – um conjunto de títulos bastante heterogêneo, redigidos em circunstâncias distintas e dirigidos a um público variado – circunscrevendo um tema entre os muitos possíveis: o estatuto teórico da noção de *aparelho de Estado* diante da questão, central para a teoria marxista da política, da dominação de classe. Consoante com a posição apresentada acima, não procuramos sacar das análises históricas passagens que ilustrassem esse problema, mas reelaborar e reinterpretar esses textos à luz dessa grade específica de leitura.

De acordo com nosso argumento, os diagnósticos políticos de Marx expostos em *A burguesia e a contrarrevolução* (1848), em *As lutas de classe na França de 1848 a 1850* (1850) e n'*O 18 Brumário de Luís Bonaparte* (1852) conseguem conjugar dois níveis distintos de análise. Num nível mais geral e abstrato, Marx de fato compreende os Estados francês e alemão a partir de suas *funções* reprodutivas (reprodução da dominação de classe). Nesse sentido, a autonomia que essas instituições adquirem em determinadas situações históricas não faz delas uma força social autônoma ou descolada da sociedade. Desse ponto de vista reprodutivo, o Estado é a forma política da sociedade burguesa e o poder de Estado identifica-se plenamente com o poder de classe. Seu papel de defensor da ordem social – critério fundamental para definir o caráter de classe desse aparelho e da sua política – fica evidente na passagem em que se avaliam os efeitos da autonomia do Estado bonapartista para a reprodução ampliada do capitalismo industrial francês:

> [O Império] foi aclamado no mundo inteiro como o salvador da sociedade. Sob ele, a sociedade burguesa liberada de todas as preocupações políticas atingiu um desenvolvimento que jamais tinha imaginado. Sua indústria e seu comércio alcançaram proporções colossais; a especulação financeira celebrou orgias cosmopolitas; a miséria das massas fazia um contraste gritante com a ostentação indecente de um luxo suntuoso, artificial e devasso. O poder estatal, que parecia flutuar bem acima da sociedade, era entretanto o maior escândalo dessa sociedade e ao mesmo tempo o foco de todas as suas corrupções (*GCF*, p. 183).

Entretanto, em um nível de análise mais conjuntural, no qual se leem as análises das lutas políticas entre indivíduos, grupos, facções e frações de classe, é possível perceber o Estado como uma "instituição"[50] dotada de recursos organizacionais próprios, recursos esses que lhe conferem capacidade de iniciativa e capacidade de decisão autônomas. Na briga política, os grupos políticos e

---

50. Se entendermos por "organização" uma associação humana dotada de estruturas diferenciadas e hierarquizadas, possuidora de recursos próprios com base nos quais seus agentes podem perseguir objetivos específicos, perceberemos que este termo – "organização" – é mais adequado aos objetivos deste texto que o conceito de "instituição", que, normalmente, refere-se à existência de comportamentos recorrentes socialmente sancionados. Se continuamos a utilizar em outras passagens o termo "instituição", isso se deve ao seu uso corrente pela literatura neoinstitucionalista.

sociais percebem o Estado como uma poderosa organização capaz de definir a distribuição de recursos diversos (ideológicos, econômicos, políticos). Em função disso, lutam entre si para *controlar* diretamente ou *influenciar* à distância os diferentes ramos do aparelho estatal (e não necessariamente para *dominar*). Nesse nível de análise é possível admitir o Estado, de um lado, e a(s) classe(s) em nome da(s) qual(is) ele governa, de outro, *como realidades diferentes e independentes*, isto é, separadas. É possível, portanto, pensar o *poder do Estado* como distinto do *poder da classe* e, às vezes, em relação conflituosa com ela. Há, assim, na letra dos textos de Marx, e este é o centro de nossa argumentação, certas indicações que permitem tomar o Estado também "como instituição".

A história do desenvolvimento histórico da "máquina do Estado" na França dá bem a medida do que pretendemos destacar.

> Esse poder executivo, com sua imensa organização burocrática e militar, com sua vasta e engenhosa maquinaria de Estado contando com um exército de meio milhão de funcionários, ao lado de mais meio milhão de tropas, esse terrível corpo de parasitas que aprisiona como uma rede o corpo da sociedade francesa e obstrui todos os seus poros, nasceu ao tempo da monarquia absoluta [séculos XVI-XVIII], durante o declínio do sistema feudal, que ele contribuiu para precipitar. Os privilégios senhoriais dos proprietários rurais e urbanos transformaram-se em outros tantos atributos do poder de Estado, os dignitários feudais em funcionários remunerados e o disparatado mapa dos contraditórios poderes medievais [transformaram-se] na superfície regular de uma autoridade soberana cujo trabalho está dividido e centralizado como em uma fábrica. A primeira Revolução Francesa [1789-1793], em sua tarefa de quebrar todos os poderes particulares, locais, territoriais, municipais e provinciais, a fim de criar a unidade civil da nação, tinha forçosamente de desenvolver o que a monarquia absoluta havia começado: a centralização, mas ao mesmo tempo a extensão, os atributos e os agentes do poder governamental. Napoleão aperfeiçoara essa maquinaria estatal. A monarquia legitimista [1814-1830] e a monarquia de Julho [1830-1848] não acrescentaram nada, salvo uma maior divisão do trabalho, que crescia na mesma proporção em que a divisão do trabalho dentro da sociedade burguesa criava novos grupos de interesses, portanto novo material para a administração do Estado. Cada interesse *comum* foi imediatamente amputado da sociedade, para ser contraposto a ela como interesse superior, *geral*, arrancado da atividade autônoma dos membros da sociedade e convertido em objeto da atividade governamental, desde a ponte, o prédio da escola e a propriedade comunal, até as estradas de ferro, a riqueza nacional e a Universidade da França. A república parlamentar, enfim, viu-se obrigada, em sua luta contra a revolução [de 1848], a reforçar através de medidas repressivas os expedientes e a centralização do poder governamental. [...] (*18 Br.*, p. 530-531).

Marx assinala aqui, como todos os comentadores já sublinharam, o fenômeno do parasitismo burocrático e do empreguismo público ao lado do caráter despótico da organização estatal ("o trabalho está dividido e centralizado como em uma fábrica"). Mas tem mais. A consequência analítica que se deve tirar dessa crítica ao "exército de funcionários" é dupla: (*i*) o Estado não aparece como um poder *subordinado* à sociedade, mas como um aparelho *contraposto* a ela, cujos agentes (estatais) defendem, através de um mecanismo complexo, seus "próprios" interesses ("Todo interesse comum era [...] transformado em objeto da atividade do governo"); (*ii*) logo, pode haver um poder estatal que não é a simples tradução institucional do poder social.

Existem ainda alguns elementos teóricos a serem destacados nessa passagem. Há uma série de expressões que designam o aparelho institucional do Estado e sua existência: poder executivo, organização burocrática e militar, máquina do Estado, administração do Estado, estrutura do Estado, governo. Além disso, há uma série de locuções que designam o poder político concentrado no Estado: poderes absolutos medievais, poder estatal, poder governamental, atividade do governo. Marx sugere como, no curso de desenvolvimento histórico, "a expropriação dos poderes privados", para retomar a expressão de Weber, conduz ao reforço do poder próprio do Estado, ainda que esse poder, *exercido em nome próprio*, não seja exercido apenas *em benefício próprio*. Voltaremos a essa questão na seção III.

A distinção feita mais acima, entre dois níveis de abstração presentes na teoria política de Marx, não é obviamente original. Poulantzas (1971) foi quem a sistematizou pela primeira vez, a partir do próprio Marx. Seu argumento enfatiza tanto a função geral ou sistêmica do Estado como "fator de coesão social" (ou reprodutor das relações de dominação de classe), como o traço característico ou histórico do Estado capitalista no campo da luta de classes, ou seja, sua autonomia diante das classes e frações dominantes. No entanto, Poulantzas preocupou-se essencialmente com o primeiro nível de análise, isto é, em teorizar acerca da natureza de classe do Estado a partir de suas funções reprodutivas no interior do modo de produção capitalista. Neste ensaio, gostaríamos de insistir, também a partir do próprio Marx, na importância dos aspectos institucionais do Estado para entender sua relação conflituosa com as classes e frações dominantes e suas consequências políticas.

Estado: um sistema institucional de aparelhos

Nas observações políticas de Marx sempre estiveram presentes a distinção entre o *aparelho* de Estado e o *poder* de Estado. Foi precisamente a atenção dedicada ao primeiro que permitiu a ele enfatizar duas outras diferenças correlatas: (*i*) entre a classe ou fração *economicamente dominante* e a classe ou fração ou grupo *politicamente governante*; (*ii*) entre o *poder estatal* e o *poder governamen-*

tal. Este último problema pode ser mais bem compreendido quando se considera a oposição que Marx estabelece entre o *poder real* e o *poder nominal* das classes sociais. De fato, uma classe ou fração determinada pode possuir o "leme do Estado" – i.e. o governo propriamente dito – sem, contudo, constituir-se em classe *dominante*, e vice-versa. Esse é, de resto, um tema caro a toda uma tradição marxista – Gramsci, por exemplo.

Nas obras aqui discutidas, o contraste entre *poder real* e *poder nominal* enfatiza a importância da dimensão institucional do Estado na luta política. Como pretendemos demonstrar a seguir, o predomínio político de uma dada classe ou fração numa conjuntura histórica específica passa, em grande parte, pela sua capacidade de controlar ou influenciar o ramo do aparelho de Estado que concentra o *poder real*. Esse poder enfeixa uma quantidade de recursos institucionais (orçamento, ou administração, ou repressão) que conferem ao ramo em que está concentrado o "poder de tomar decisões" e à classe que aí se instala, as "rédeas da administração" (as expressões são literais do próprio Marx).

As análises históricas empreendidas por Marx revelam a ocorrência de uma luta intensa entre as classes e frações dominantes pelo controle dessas repartições políticas. Nesse sentido, as lutas que se sucederam na Alemanha em 1848-1949 e na França no período que vai de 1848 a 1851 atestam, ao contrário do que sustentam os neoinstitucionalistas, uma *concepção relacional* do par "Estado-classes dominantes", concepção essa que só poderia existir na medida em que Marx possuísse, de fato, uma compreensão do Estado como uma realidade exterior (e às vezes superior) às classes.

Mas onde, em Marx, se devem ler essas indicações teóricas?

Na série de quatro artigos publicados em fins de 1848 na *Nova Gazeta Renana – órgão da democracia*, Marx analisa as razões do fracasso da revolução antifeudal e da fundação de um domínio político especificamente burguês na Alemanha (*RCR*)[51]. Para retomar aqui a questão central da sua batalha ideológica: por que na Alemanha em 1848 não se repetiu o 1648 inglês ou o 1789 francês?

Os acontecimentos de março a dezembro desse ano demonstraram, quer sob Camphausen, quer sob o "Ministério da Ação" (Hansemann), que embora a burguesia alemã fosse "a detentora *nominal* do poder", controlando efetivamente o "leme do Estado prussiano" (p. 119 e 126), em função de seus recuos e hesitações diante das reivindicações democráticas do "povo" e da assunção exclusiva dos seus "interesses *mais estreitos* e imediatos" (p. 132), "a contrarrevolução feudal" (p. 132), representada pela "antiga burocracia" e pelo "antigo exército" (p. 111), leais à Coroa, terminou por apoderar-se de

---

51. As seções citadas deste livro – Karl Marx, *Révolution et contre-révolution en Europe. Articles dans la Neue Rheinische Zeitung* (1848-1849) – foram aquelas reunidas no Brasil sob o título *A burguesia e a contrarrevolução*, e correspondem aos artigos de 10, 15, 16 e 31 de dezembro de 1848. Ver *RCR*, p. 110-135.

"*todos os postos decisivos*" (p. 111) do aparelho do Estado, garantindo assim a restauração da antiga ordem (todas as expressões entre aspas são de Marx; cf. *RCR*, grifos no original).

> A burguesia prussiana era a detentora *nominal* do poder; nem por um instante ela duvidou que as forças [*puissances*] do velho Estado tivessem sido postas sem exceção à sua disposição, e que houvessem se transformado em auxiliares devotados de sua própria onipotência. Não só no ministério, mas em todo âmbito da monarquia, a burguesia estava embriagada dessa ilusão (*RCR*, p. 119, grifos no original).

Como isso pôde ocorrer? Ou mais precisamente: qual a fonte dessa ilusão? A crença segundo a qual estando no "leme do Estado" (no governo; à frente do gabinete ministerial), a burguesia prussiana tivesse também sob seu controle direto o *poder de Estado*. Esse erro estratégico permitiu que ela se engajasse na "*repressão de qualquer movimento político do proletariado* e de todas as camadas sociais cujos interesses não coincidiam diretamente" com os seus. Esse movimento implicou no fortalecimento das antigas instituições repressivas: a "velha polícia prussiana, o judiciário, a burocracia, o exército". Foi exatamente essa base institucional que permitiu às antigas forças sociais organizar a contrarrevolução feudal, porque "Hansemann acreditava que, estando essas a *soldo*, também estavam a *serviço* da burguesia" (*RCR*, p. 126 e 128, respectivamente, grifos no original).

Vejamos o mesmo problema – a defasagem entre o poder real e o poder formal – de outro ponto de vista. Como ele se expressa no âmbito do próprio Estado?

No seio do aparelho do Estado somente alguns ramos detêm, em prejuízo de outros, "poder efetivo", ou, mais propriamente, capacidade decisória real – o que Marx designa, em outro lugar, por capacidade de "iniciativa governamental" (*LCF*, p. 310). Concretamente, o poder político concentra-se em *núcleos específicos* do sistema institucional de aparelhos do Estado. Esses, por sua vez, podem ser ocupados diretamente (ou controlados, ou constrangidos, ou influenciados) por diferentes classes sociais. Nesse caso, o poder relativo de cada uma delas será determinado pela proximidade ou distância que mantiver em relação ao *centro decisório* mais importante desse sistema. É o que se depreende, por exemplo, da seguinte passagem:

> Um operário, Marche, ditou o decreto pelo qual o recém-formado Governo provisório [saído da Revolução de Fevereiro de 1848 na França] se comprometia a assegurar a sobrevivência dos operários por meio do trabalho e a proporcionar trabalho a todos os cidadãos etc. E quando, alguns dias mais tarde, o [novo] Governo, esquecendo-se de suas promessas, pareceu ter perdido de vista o proletariado, uma massa de vinte mil operários dirigiu-se ao Hôtel de Ville aos gritos de: Organização do trabalho! Criação de um ministério especial do trabalho! A contragosto

> e após longos debates, o Governo provisório designou uma comissão especial permanente encarregada de pesquisar os meios para melhorar [as condições de vida] das classes trabalhadoras! Essa comissão foi constituída por delegados das corporações de ofícios de Paris e presidida por Louis Blanc e Albert. O Palácio do Luxemburgo foi-lhes destinado como sala de reuniões. Assim, os representantes da classe operária foram banidos da sede do Governo provisório, tendo a fração burguesa deste conservado exclusivamente em suas mãos o *poder real do Estado* e *as rédeas da administração*; e, ao lado dos Ministérios das Finanças, do Comércio, das Obras Públicas, ao lado da Banca e da Bolsa ergueu-se uma sinagoga socialista, cujos sumo-sacerdotes, Louis Blanc e Albert, tinham por tarefa descobrir a terra prometida, pregar o novo evangelho e dar trabalho ao proletariado de Paris. *Diferentemente de qualquer poder estatal profano, não dispunham nem de orçamento, nem de qualquer poder executivo.* Era com a cabeça que tinham de derrubar os pilares da sociedade burguesa. Enquanto o Luxemburgo procurava a pedra filosofal, no Hôtel de Ville cunhava-se a moeda em circulação (*LCF*, p. 245-246. Os destaques em itálico são nossos).

Essa passagem indica que para Marx o Estado, ou mais propriamente, o sistema institucional dos aparelhos e ramos de um Estado determinado, é um conjunto complexo com *níveis dominantes* – o que Marx chama também de "postos decisórios" (*LCF*, p. 255) –, de onde se controlam "as rédeas da administração", e *níveis subordinados* (sem "qualquer poder executivo", como se viu). A tarefa da análise política marxista é justamente determinar quais são os aparelhos nos quais se concentra o "verdadeiro poder de Estado". O que se poderia chamar de centro(s) de *poder real*, núcleo(s) decisório(s) é, nesse contexto, o lugar imprescindível para o exercício da hegemonia de classe. Cumpre enfatizar, portanto, que o poder real é a emanação de uma série de *recursos institucionais* – a administração, o orçamento, o poder executivo –, concentrados num ramo específico do aparelho estatal, e que, *através dele*, confere-se à classe social que o controla e dirige uma posição superior na luta política. A oposição entre o palácio do Luxemburgo, o endereço de um *poder* meramente *formal* ou ilusório (a "pedra filosofal"), e o Hôtel de Ville, onde "cunhava-se a moeda em circulação", i.e., onde se produziam as decisões essenciais, é eloquente a esse respeito.

Por seu turno, a articulação entre a *estrutura burocrática do Estado* e a *hegemonia política* pode ser mais bem compreendida quando se acompanham as análises de Marx a respeito da política francesa no período que antecede o golpe de dezembro de 1851.

A Revolução de Fevereiro de 1848, tendo abalado a dominação exclusiva da aristocracia financeira consagrada pela Monarquia de Julho (1830-1848)[52], pos-

---

52. "Sob Louis-Philippe, não era a burguesia francesa quem dominava, mas apenas *uma fração* dela, os banqueiros, os reis da Bolsa, os reis das estradas de ferro, os proprietários das minas de

suía como tarefa fundamental consumar a dominação burguesa, fazendo entrar para o "círculo do poder político todas as classes possuidoras" (*LCF*, p. 244). Esse compromisso complexo será, contudo, definitivamente rompido no início de novembro de 1849 com a demissão do gabinete Barrot-Falloux e a ascensão do ministério d'Hautpoul. Qual o sentido profundo dessa mudança trivial de governo? Em uma palavra, a restauração da hegemonia da aristocracia financeira através do controle de um *centro de poder* decisivo.

De acordo com o próprio Marx, o ministro das Finanças do novo gabinete francês

> chamava-se Fould. [Achille] Fould no ministério das Finanças é o abandono oficial da riqueza nacional francesa à Bolsa, *a administração do patrimônio do Estado pela Bolsa* [e] *no interesse da Bolsa*. Com a nomeação de Fould, a aristocracia financeira anunciava sua restauração [no poder] no [jornal] *Moniteur* [...] A república burguesa [...] colocou no lugar dos nomes sagrados [da nobreza] os nomes próprios burgueses dos interesses de classe dominantes [...] Com Fould, a *iniciativa governamental* caía de novo nas mãos da aristocracia financeira (*LCF*, p. 309-310, sem grifos no original).

Ora, como se vê, essa viragem fundamental no seio do bloco burguês no poder, antes mesmo do golpe de Luís Bonaparte (1851), se dá precisamente através da *recuperação do ministério das Finanças* (uma repartição do Estado) e da manutenção desse dispositivo na medida em que ele representa o lugar-sede do *poder efetivo*, o endereço no qual residia a "iniciativa governamental".

Todas as lutas políticas desse subperíodo, que vai de 13 de junho de 1849 até 10 de março de 1850, podem ser resumidas nesse episódio de reconquista por uma fração de classe do "poder executivo", através da assunção de um posto executivo:

> O ministério Barrot-Falloux foi o primeiro e último *ministério parlamentar* que Bonaparte convocou em vida. Sua destituição [em novembro de 1849] marca, assim, uma reviravolta decisiva. Com ele, o partido da ordem [isto é, a aliança entre legitimistas e orleanistas] perdeu, para nunca mais reconquistar, uma posição indispensável para a manutenção do regime parlamentar, a alavanca do poder executivo. Pode-se compreender imediatamente que em um país como a França, onde o poder executivo dispõe de um exército de funcionários de mais de meio milhão de indivíduos e, por isso, mantém constantemente uma massa enorme de interesses e de existências na dependência mais absoluta, onde o Estado constrange, controla, regula, superintende e mantém sob tutela a sociedade civil [...], onde

---

carvão e de ferro, das florestas, uma parte da propriedade fundiária aliada a estes – numa palavra: a *aristocracia financeira*. Era ela quem ocupava o trono, quem ditava as leis nas Câmaras, era ela quem distribuía os cargos públicos desde o ministério até a tabacaria" (*LCF*, p. 238).

> esse corpo parasita adquire através da mais extraordinária centralização uma onipresença, uma onisciência, uma mobilidade acelerada e uma elasticidade que só encontram um equivalente na dependência impotente e na deformidade incoerente do corpo social real – compreende-se que em tal país, a Assembleia Nacional [isto é, as classes e frações de classe aí representadas], perdendo o controle dos postos ministeriais, perde toda a influência real [...] (*18 Br.*, p. 477).

A aristocracia financeira percorre assim o caminho inverso do Partido da Ordem. Ela tem sua influência política abalada pela Revolução de 1848, mas no decorrer da República luta politicamente para recuperá-la. A recuperação se dá através da reconquista do ministério das Finanças – e não da chefia do gabinete – e da manutenção desse aparelho na condição de aparelho que concentra o poder efetivo. Quando Luís Bonaparte destitui o ministério Odilon Barrot e no seu lugar nomeia o orleanista Achille Fould, ele está, na verdade, permitindo a retomada da posição privilegiada que os reis da Bolsa ocupavam sob Louis Philippe.

A partir desses elementos de análise é possível estabelecer dois critérios fundamentais que permitem descrever e explicar a *configuração concreta* assumida pelo sistema estatal. Em um primeiro plano, essa configuração obedece à variação na correlação de forças entre os ramos executivos que compõem o aparelho de Estado, de acordo com sua participação efetiva no processo decisório (recorde-se, por exemplo, a oposição que Marx estabelece entre o Palácio do Luxemburgo e o Hôtel de Ville, e entre o ministério das Finanças e os outros departamentos burocráticos do Estado). Em seguida, é preciso considerar a relação de concorrência e predominância entre o Executivo e o Legislativo (a "Assembleia Nacional") no tortuoso processo de definição das políticas governamentais. Juntos eles podem indicar, com razoável margem de segurança, o endereço do *poder efetivo* no interior do aparelho estatal.

Em resumo: na conjuntura política analisada por Marx, o predomínio político de uma dada fração de classe decorre do *controle* ou da *influência* que essa classe (através de seus representantes) pode exercer sobre o aparelho ou ramo que concentra o *poder efetivo*. Parece difícil, portanto, sustentar que Marx menospreze a importância do Estado "como instituição" para entender a configuração precisa das relações de força em uma dada situação histórica. Dizê-lo implica necessariamente desconsiderar o sentido manifesto de todas as passagens comentadas mais acima. O que se percebe ali são os vários grupos e classes sociais em luta pelo controle e comando dos *recursos político-institucionais* monopolizados pelo aparelho estatal, ou, mais especificamente, por alguns de seus departamentos. Se o Estado fosse afinal uma instituição sem muita importância, como Marx poderia tê-lo apresentado como o maior objeto de desejo das classes em luta? Como se recorda, "Os partidos que disputavam sucessivamente o poder consideravam o confisco deste enorme edifício do Estado como o principal butim do vencedor" (*18 Br.*, p. 531).

O Estado, tal como pensado por Marx nas suas obras históricas, constitui o alvo primordial da luta política exatamente por concentrar um enorme "poder executivo" (poder decisório) e uma significativa capacidade de alocação de recursos públicos – "o Estado [francês] constrange, controla, regula, superintende e mantém sob tutela a sociedade civil" (*18 Br.*). Decorre dessa argumentação também o seguinte: o fato de as classes e frações dominantes francesas terem sucesso ou insucesso no controle direto ou indireto do centro de poder real do aparelho do Estado – o que poderia configurar certo "instrumentalismo" – é uma contingência histórica e não um vício de origem da teoria. É o resultado das evidências reunidas, não um pressuposto teórico.

Estado e poder de Estado

A teoria marxista do Estado tem sido acusada pelos neoinstitucionalistas de cometer o pecado de menosprezar o Estado como instituição. Essa incapacidade cognitiva seria consequência inevitável da ênfase marxista no caráter de classe do aparelho estatal, o que, por sua vez, tornaria impossível, dentro dessa perspectiva teórica, a elaboração de uma teoria do Estado propriamente dita.

Procuramos demonstrar na seção anterior que as análises feitas por Marx nas chamadas obras históricas enfatizam sim o Estado como uma instituição "separada" das classes e frações dominantes, dotada de recursos próprios e, sobretudo no caso francês, proprietária de alta capacidade de iniciativa e poder de decisão executiva. É essa dimensão *institucional* do Estado, enxergada pelos grupos e classes sociais, que motiva esses mesmos grupos e classes a conquistarem um espaço privilegiado no seu interior. A cena política francesa de 1848 a 1851 é o palco da luta entre as classes sociais antagônicas, por um lado, e as classes e frações dominantes, por outro, pela conquista, aumento ou consolidação de sua *influência política* respectiva sobre as instituições do Estado. Essa é, sem dúvida, uma visão na qual "Estado" e "classe" constituem polos separados e autônomos de uma mesma relação.

No entanto, se não quisermos fazer de Marx um institucionalista *avant la lettre*, é preciso frisar que suas análises, e os estudos dos teóricos marxistas em geral, ultrapassam a dimensão imediata da luta política conjuntural e do aspecto institucional do *aparelho de Estado*.

Reconhecer a autonomia do Estado, sua realidade institucional, sua lógica própria e os interesses específicos dos "agentes estatais" não pode, segundo Marx e os marxistas, impedir que se coloque a seguinte questão: *que relações sociais as ações desse Estado "autônomo" reproduzem?* Foi precisamente através do conceito de "poder de Estado" que os marxistas procuraram responder a essa questão.

Nicos Poulantzas enfatizou que

> As diversas instituições sociais e, especialmente, a instituição estatal não possui, propriamente, poder. As instituições, consideradas do ponto de vista do poder, *somente podem ser relacionadas às classes sociais que detêm poder*. Esse poder das classes sociais está organizado, no seu exercício, em instituições específicas, em *centros de poder*, sendo o Estado, nesse contexto, o centro do exercício do poder político (Poulantzas, 1971, v. I, p. 119-120)[53].

O problema do "poder de Estado" é teoricamente distinto do problema do "aparelho estatal". Enquanto esse último refere-se à dimensão institucional, aquele procura identificar as relações sociais que são prioritariamente garantidas através das políticas promovidas ou produzidas pelo Estado. Logo, deteria o poder de Estado a classe social que tivesse assegurada, pelas ações/decisões dos aparelhos estatais, sua posição privilegiada na estrutura produtiva da sociedade.

Se deixarmos de lado os perigos de um funcionalismo excessivo que pode advir dessa proposição teórica – e que consistiria em pressupor (e não demonstrar) a funcionalidade do Estado para os "interesses a largo prazo", "em última instância" etc. da classe dominante –, parece inegável que ela representa um avanço em relação à problemática neoinstitucionalista. Identificar as "especificidades" do aparelho estatal e a origem propriamente burocrática de determinadas medidas de política é apenas o primeiro passo na análise da relação entre Estado e sociedade. Atestar a disputa entre Estado e classes dominantes não nos autoriza nenhuma conclusão até perguntarmos sobre os resultados desse conflito para as relações sociais que estruturam uma dada formação social. É certo que a ênfase quase exclusiva dos marxistas na questão do "poder de Estado" traduziu-se, em geral, num menosprezo quanto à importância dos conflitos políticos mais conjunturais entre Estado e classes dominantes, geralmente adjetivados de "superficiais", de "curto prazo", referentes aos meros "interesses imediatos" da classe etc. No entanto, é preciso reconhecer que a posição marxista é uma garantia contra o pecado oposto, que consistiria em ver nesses conflitos a prova irrefutável de que o Estado não é um Estado de classe.

A funcionalidade do Estado como predicado histórico

As obras históricas referem-se ao Estado a partir de duas dimensões inseparáveis, mas distintas. De um lado, Marx entende-o a partir de uma perspectiva essencialmente *funcional*, vendo no Estado a organização responsável pela *reprodução* das relações de dominação de uma dada sociedade. O exercício dessa função, e o seu caráter de classe, como bem demonstraram suas análises sobre os resultados produzidos pela política patrocinada pelo Estado bonapartista no

---

53. Ver igualmente Therborn, 1989, p. 171.

Segundo Império, não dependem do controle direto da classe burguesa sobre os recursos organizacionais do sistema estatal. De outro lado, porém, é preciso notar que o Estado não é entendido por Marx exclusivamente a partir de sua função (i.e., a partir dos resultados produzidos pelas suas decisões), mas também como uma instituição complexa, atravessada de cima a baixo por conflitos internos entre os seus aparelhos e ramos, conflitos esses que têm origem na dinâmica da luta entre as classes e que são capazes de alterar sua configuração política. Mas mais do que isso: é possível sustentar que o Estado aparece, em Marx, como uma organização dotada de recursos próprios, cujos agentes, tanto no âmbito do "poder executivo" como no âmbito do "poder legislativo", desenvolvem "interesses próprios" a partir dos quais orientam suas ações[54]. Aqui o Estado é entendido como uma instituição subdividida em um sem-número de aparelhos, capaz de tomar decisões, de alocar recursos e que, inserido num contexto político instável, estabelece com as forças sociais que se encontram fora dele uma relação conflituosa.

Ora, se é verdade, como sustentou Poulantzas, que "o aparelho de Estado [i.e., sua dimensão organizacional] não se esgota no poder de Estado", isto é, na sua dimensão funcional (1985, p. 17), então é preciso conferir ao primeiro termo desta equação a devida importância, sob pena da afirmação acima resumir-se a mero jogo de palavras. Nesse ponto só há duas soluções: ou a lógica interna do aparelho estatal está inteiramente subordinada ao papel funcional do poder de Estado, ou a forma de funcionamento do aparelho de Estado possui certa autonomia, que pode, no limite, afetar inclusive a funcionalidade do Estado e o processo de realização prática dos interesses da classe economicamente dominante. Se optarmos pela primeira possibilidade, fica claro que a observação de Poulantzas perde totalmente seu sentido. Se optarmos pela segunda, tratar-se-á de saber então como, efetivamente, a dinâmica interna do aparelho estatal e as suas relações conflituosas com as classes podem afetar a sua dimensão funcional. Nessa segunda perspectiva, a funcionalidade do Estado para a dominação de classe não pode ser antecipada, mas deve ser deixada à pesquisa histórica de orientação materialista, aceitando-se a possibilidade de que o "poder de Estado" contrarie, com todas as suas especificidades, o "poder de classe". Pensamos que, nas obras aqui analisadas, Marx adota essa última postura ao salientar a forma conflituosa pela qual se desenvolvem as relações entre a burguesia e suas frações, por um lado, e os seus representantes políticos e os agentes estatais, por outro. O resultado desse processo é construído pela *dinâmica política* e suas

---

54. Vale lembrar a famosa distinção que Marx estabelece entre a "burguesia extraparlamentar" e a "burguesia parlamentar", entendendo essa como os "representantes políticos da burguesia". Contudo, tal representação não é uma representação direta e nem mesmo necessariamente funcional, como revelam os acontecimentos imediatamente anteriores ao golpe de 1851, durante o período denominado por Marx de "Terceiro Período" ou "Período da República Constitucional e da Assembleia Legislativa Nacional" (*18 Br.*, chap. VI).

consequências e direção não estão, em nenhum momento da análise de Marx, previamente acertadas[55].

Sempre se poderia objetar que, ao sustentar a tese segundo a qual a funcionalidade do Estado para os interesses da classe burguesa – ou de qualquer outra classe economicamente dominante – é uma hipótese a ser reiteradamente comprovada, já que ela depende dos contextos históricos, isso implicaria em abandonar pura e simplesmente a teoria materialista da política e do Estado. Parece-nos, ao contrário, que um dos pontos fortes da tese materialista do Estado consiste em afirmar, como sintetizou Marx no "Prefácio" de 1859, a existência de uma *correspondência* entre a estrutura jurídico-política e a "anatomia da sociedade burguesa", isto é, as relações de produção capitalistas (*CEP*, p. 272-273). No entanto, uma vez enunciada a tese da correspondência, afirma-se, *logo em seguida*, que tal correspondência se traduz, necessariamente, na *funcionalidade* da superestrutura jurídico-política (em particular do Estado) para a realização dos interesses "a largo prazo", "em termos gerais", da classe dominante. Por que a tese da funcionalidade está logicamente imbricada na tese da correspondência? Não há razão alguma para vincular essas duas assertivas de forma automática. Em primeiro lugar, porque elas situam-se em dois níveis distintos de abstração. Enquanto a segunda fixa uma "teoria geral da História", ou mais propriamente, uma teoria geral da relação correspondente entre o político e o econômico nos quadros de um modo de produção, a funcionalidade (ou não) do Estado é um predicado histórico que se põe de diferentes maneiras para cada formação social. É exatamente por isso que a funcionalidade não pode ser nem pressuposta, nem derivada, como um corolário, da Grande Teoria. Assumir esse postulado, explícita ou implicitamente, implica em ignorar todos os acontecimentos específicos de que a política é feita (a "luta" propriamente dita) para antecipar seus resultados. Isso acabaria então por dispensar-nos da própria pesquisa de orientação materialista.

Sejamos mais precisos. Tomemos, a título de exemplo, o problema do Estado e do Direito burgueses. Marx e vários autores marxistas contemporâneos mostraram que o Direito burguês, na medida em que promove a individualização dos agentes sociais e a igualdade de todos perante a lei, é um produto necessário da forma assumida pelas relações de produção capitalistas, notadamente pela separação que as últimas promovem entre o produtor direto e os meios de produção. A *funcionalidade* do Direito consistiria tanto no seu efeito regulador sobre as novas relações econômicas (por exemplo, através do contrato de tra-

---

55. Como advertiu Offe, "o caráter de classe do Estado comprova-se *post faestum*, depois que os limites de suas funções transparecem nos conflitos de classe, tornando-se ao mesmo tempo visíveis para o conhecimento objetivante [...] Se a compreensão do caráter classista do Estado só pode resultar da descoberta prática de sua seletividade de classe, torna-se questionável o estatuto lógico das teorias que *pretendem* antecipar-se a essa realização prática, indicando-lhe o caminho" (Offe, 1982, p. 161).

balho), como na expansão e consolidação dessas relações através dos efeitos ideológicos que ele promove (a ideologia da igualdade, a ocultação da realidade de classe dos agentes sociais, a capacidade que ele confere ao Estado de apresentar-se como o representante do interesse geral etc.). Se essa funcionalidade é inegável, ao mesmo tempo é preciso reconhecer que a igualização formal dos agentes sociais abriu um enorme campo para a atividade política contestatória das classes dominadas, atividade essa cujo resultado não poderia ser previsto antecipadamente. Ora, o mesmo pode ser dito das observações de Marx sobre o conturbado período da história francesa que vai de 1848 a 1851: como seria possível antecipar os resultados dos inúmeros conflitos políticos existentes naquele período, no centro dos quais se encontrava o próprio Estado burguês, com sua poderosa burocracia, em meio a contradições internas, paralisia decisória, com os choques e oposições entre seus agentes e as diversas frações da classe burguesa etc.? Exatamente pelo fato de o problema do "aparelho de Estado" não se esgotar na questão da dominação de classe ("poder de Estado") é que as variáveis propriamente estatais têm uma influência decisiva no curso dos acontecimentos e, por isso, é preciso aceitar, como uma possibilidade teórica, a ideia de que essa variável possa operar a contragosto dos interesses (imediatos ou de longo prazo; específicos ou gerais) da classe economicamente dominante. Esse é, como procuramos mostrar neste capítulo, um dos elementos decisivos para análise política contido nas obras de conjuntura de Marx.

Vale observar, para concluir, que se o que dissemos acima é plausível, as reservas do neoinstitucionalismo diante do marxismo teórico sofrem de dois problemas importantes. Primeiro, embora os neoinstitucionalistas tenham uma boa dose de razão ao criticar o funcionalismo rígido contido nas proposições teóricas dos marxistas, não percebem que esse problema não precisa ser encarado como um vício de origem da teoria e que proposições contrárias a essa podem ser encontradas em algumas passagens selecionadas do próprio Marx. Segundo, ao recusar a teoria marxista do Estado, os neoinstitucionalistas não abrem nenhuma perspectiva teórica nova. De um lado, porque lançam mão, sem nenhuma originalidade, das observações weberianas acerca do Estado moderno e, de outro, porque se limitam a guiar as suas análises históricas a partir de uma oposição entre "Estados fortes" e "Estados fracos", oposição essa de caráter estritamente quantitativo, extremamente formalista e altamente abstrata, a despeito de todo o seu discurso historicizante.

Referências

ANDERSON, Perry. *Considerations on Western Marxism*. London: New Left Books, 1976.

BARROW, Clyde W. *Critical Theories of the State*: Marxist, Neo-Marxist, Post--Marxist. Madison, The University of Wisconsin Press, 1993.

BLOCK, Fred. Beyond Relative Autonomy: State Managers as Historical Subjects. In: _____. *Revising State Theory*. Essays in Politics and Postindustrialism. Philadelphia, Temple University Press, 1987b.

BLOCK, Fred. The Ruling Class Does not Rule: Notes on the Marxist Theory of the State. In: _____. *Revising State Theory*. Essays in Politics and Postindustrialism. Philadelphia, Temple University Press, 1987a.

BOBBIO, Norberto. *A teoria das formas de governo na história do pensamento político*. Brasília: Editora UnB, 1980.

BOBBIO, Norberto. Democracia socialista? In: _____. *Qual socialismo?* Debate sobre uma alternativa. 2. ed. Rio de Janeiro: Paz e Terra, 1983.

BOBBIO, Norberto. Existe uma doutrina marxista do Estado? In: _____ et al. *O marxismo e o Estado*. Rio de Janeiro: Graal, 1979.

COLLETI, Lucio. *Ultrapassando o marxismo*. Rio de Janeiro: Forense-Universitária, 1983.

ENGELS, Friedrich. *A origem da família, da propriedade privada e do Estado*. 8. ed. Rio de Janeiro: Civilização Brasileira, 1982.

GIRARDIN, Jean-Claude. Sur la theorie marxiste de l'État. *Les Temps modernes*, Paris, n. 314-315, p. 634-683, sept./oct. 1972.

GOODIN, Robert E. Institutions and Their Design. In: Goodin, Robert E. (ed.). *The Theory of Institutional Design*. Cambridge, Cambridge University Press, 1996.

GRUPPI, Luciano. *Tudo começou com Maquiavel (as concepções de Estado em Marx, Engels, Lenin e Gramsci)*. Porto Alegre: L&PM, 1983.

MACPHERSON, C.B. Necessitamos de uma teoria do Estado? In: Macpherson, C.B. *Ascensão e queda da justiça econômica e outros ensaios*: o papel do Estado, das classes e da propriedade na democracia do século XX. Rio de Janeiro: Paz e Terra, 1991.

MARCH, James G. and Olsen, Johan P. *Rediscovering Institutions*. The Organizational Basis of Politics. New York, The Free Press, 1989.

MARX, Karl et ENGELS, Friedrich. *Le Manifeste Comuniste*. In: Marx, Karl. *Œuvres*, v. I, Économie. Trad.: Maximilien Rubel. Paris: Gallimard, 1965.

MARX, Karl. *Critique de l'économie politique*, Avant-Propos. In: _____. *Œuvres*, v. I, Économie. Trad.: Maximilien Rubel. Paris: Gallimard, 1965.

MARX, Karl. *Le 18 Brumaire de Louis Bonaparte*. In: _____. *Œuvres*. Trad.: Maximilien Rubel. Paris: Gallimard, 1994, v. IV, Tomo I: Politique.

MARX, Karl. *Les luttes de classes en France*. 1848 à 1850. In: _____. *Œuvres*, v. IV, Tomo I: Politique. Trad.: Maximilien Rubel. Paris: Gallimard, 1994.

MARX, Karl. *Révolution et contre-révolution en Europe*. Articles dans la *Neue Rheinische Zeitung* (1848-1849). In: _____. *Œuvres*, v. IV, Tomo I: Politique. Trad.: Maximilien Rubel. Paris: Gallimard, 1994.

MARX, Karl. *The Civil War in France*. In: Carver, Terrell (ed.). *Marx: Later Political Writings*. Cambridge: Cambridge University Press, 2003.

MILIBAND, Ralph. Estado. In: Bottomore, Tom (Org.). *Dicionário do pensamento marxista*. Rio de Janeiro: Zahar, 1988.

MILIBAND, Ralph. Marx e o Estado. In: Bottomore, Tom (Org.). *Karl Marx*. Rio de Janeiro: Zahar, 1981.

MILIBAND, Ralph. State Power and Class Interests. In: _____. *Class Power and State Power*. London: Verso/NLB, 1983.

OFFE, Claus. Dominação de classe e sistema político. Sobre a seletividade das instituições políticas. In: _____. *Problemas estruturais do Estado capitalista*. Rio de Janeiro: Tempo Brasileiro, 1982.

POULANTZAS, Nicos. *O Estado, o poder, o socialismo*. 2. ed. Rio de Janeiro: Graal, 1985.

POULANTZAS, Nicos. *Pouvoir politique et classes sociales*. Paris: Maspero, 1971. 2 vols.

SKOCPOL, Theda. Bringing the State Back In: Strategies of Analysis in Current Research. In: Evans, Peter B.; Rueschemeyer, Dietrich; Skocpol, Theda (eds.). *Bringing the State Back In*. Cambridge: Cambridge University Press, 1985.

THERBORN, Göran. *Como domina la classe dominante?* Aparatos de Estado e poder estatal en el feudalismo, el capitalismo y el socialismo. 4. ed. México: Siglo XXI, 1989.

* * *

3
Marx e a teoria contemporânea do Estado

Renato Perissinotto

Em um momento determinado de seu ambicioso projeto intelectual, Marx declarou a intenção de redigir um livro que abordasse o tema do Estado (Marx, *CEP*, Prefácio). Esse livro nunca foi escrito e tudo o que se pode dizer acerca desse assunto deve sê-lo a partir de passagens esparsas e notas fragmentadas, retiradas de ensaios diversos e desiguais, tanto na forma como no conteúdo (ver Châtelet *et al.*, 1977). Por isso mesmo, a escassez de referências explícitas sobre a questão do Estado em geral e sobre o Estado capitalista em particular gerou um conjunto de interpretações que, apesar de "autorizadas" por certos textos de Marx (sejam os escritos sobre economia, sejam os textos sobre política europeia), foram elaboradas, sobretudo, para atender às intenções críticas (por exemplo, Aron, 1967; Colletti, 1979) ou meramente apologéticas dos analistas.

O objetivo deste ensaio é, partindo dessa constatação, identificar em *O 18 Brumário de Luís Bonaparte* algumas proposições gerais sobre a política que mais tarde se tornaram fundamentais em outra direção, isto é, para o desenvolvimento e a elaboração de uma *teoria marxista do Estado*.

Apesar das notáveis diferenças encontradas na bibliografia dos "neomarxistas" acerca do Estado capitalista (Miliband, 1969; Poulantzas, 1971, 1976, 1978; O'Connor, 1973; Offe, 1975, 1982a, 1982b; Vincent *et al.*, 1975; Hirsch, 1976; 1979; 1990; Altvater, 1976; Aglietta, 1976; Boccara, 1978; Laclau, 1978; Wright, 1978; Wieviorka e Théret, 1978; Salama, 1979; Block, 1980; Théret, 1992; Therborn, 1989; e outros), esses autores circulam em um campo teórico comum que já podemos encontrar esboçado naquela obra. O meu interesse pelo livro de Marx está em reconstruir as sugestões de análise sobre o Estado e os processos políticos que contribuíram para gerar aquele campo teórico comum. Não me deterei assim na infinidade de detalhes factuais presentes no texto marxiano, a não ser quando isso for importante para o propósito deste capítulo. Da mesma forma, não desejo discutir as interpretações de Marx sobre a política francesa, nem saber se as informações históricas fornecidas por ele sobre a II República (1848-1852), e as explicações dos acontecimentos construídas a partir daí, estão ou não factualmente corretas, se correspondem ou não ao que a historiografia francesa descobriu nos últimos trinta ou quarenta anos.

Este capítulo está organizado assim: na primeira parte, pretendo demonstrar que *O 18 Brumário* é, do ponto de vista do problema do Estado, uma obra importante não apenas para desenvolvimento do marxismo posterior a Marx. Ela representa também um *avanço qualitativo* nas considerações do próprio Marx sobre o Estado capitalista, mesmo no ciclo de obras da maturidade. O livro marca uma variação a mais na teoria desse autor e essa foi uma mudança mais importante do que frequentemente se tem notado (o que deve ter, por tabela, repercussões sobre a divisão e periodização do seu pensamento político). A segunda parte dedica-se a identificar como os princípios, os raciocínios e as interpretações aí presentes foram apropriados e depois transformados pelos teóricos contemporâneos nas suas considerações, muito mais ordenadas, sobre o Estado capitalista. O capítulo não irá, entretanto, rastrear passo a passo o processo de acomodação/assimilação das sugestões teóricas presentes n'*O 18 Brumário* pela literatura especializada, o que significaria fazer uma exegese mais ou menos completa dos escritos dos neomarxistas. Minha disposição é ao mesmo tempo mais modesta e, talvez, mais útil. Pretendemos evidenciar um ponto preciso, mas com diversas ramificações sobre a teoria marxista do Estado. A questão aqui é saber como os avanços realizados por Marx no domínio da sua concepção geral sobre o Estado capitalista foram comprometidos pelos exageros funcionalistas das teorias marxistas contemporâneas do Estado. O fato é que – e esse é o argumento principal do ensaio – os neomarxistas tenderam a confundir *definição funcional* do Estado com *explicação funcional* dos papéis do Estado na reprodução do sistema social, ignorando assim a dimensão política dos processos políticos. Na conclusão, retomamos esse problema à luz da discussão sobre a oposição tradicional, na teoria social, entre estrutura e ação.

O 18 Brumário no conjunto da produção clássica

Qual é o significado de *O 18 Brumário* no que toca ao problema do Estado para a produção teórica do próprio Marx?

É preciso reconhecer que Marx abordou mais diretamente o problema do Estado nas suas obras filosóficas de juventude (*Crítica da filosofia política de Hegel*, 1843; *A questão judaica*, 1843 etc.)[56]. No entanto, essas obras partem, pelo menos no que concerne ao tema, de uma problemática bastante distinta daquela presente nas obras posteriores à *Ideologia Alemã* (1845). Nelas o Estado não é

---

56. Ver, para uma análise recente, Pogrebinschi, 2009; para uma análise clássica, Avineri, 1968.

ainda um Estado de classe, a forma política que assume a dominação social, mas uma perversão burocrática a serviço do despotismo estatal[57].

Já a partir de *A ideologia alemã*, Marx adota o pressuposto de que numa sociedade de classes o Estado é, *necessariamente*, um Estado de classe e não o agente do interesse coletivo. *O Manifesto comunista* (1848) enuncia de forma admiravelmente sintética essa que poderia ser chamada de a súmula de sua *teoria geral* do poder e do Estado: "O poder político no sentido estrito do termo é o poder organizado de uma classe para a opressão de outra" (Marx e Engels, 1965, p. 182-183). No entanto, a tese apresentada por Marx e Engels n'*O manifesto* impõe imediatamente uma questão. Se o Estado (isto é, "o poder político organizado") deve ser visto como o Estado da classe economicamente dominante, como dito anteriormente nesse mesmo texto (cf. Marx e Engels, 1965, p. 163), de que maneira devemos pensar a relação entre ambos? Posto de outra forma: como é possível sustentar sem mais a tese segundo a qual uma dada *instituição* (política, no caso) está a serviço de *agentes sociais determinados* (a "classe dominante") e de *interesses específicos* ("de classe") que são *exteriores* a ela? Questão ainda mais importante quando se tem em mente o Estado capitalista, isto é, o Estado de uma sociedade cuja característica fundamental é, como notaram Marx e seus seguidores, a autonomia dessa instituição em relação ao universo econômico. Se o Estado capitalista constitui uma esfera separada das relações de produção e, portanto, da própria classe dominante, como explicar o fato de que o primeiro deve atender (porque, *por definição*, não pode deixar de fazê-lo) os interesses desta última?

Vejamos primeiramente a solução apresentada pelos próprios autores no *Manifesto comunista*. Nesse panfleto há outra famosa sentença em que Marx e Engels se referem especificamente ao Estado capitalista: "O Estado moderno não é senão um comitê para gerir os negócios comuns de toda a classe burguesa" (Marx e Engels, 1965, p. 163). As interpretações usuais dessa passagem concluíram que o seu sentido deveria ser o seguinte: o Estado "moderno" (isto é, capitalista) administraria os interesses da classe burguesa *porque* estaria sob o controle direto de seus membros (e, conclusão necessária dessa ideia, *enquanto* estivesse sobre controle dos seus membros). Até fins da década de 1960 essa tese forneceu a orientação geral que estava por trás da maior parte das considerações dos marxistas sob o Estado e sobre a relação entre classes sociais e política institucional (Lenin, 1983, 1979). O conteúdo dessa oração, apresentado de forma tão direta, acabou dando origem àquilo que alguns críticos (dentro e

---

57. Por essa razão, as considerações a seguir referem-se exclusivamente às chamadas "obras de maturidade". Entram nessa categoria *As lutas de classe na França* (1848-1850), *O 18 Brumário de Luís Bonaparte* (1852), os artigos do *NYDT* (1852-1861), *A guerra civil na França* (1871) etc. Quanto à diferença das abordagens presentes nessas duas fases, cf. Louis Althusser, 1973, p. 81 e 108-110 e Saes, 1994, p. 53-74.

fora do marxismo, note-se) chamaram de "instrumentalismo". Para eles, essa fórmula epigramática (e a filosofia social que estava na base dela) condensava de maneira especialmente clara a compreensão simplista que Marx teria do poder, da política e do Estado, ao entendê-lo como um mero despachante, um "comitê", uma comissão formada exclusivamente para executar as deliberações "da burguesia". O Estado moderno seria assim um instrumento manipulável que a classe economicamente dominante utilizaria para impor a sua política e os seus interesses ao restante da sociedade.

Miliband (1988, p. 135), entretanto, chamou a atenção para o fato de que essa frase, cuja brevidade e cujo tom marcial foi responsável por incontáveis simplificações, poderia ser entendida de maneira bem mais complexa. Quando Marx e Engels se referiram ao Estado "moderno" como uma organização que defende os "negócios comuns" de toda a classe burguesa, pressupõe-se que ele deveria fazê-lo em detrimento dos "negócios particulares" desta ou daquela fração de classe, deste ou daquele capitalista em particular, desta ou daquela firma, e, portanto, só poderia fazer assim se possuísse um razoável grau de autonomia em relação aos interesses parciais da classe dominante. Voltaremos a esse ponto mais adiante já que ele constitui uma peça-chave na explicação do problema do Estado n'*O 18 Brumário*.

Embora essa leitura seja plausível (ao menos em termos lógicos), a interpretação instrumentalista é potencializada pelo receituário revolucionário que podemos encontrar no próprio *Manifesto comunista*: "O proletariado se servirá da sua supremacia política para arrancar pouco a pouco todo tipo de capital das mãos da burguesia, para centralizar todos os instrumentos de produção nas mãos do Estado" (Marx e Engels, 1965, p. 181). Quanto a este ponto, vale lembrar que, junto à proposição do controle monopolista do aparelho estatal pela classe burguesa, Marx e Engels formulam um conjunto de preceitos segundo os quais a revolução social deveria expropriar a burguesia não apenas economicamente, mas também *politicamente*: o Estado deveria ser tomado das suas mãos e usado, *esse mesmo Estado*, a favor da transformação socialista da sociedade[58].

Essa orientação política parece reforçar a ideia de que para Marx e Engels o Estado é, tomado em si mesmo, uma organização neutra (e não "de classe") e que o sentido social de suas ações e decisões depende, na realidade, da classe que está à frente ou no comando direto dessa instituição. Assim, para que o Estado seja burguês, ou melhor, para que suas decisões tenham um caráter "bur-

---

58. Conforme Marx e Engels são as seguintes as medidas para "revolucionar por completo todo o modo de produção" capitalista, ainda que diferentes aqui e ali de país para país: "1º) Expropriação da propriedade fundiária e emprego da renda da terra nas despesas do Estado. [...] 5º) Centralização do crédito nas mãos do Estado através de um banco nacional com capital estatal em regime de monopólio exclusivo. 6º) Centralização nas mãos do Estado de todos os meios de transporte e comunicação [...]" (Marx e Engels, 1965, p. 182).

guês", é preciso que a burguesia controle diretamente seu aparelho e influencie cotidianamente suas decisões, quase que o encurralando fisicamente. Logo, a transformação do Estado *da burguesia* em Estado operário (isto é, a serviço dos partidos socialistas) só pode se dar pela expulsão da burguesia dos seus ramos, isto é, pela expropriação política dessa classe.

Essa perspectiva – o Estado e o seu poder como ferramentas utilizáveis pela classe que, afinal, o controla e o comanda – foi dominante no campo marxista por um bom tempo. Podemos encontrá-la em *A origem da família, da propriedade privada e do Estado*, obra de 1895 em que Engels se refere ao Estado representativo como o "instrumento de que se serve o capital para explorar o trabalho assalariado"; como "um organismo para a proteção dos que possuem contra os que não possuem"; ou mais explicitamente como um aparelho controlado pela burguesia, seja por meio da corrupção direta dos funcionários públicos, seja pela aliança entre o governo e "a Bolsa" (Engels, 1982, p. 194 e 195). Mas podemos achá-la também em obras bem posteriores. Por exemplo, em escritos publicados entre 1966 e 1976, Paul Boccara, na série de análises dedicadas ao "capitalismo monopolista de Estado", denunciava a fusão entre o Estado francês e os grandes monopólios "numa totalidade orgânica única", investindo contra o uso do Estado capitalista pela oligarquia monopolista (Boccara, 1978, p. 41). É interessante notar que também faz parte do receituário político de Boccara, pautado pelo "reformismo" e pela transição pacífica ao socialismo, a expropriação política dos grandes monopólios e o uso do aparelho do Estado, *desse mesmo Estado*, pelo "movimento operário e democrático" que poderia enfim colocá-lo a serviço dos interesses da maioria (Boccara, 1978, p. 38).

a) A virada teórica de *O 18 Brumário*

Qual seria, do ponto de vista da relação entre o Estado e a classe economicamente dominante, a inovação encontrada em um livro como *O 18 Brumário de Luís Bonaparte?*

A novidade fundamental está condensada em outra frase breve de Marx. Ela revela uma mudança qualitativa na sua compreensão acerca do Estado capitalista. Referindo-se à centralização política e burocrática promovida pelo aparelho estatal depois da primeira Revolução Francesa (1789-1793), Marx avalia que "todas as revoluções [políticas até aqui] aperfeiçoaram esta máquina [centralizada do Estado] em vez de destruí-la" (*18 Br.*, p. 531).

A partir dessa sugestão, a mudança mais perceptível reside no modo pelo qual a revolução proletária, segundo Marx, deve lidar com o Estado capitalista. No *Manifesto comunista* o objetivo político era de se apropriar do aparelho de Estado expropriando os capitalistas a fim de utilizá-lo em benefício do "proletariado organizado como classe dominante" (Marx e Engels, 1965, p. 182). Já n'*O 18 Brumário*, Marx percebe que, caso a revolução proletária se limitasse a fazer uso da antiga "máquina" estatal, estaria repetindo o procedimento das revoluções anteriores: a tendência à centralização política, "[sua] extensão, [seus] atributos", o emprego inadequado dos "servidores do poder governamental" etc. (*18 Br.*, p. 531). Ela, portanto, reproduziria não apenas um tipo de aparelho burocrático e suas precondições histórico-sociais, mas, mais importante, uma *forma de dominação* previamente existente. De acordo com o novo receituário, é preciso, ao invés, *destruir* o antigo aparelho de Estado e não *substituir* o pessoal governante (no caso, a burguesia pelo proletariado). O que é preciso notar é que essa organização não é mais vista como um instrumento manipulável por quem o controla. Ao contrário, trata-se de uma instituição que tem um tipo de dominação de classe inscrita na sua própria organização, em sua disposição interna – na forma de indicação dos seus dirigentes, nas hierarquias entre seus ramos, na irresponsabilidade social dos seus processos decisórios. Essa é uma segunda ideia sugerida por Marx e que deve ser explorada: *o Estado capitalista traz em si sua marca de classe* (burguesa).

Em que contexto Marx apresenta essa sugestão? Ele o faz no momento em que está analisando o Estado francês saído da Revolução malograda de 1848, caracterizado pela permanência de um imenso "poder executivo, com a sua enorme organização burocrática e militar, com a sua vasta e engenhosa maquinaria" administrativa (*18 Br.*, p. 530). Marx avalia que esse "gigantismo" estatal, para aproveitar a expressão de Hal Draper (1977, p. 396), surgiu no tempo da monarquia absolutista. Mas foi "a primeira Revolução Francesa, com a sua tarefa de quebrar todos os poderes particulares, locais, territoriais, municipais e provinciais, para criar a unidade civil da nação", que desenvolveu "*aquilo que a monarquia absoluta havia iniciado*: a centralização, mas ao mesmo tempo a extensão, os atributos e [a quantidade d]os servidores do poder governamental" (*18 Br.*, p. 531, sem grifos no original).

Essa é, à primeira vista, uma passagem estranha ao argumento marxiano, tendo em vista a tese anunciada da necessidade de "destruição" do aparelho estatal quando da substituição das classes no poder. A ideia de que à burguesia foi suficiente ampliar aquilo que a monarquia absolutista havia começado seria uma contradição com a tese mais geral segundo a qual todo Estado tem uma característica organizacional correspondente à sua ocasião e à sua função e que as revoluções sociais, para avançarem, precisam destruí-la e substituí-la (mas não adaptar-se a ela). Essa proposição indica, já o sabemos, a percepção de Marx de que os aparelhos burocráticos de Estado não são instrumentos imparciais, mas trazem inscritos, na sua organização, os modos de dominação de classe característicos de uma determinada época. De acordo com as passagens acima, por outro lado, parece que a tese da destruição seria um empreendimento que só valeria para a construção do futuro Estado socialista, visto que à burguesia bastou continuar e aprofundar o *processo de centralização* criado pela monarquia absolutista – interpretação essa, aliás, muito próxima da de Tocqueville (Artous, 1999, p. 226).

No entanto, fica claro quando se entende a radicalidade da ideia de "*quebrar todos os poderes* particulares, locais, territoriais, municipais e provinciais", que Marx não é formalista. Apesar da semelhança entre o Estado burguês e o Estado absolutista quanto à centralização administrativa e à concentração política de poder, eles são muito diferentes quanto à forma de organização, ao direito, à ideologia etc. É verdade que, segundo nosso autor, o Estado burguês surgido da Revolução Francesa se assemelha ao Estado pré-burguês da monarquia absolutista no que se refere à centralização dos recursos administrativos; mas aquele só pôde surgir na medida em que "quebrou", i.e., destruiu e superou os restos feudais deste.

Como se sabe, essa tese foi reafirmada tanto para o Estado burguês como para o Estado proletário em *A guerra civil em França*, de 1871. Segundo Marx, antes da Revolução Francesa existia uma estrutura estatal de tipo feudal, organizada com base em "direitos senhoriais", "privilégios locais", "monopólios municipais", "códigos provinciais" (Marx, GCF, p. 181). Essa estrutura estatal representava um obstáculo político e jurídico ao avanço da economia burguesa. A burguesia teve que demoli-la e o fez por meio da "escova gigantesca da Revolução Francesa do século XVIII [que] varreu todas essas relíquias de tempos passados, limpando assim, ao mesmo tempo, o solo da sociedade dos últimos obstáculos que se erguiam ante a superestrutura do edifício do Estado moderno" (Marx, 2003, p. 181). Por essa razão é que "a classe operária", aprendendo a lição, "não pode limitar-se simplesmente a se apossar da máquina do Estado tal como se apresenta e servir-se dela para seus próprios fins" (Marx, GCF, p. 181). A Comuna, e a revolução proletária em geral, não podem aproveitar-se dessa antiga estrutura estatal porque ela é, afinal, uma estrutura de classe. Utilizá-la implicaria, necessariamente, reproduzir as formas burguesas de dominação cristalizadas na estrutura do Estado[59]: burocracia extensa, centralizada e despótica, separada da sociedade e não controlada por ela; representação política sem responsabilidade perante os eleitores e mandatos não revogáveis; exército permanente a serviço do Estado e não da sociedade; liberdade e igualdade puramente formais; separação administrativa entre as funções do Executivo e Legislativo; ausência de eleições para todos os cargos políticos; etc.

---

59. O primeiro autor a perceber a originalidade de *O 18 Brumário* em relação ao *Manifesto comunista* foi certamente Lenin no seu *O Estado e a revolução* (1917). No entanto, por razões conhecidas, Lenin estava mais interessado em utilizar o novo receituário revolucionário presente no texto de Marx para criticar o reformismo político da social-democracia alemã em geral, e o reformismo de Kautsky em particular, do que em identificar as consequências teóricas implícitas em *O 18 Brumário* para a teoria do Estado no marxismo. As considerações de Lênin sobre a *Guerra civil em França* servem ao mesmo propósito. Cf. Lenin, 1983, cap. II, em especial p. 30, 35-39, 43-44, e cap. III, em especial p. 45-50.

A tese de que o aparelho estatal é, por assim dizer, uma *forma institucional* que corresponde a uma dada época histórica, e que por isso traz inscrita na sua própria organização (em sua "materialidade", para falar como os neomarxistas) a natureza de classe da sociedade em que opera, sugere outra ideia: para que o Estado atenda aos interesses da classe dominante não é necessário que os membros desta classe controlem nem ocupem os cargos político-burocráticos.

Há várias passagens em *O 18 Brumário* em que Marx parece se dar conta de que o Estado burguês, de um lado, e a sociedade burguesa, de outro, mantêm entre si uma relação que transcende as influências pessoais que a burguesia e seus membros possam eventualmente exercer sobre os agentes estatais. Basta lembrar, para isso, a característica mais essencial do processo histórico que leva ao golpe de dezembro de 1851 e ao crescente cerceamento do "poder político" da burguesia por Bonaparte. Como Marx procura demonstrar, quando a "burguesia parlamentar" vê o seu domínio político consolidado (depois de dissolvida a Constituinte em janeiro de 1849 e derrotados os republicanos burgueses junto com a *Montagne* em junho do mesmo ano), abre-se um período de luta entre o Poder Executivo e a Assembleia Legislativa. Esse processo, como sabemos, leva à conturbação política, à paralisia decisória em função das divisões realistas do Partido da Ordem e ao distanciamento entre a "burguesia extraparlamentar" (isto é, a classe burguesa propriamente dita, os proprietários dos meios sociais de produção) e a "burguesia parlamentar" (isto é, os representantes políticos dessa classe) (cf. *18 Br.*, p. 515-517 para todas as expressões entre aspas). Contrariada com a ameaça que essa instabilidade política gera para os seus negócios, a burguesia extraparlamentar abre mão do seu *"poder político"* (*18 Br.*, p. 514; itálico no original), abandonando os seus representantes à própria sorte e apoiando abertamente o golpe de Estado de 1851. O produto líquido desse processo é a autonomização completa do Estado frente às classes burguesas sob o segundo Bonaparte (*18 Br.*, p. 532).

Mas quais teriam sido, por sua vez, os resultados históricos dessa autonomização? É o próprio Marx quem afirma: a burguesia pôde enfim "entregar-se plenamente confiante aos seus negócios privados sob os auspícios de um governo forte e absoluto" (*18 Br.*, p. 516). "Encarnação do poder executivo, Bonaparte sente que sua missão consiste em assegurar a 'ordem cívica'", isto é, a ordem burguesa (*18 Br.*, p. 540). Essa missão, porém, não é vista por Marx como algo puramente circunstancial, já que "o *interesse material* da burguesia francesa está precisamente ligado do modo mais íntimo com a conservação desse amplo aparelho do Estado com suas numerosas ramificações" (*18 Br.*, p. 477; grifos no original) e, ao mesmo tempo, o funcionamento do Estado parece também intimamente entrelaçado com o bom andamento da economia burguesa, pois a sua enorme burocracia depende, via impostos e taxas, dos recursos materiais gerados pela acumulação privada: "O imposto é a fonte de vida da burocracia, do exército, do clero e da corte, em suma, de todo o aparelho do poder executivo"

(*18 Br.*, p. 537). Por fim, ao avaliar o papel do Segundo Império já em *A guerra Civil na França*, Marx afirmará:

> [O Império] foi aclamado no mundo inteiro como o salvador da sociedade. Sob ele, a sociedade burguesa *liberada de todas as preocupações políticas* atingiu um desenvolvimento que jamais tinha imaginado. Sua indústria e seu comércio alcançaram proporções colossais; a especulação financeira celebrou orgias cosmopolitas; a miséria das massas fazia um contraste gritante com a ostentação indecente de um luxo suntuoso, artificial e devasso. O *poder estatal*, que parecia *flutuar* bem acima da sociedade, era, entretanto, o maior escândalo dessa sociedade e ao mesmo tempo o foco de todas as suas corrupções (Marx, *GCF*, p. 183; sem grifos no original).

A autonomia do Estado e a supressão do "poder político" da burguesia conjugam-se com um desenvolvimento sem precedentes da sociedade burguesa "que nem ela mesma esperava". O Estado cumpre a função de garantir a ordem material da sociedade burguesa sem que para tanto precise ser controlado, dirigido e operado diretamente pelos membros da classe burguesa[60].

Se isso é verdade, tornam-se discutíveis as várias passagens em que Marx diz que a burguesia perdeu o seu "poder político" ou, por outra, perdeu a sua "vocação para reinar" (*18 Br.*, p. 500). Na verdade, o que a burguesia perdeu foi a sua *influência política*, isto é, a capacidade de controlar indiretamente as decisões do aparelho estatal. Se entendermos o poder político como a capacidade de ter os seus interesses mais amplos assegurados pelo aparelho de dominação política, poderíamos dizer que o Segundo Império, ao contrário, fortaleceu o poder político burguês ao reproduzir a sociedade em que a burguesia ocupava uma posição material privilegiada.

Portanto, uma das grandes inovações temáticas de *O 18 Brumário* foi ter sugerido que a natureza de classe do Estado capitalista independe do seu controle direto pela burguesia.

---

60. Draper também atribui ao *18 Brumário* essa inovação acerca do Estado. Segundo o autor, "Marx e Engels não fizeram do Estado uma mera extensão da classe dominante, sua ferramenta, seu fantoche, ou mero reflexo, num sentido simplista e passivo. Não *meramente* e certamente não *simplesmente*, pois a realidade pode de fato ser mais complexa, como mostrou o estudo de Marx sobre o Bonapartismo. Ao contrário, o Estado surge e expressa uma necessidade real e geral de organização da sociedade – necessidade esta que existe qualquer que seja a estrutura específica de classe. Porém, desde que exista uma classe dominante nas relações socioeconômicas, ela utilizará esta necessidade para moldar e controlar o Estado de acordo com as orientações de classe". Draper indica ainda que essa ideia já estava esboçada nos primeiros textos, como em uma carta anterior a 1845, em que Marx afirma que "o Estado e a organização da sociedade não são, do ponto de vista político, duas coisas diferentes. O Estado é a organização da sociedade". Draper observa, entretanto, que naquele momento essa ideia ainda não poderia ser vinculada a uma *teoria* classista do Estado. Cf. Draper, 1977, p. 318-319.

b) Autonomia do Estado e autonomia da política

Como fruto dessa constatação empírica, as análises históricas de Marx revelam com muita frequência que a existência de conflitos políticos dramáticos entre a burocracia pública e os membros da burguesia não consegue negar o caráter de classe do Estado. Cabe, portanto, perguntar: quais são os conceitos (se é que é possível utilizar essa palavra) mobilizados por Marx para expressar a tese de que o Estado representa um determinado interesse de classe *ao mesmo tempo* em que entra em conflito com os membros (grupos, partidos, indivíduos) dessa mesma classe?

Quando Marx analisa o processo em que Bonaparte, ao destituir Changarnier, apodera-se do poder militar e consegue provocar uma série de defecções no Partido da Ordem, destruindo a sua maioria parlamentar, ele se pergunta o que foi que permitiu a derrota desse "partido" para o presidente da República. A resposta aparece por meio da distinção entre "interesse geral" de classe e "interesse privado" dos membros individuais da classe (ver *18 Br.*, p. 502 e 516, por exemplo). Essa contraposição entre interesse geral e interesse particular indica que o primeiro não se constitui por meio da mera somatória dos diversos interesses específicos dos seus membros individuais. Como poderíamos, à luz da análise de Marx em *O 18 Brumário*, definir esses dois tipos de interesses?

O interesse privado ("mesquinho", "tacanho", "egoísta") parece residir na conduta do capitalista enquanto agente econômico. Trata-se de uma preocupação exclusiva com os seus "negócios privados" (compra, venda, lucro, concorrência com seus oponentes no mercado econômico etc.). Nesse sentido, todas as opções do burguês privado são orientadas em função da lucratividade imediata de suas atividades econômicas. O interesse geral da classe burguesa, por sua vez, é essencialmente um "interesse político" (cf. *18 Br.*, p. 477 e 516), isto é, a garantia da "ordem material" em que essa classe ocupa uma situação privilegiada ou, para usar uma expressão que em Marx parece transcender a economia, o interesse na garantia da "ordem burguesa" (1994, p. 537). É interessante observar, entretanto, que esse interesse geral não foi definido, projetado nem afiançado diretamente pela própria burguesia. A tarefa coube ao Estado bonapartista que, a despeito dos constantes conflitos com a classe dos capitalistas, garantiu a reprodução do capitalismo de uma forma que nem mesmo a burguesia esperava. Com frequência, Bonaparte feriu os interesses imediatos dos burgueses particulares, mas foi ele próprio que, por meio de um Estado cada vez mais autônomo e centralizado, conseguiu pôr um ponto final na revolução republicana e manter enfim a ordem social capitalista (*18 Br.*, p. 531).

No entanto, essa função do Estado – uma instituição independente da classe a que deve, *por definição*, servir – de garantir a ordem social burguesa à revelia da própria burguesia é exercida em meio a processos políticos com significativos (ainda que diferentes) graus de autonomia frente às determinações de classe.

Queremos dizer com isso que, a partir das análises de Marx em *O 18 Brumário*, é teoricamente plausível pensar que a dinâmica política poderia produzir efeitos inesperados que, por sua vez, afetariam a capacidade do Estado e de seus agentes de reproduzir a ordem social.

A "autonomia da política" – ou mais rigorosamente: a autonomia dos processos políticos diante das funções sistêmicas do Estado[61] – é implicitamente reconhecida em vários momentos do texto. Por exemplo:

(i) quando Marx discute a ação política de grupos políticos sem base produtiva, isto é, sem base de classe, como é o caso dos republicanos do *National* (cf. *18 Br.*, p. 447-448);

(ii) quando Marx analisa as complexas relações de representação política e simbólica de classe, revelando, por meio de expressões tais como "burguesia parlamentar" (em oposição à burguesia extraparlamentar), ou de expressões como "a parte da classe que fala e escreve" (em oposição à parte que acumula e lucra), ou ainda de ironias sobre o "cretinismo parlamentar" da classe política (em oposição à onisciência do Estado), uma visão bastante sofisticada do papel independente dos agentes políticos profissionais (cf. *18 Br.*, p. 467, 513 e 516);

(iii) a autonomia da política, no sentido aqui destacado, surge também através daquilo que Antoine Artous (1999, p. 168) chamou de a *dialética das formas políticas* presente nas análises de Marx sobre o período 1848-1851: o movimento das formas políticas (partidos, facções, movimentos) não é o reflexo mecânico da vontade das classes economicamente dominantes; mas, ao contrário, são essas classes que não raro buscam adaptar-se às novas condições políticas produzidas à sua revelia no processo político; e, por fim,

(iv) a autonomia da política revela-se nas análises que Marx faz da relação entre *ação política* e *resultado histórico*, isto é, a ideia de que um resultado histórico é, em grande parte, um artigo não pretendido de antemão, mas sim produzido pela interdependência entre as diversas opções e decisões estratégicas tomadas pelos agentes políticos no curso da luta política (cf. Maguire, 1984, p. 137)[62].

---

61. Para um desenvolvimento do argumento, ver Codato, 2011 (capítulo 5 deste livro).

62. Várias passagens corroboram essa interpretação: quando Marx lembra que o enfraquecimento do Parlamento na França foi fruto de uma decisão da burguesia francesa de afastar de forma radical qualquer força popular daquela instituição, colocando em risco, depois, a sua própria imunidade política (cf. *18 Br.*, p. 473); quando mostra que foi por medo dos efeitos da instabilidade política sobre seus negócios que a burguesia optou por fazer concessões políticas importantes a Bonaparte, o que contribuiu para o golpe contra a sua representação política em 1851 (cf. *18 Br.*, p. 480-481); ou como quando, em função da ascensão política da social-democracia nas eleições parciais de março de 1850, Bonaparte, assustado, curvou-se ao Partido da Ordem e como este "não soube tirar proveito deste momento único". Assim, "em vez de tomar audazmente o poder que lhe ofereciam, não obrigou sequer Bonaparte a repor o ministério destituído em 1º de novembro"

Essa visão de um processo político dotado de uma dinâmica própria e capaz de produzir efeitos não antecipados e desestabilizadores da ordem (como a Revolução de 1848 e o golpe de 1851, por exemplo) qualifica de forma especial a tese da *funcionalidade do Estado* para a reprodução do sistema social. Não há dúvida de que o Estado burguês é entendido aqui como uma instituição intimamente integrada à ordem burguesa. Mas como o processo político, do qual ele é parte essencial, é marcado por certo grau de imponderabilidade, a sua eficácia para a reprodução dessa ordem social pode ser mitigada pelos efeitos imprevistos da luta política.

O avanço fundamental que *O 18 Brumário* representa para as considerações clássicas sobre o Estado capitalista reside, portanto, em três pontos fundamentais: (*i*) na nova percepção, expressa não de forma "teórica" (isto é, através de um discurso ordenado), mas por meio de um novo receituário político-revolucionário, de que o aparelho de Estado *não é uma forma institucional neutra*; (*ii*) na sugestão de que a ação do Estado como garantidor da ordem social burguesa *não depende*, para a realização dessa função, *do controle direto da burguesia* sobre os seus recursos políticos e organizacionais; e, por fim, (*iii*) na convicção de que essa função essencial do Estado – a reprodução da ordem social capitalista – convive com um *processo político que possui uma dinâmica própria* (isto é, um processo político "autônomo") e que não raro produz efeitos incontroláveis e indesejáveis para esse papel obrigatório do Estado.

Isso posto, como essa nova forma de ver o Estado capitalista refletiu-se na teoria marxista do Estado?

A influência de *O 18 Brumário* na teoria marxista contemporânea do Estado

Esquematicamente, poderíamos ordenar essas influências e as dificuldades analíticas delas decorrentes em três eixos:

(i) A natureza de classe do Estado capitalista como atributo "objetivo"

A tese de que o Estado é uma instituição política que reproduz a ordem social, e que registra na sua forma de organização interna as relações de classe

---

(cf. *18 Br.*, p. 483), isto é, o ministério Barrot-Falloux, primeiro e último ministério parlamentar (ver *18 Br.*, p. 477). Esses são rápidos exemplos que mostram como, seguindo a análise de Marx, o golpe de 1851 é o resultado não de 1848, *mas das opções que os atores políticos escolheram a cada momento depois de desencadeada a revolução*. É dessa forma que devemos entender a frase de Marx, segundo a qual o golpe foi "o resultado necessário e inevitável do processo anterior" (cf. *18 Br.*, p. 521). Segundo Maguire (1984, p. 144-145), trata-se, na verdade, de uma "crescente inevitabilidade" produzida pelas decisões e escolhas feitas pelos agentes políticos, mas não necessariamente desejada por eles ou imposta por uma necessidade histórica do capitalismo.

da sociedade em que opera, reapareceu na teoria marxista contemporânea do Estado por meio do trabalho pioneiro de Nicos Poulantzas, *Poder político e classes sociais* (publicado em 1968). Para Poulantzas (1971), uma teoria marxista do Estado capitalista deveria abandonar de vez as proposições economicistas e instrumentalistas que, respectivamente, entendiam o Estado ou como mera derivação daquilo que se passava na infraestrutura econômica, ou como simples artefato controlado e dirigido pela classe economicamente dominante. Para se compreender o Estado, dois procedimentos deveriam ser fundamentais.

Primeiramente, adotar uma perspectiva funcional acerca do Estado *em geral* (e não apenas acerca do Estado capitalista). Ele deveria ser percebido como a instituição responsável por excelência pela coesão social e, portanto, pela reprodução das relações de classe que caracterizariam um dado modo de produção. De acordo com essa perspectiva, o Estado, e suas diversas ações e decisões, beneficiariam a classe dominante não porque esta controlaria diretamente seu sistema de aparelhos, seus centros de poder, seus níveis decisórios etc., mas porque o Estado é afinal a instituição responsável pela reprodução do sistema social em que aquela classe ocupa a posição dominante (o Estado é o "fator de ordem" social). Em segundo lugar, o analista deveria se perguntar qual é a maneira específica de o Estado capitalista realizar essa função geral (Poulantzas, 1971, v. I, p. 40-53 e p. 128-144).

Essa perspectiva "objetivista" tornou-se praticamente hegemônica no campo da teoria marxista a partir do impacto do primeiro livro de Poulantzas. Não pretendo sustentar com isso que os neomarxistas tenham subscrito integralmente a abordagem poulantziana do Estado. Os autores da escola derivacionista, por exemplo, foram críticos contundentes dos excessos do "politicismo" poulantziano[63]. Entretanto, todos eles adotaram essa perspectiva mais geral de que uma teoria marxista do Estado capitalista deveria identificar o caráter de classe do Estado a partir da análise de seus atributos funcionais permanentes, isto é, *a partir de sua função de reprodução da ordem social burguesa*. Esse foi o tom que vigorou no campo teórico marxista a partir da década de 1960 e 1970, com a notória exceção de Ralph Miliband (1969).

A ênfase na *dimensão funcional* do Estado acabou por alimentar um funcionalismo exacerbado, não raro produtor de um raciocínio tautológico. Em vez de atentar para o fato de que, como escreveu Offe, o caráter de classe do Estado é algo que se detecta apenas *post faestum* (1982a, p. 161), isto é, apenas pela análise dos efeitos concretos que as decisões estatais produzem sobre o sistema social (daí a obrigação de análises empíricas caso a caso), os especialistas tomaram a funcionalidade do Estado capitalista para a sociedade capitalista como um *pressuposto*. Resulta que, em que pese toda a sofisticação teórica que pode ser

---

63. Para os principais textos da escola derivacionista, ver Holloway e Picciotto, 1978. Para um resumo dos argumentos dessa escola, ver Carnoy, 1984, cap. 5; e Barrow, 1993, cap. 3.

encontrada nesses escritos, sua argumentação está apoiada no seguinte juízo: "o Estado é capitalista porque reproduz o sistema capitalista; e reproduz o sistema capitalista porque é um Estado capitalista" e não pode deixar de fazê-lo. Feitas as contas, Miliband (1970) tem razão ao dizer que a autonomia que a teoria poulantziana concede ao Estado com uma mão (ao pensá-lo como uma instituição separada da classe burguesa e da ordem econômica), é retirada imediatamente com a outra, já que o submete às imposições "objetivas" do sistema capitalista.

Miliband chamou esse raciocínio de *superdeterminismo estrutural*. Poulantzas insiste que as relações que se estabelecem entre a burguesia, de um lado, e o Estado capitalista, de outro, independem das motivações, das concepções e das conexões sociais entre os dirigentes estatais e a classe dominante. Estas são "relações objetivas" (e não subjetivas, i.e., interpessoais) entre o sistema institucional de aparelhos do Estado – e a função que ele é obrigado por definição a cumprir – e o sistema capitalista. Segundo Miliband, esse juízo "vai muito longe ao descartar a natureza da elite estatal como algo sem importância. O que sua ênfase *exclusiva* nas 'relações objetivas' sugere é que o que o Estado faz em cada situação particular e a todo o momento é *completamente* determinado por essas 'relações objetivas'". Essa é uma maneira de enganar-se quanto à negação da natureza "instrumental" da relação Estado-classe, uma vez que o que se postula é, em essência, a mesma relação instrumental, só que agora pensada entre o Estado/dirigentes do Estado, de um lado, e o capitalismo como sistema social, de outro. É igualmente uma maneira de enganar-se quanto à função explicativa da noção de "autonomia relativa", pois a ideia de que o aparelho do Estado tem autonomia diante da classe que ele representa é negada pela heteronomia do Estado diante das funções objetivas impostas a ele pelo sistema capitalista (Miliband, 1970, p. 56-57).

(ii) A oposição entre interesse "geral" da classe e o interesse "egoísta" dos membros da classe

A distinção entre *interesse geral* da classe dos capitalistas e *interesse egoísta* dos membros particulares dessa classe foi uma tese absolutamente fundamental para a teoria marxista contemporânea do Estado capitalista. Todas as teorizações sobre a função do Estado como *fator de coesão social*, em Poulantzas, e sobre o Estado como *capitalista coletivo ideal*, nos autores vinculados à escola derivacionista alemã (Picciotto e Radice, 1973; Altvater, 1976; Hirsch, 1978), baseiam-se precisamente nessa distinção recomendada por Marx em suas análises políticas. Ela serviu inclusive como uma espécie de antídoto à onda comportamentalista que predominou na Ciência Política não marxista nos anos 1950 e 1960.

De acordo com os behavioristas, as condutas observáveis dos atores políticos e suas preferências manifestas deveriam ser a matéria-prima por excelência de uma ciência da política orientada empiricamente (Dahl, 1984, cap. 4). A distinção marxiana entre interesse/ação *da classe* e interesse/ação *dos membros que compõem a classe* pretende refutar essa ideia. Os agentes sociais (aí incluídos os "atores políticos" dos pluralistas) estão inseridos em condições sociais das quais não têm consciência; por isso, eles tendem a produzir a respeito de si opiniões enganosas e orientar-se por aspirações ilusórias. No nível das classes, portanto, não se pode confundir o interesse geral da classe burguesa – no caso, a manutenção do sistema capitalista – com os pensamentos, os propósitos e os desejos que habitam as cabeças dos burgueses individuais – a busca "mesquinha" pelo lucro individual. Sendo assim, é possível ponderar que o interesse real (mas inconsciente) de um empresário particular (isto é, a manutenção do sistema social no qual ele ocupa posição privilegiada) pode ser realizado não por ele, mas por uma instituição distante dele e dos imperativos do mercado capitalista. Essa instituição é, para os marxistas, o Estado. Mais ainda: é possível imaginar que o Estado, a fim de garantir os *interesses gerais da classe*, seja obrigado a assumir funções (políticas, ideológicas e econômicas) fundamentais para a reprodução do sistema e, ao fazê-lo, seja obrigado a enfrentar e a contrariar os *interesses imediatos dos membros particulares da classe dos capitalistas*. Essa situação, como nos revela a história do capitalismo, ocorre com muito mais frequência do que supõem os adeptos da versão instrumentalista do marxismo.

Como se vê, a distinção entre interesses gerais da classe e os interesses de seus membros individuais permitiu salvar a teoria marxista do Estado do beco sem saída em que a concepção instrumentalista presente na teorização do *Manifesto comunista* a colocara. De fato, a perspectiva instrumentalista sofre, do ponto de vista de uma teoria do Estado que se pretende *geral*, de uma evidente limitação: se a natureza de classe de um Estado depende da origem social dos indivíduos que controlam ou coagem seu aparelho, então seria preciso aceitar a conclusão que decorre desse postulado: em situações em que a burguesia não controla o Estado, esse não poderia ser adjetivado de "burguês", caindo por terra a tese geral do caráter de classe de todo e qualquer Estado (como defendida por Engels, 1982).

De agora em diante, porém, os conflitos entre o Estado capitalista e a classe cujos interesses *gerais* ele representa são antes de tudo a prova do caráter de classe desse Estado e não a sua negação. Para que o Estado seja o representante de uma classe não é preciso mais pressupor uma relação de intimidade entre ambos, ou de controle estrito do primeiro pela segunda. Pelo contrário, ao menos no que concerne ao Estado capitalista, quanto mais separado ele estiver da classe burguesa, mais eficientemente realizará a sua função. Essa era, de fato, a conclusão de Marx a propósito do "bonapartismo" (ver Rubel, 1960).

Todavia, a radicalização dessa proposição pelos neomarxistas comprometeu os eventuais avanços da sua própria teoria do Estado.

Dizer que o Estado é funcional para a reprodução da ordem social e, portanto, para os interesses gerais da classe burguesa não exigiria afirmar, como faz Poulantzas e seus seguidores, que todas as modalidades particulares de ação estatal (traduzindo: todas as ações executadas pelo Estado na forma de "políticas públicas") devem ser entendidas à luz da sua função política principal (Poulantzas, 1971, p. 47-50)[64]. Fazê-lo implica adotar um funcionalismo rígido, cuja consequência é tornar irrelevante não propriamente o trabalho de pesquisa social, mas os achados que daí podem resultar, já que tudo está respondido e/ou resolvido de antemão. Não importa o que o Estado tem de fazer; o que deve ser feito deve sê-lo, necessariamente, porque é funcional para a reprodução do sistema capitalista. E o que não é funcional agora (ou não é percebido como tal no presente) deve mostrar-se funcional "a longo prazo", "em última instância", "de uma perspectiva sistêmica" etc.

Esse tipo de estratégia analítica tende então a desprezar os conflitos políticos entre o Estado capitalista e os setores da burguesia e de suas classes aliadas como "conflitos superficiais". Esses últimos só serviriam para ocultar o fato de que "no fim das contas", "em termos gerais" etc., o Estado sempre funcionará para atender aos interesses gerais daquela classe. Ora, esses "conflitos superficiais" são absolutamente fundamentais para definir a *dinâmica política* de uma sociedade e podem produzir efeitos bastante desestabilizadores sobre a ordem social, como mostrou Skopcol (1984).

Por fim, o exagero na defesa de uma teoria funcionalista do Estado capitalista superestima a capacidade do Estado e dos agentes estatais de diagnosticar as necessidades funcionais do sistema capitalista e de responder a elas de maneira adequada. Dito de outra forma, como bem notaram Offe (1975) e Skocpol (1996), essa postura teórica superestima a capacidade do Estado de racionalizar o sistema e menospreza a possibilidade de as decisões estatais produzirem efeitos disfuncionais não antecipados para a reprodução da ordem social. O Estado capitalista se torna, assim, uma espécie de poder supremo, capaz de ver tudo e de fazer tudo em nome do modo de produção capitalista (daí a noção do Estado como um "capitalista coletivo *ideal*"). O problema aqui é que para "o Estado" fazer tudo isso, "ele" ou mais propriamente os agentes estatais que o comandam e operam teriam de ter muito mais autonomia e liberdade de ação do que essa teoria social pode aceitar.

(iii) A autonomia do processo político

Trata-se de saber agora em que medida a "autonomia do processo político" se fez presente na teoria contemporânea do Estado. Para responder a essa

---

64. Nem mesmo Merton, eminente defensor da explicação funcional, defendeu a tese de que toda ação ou instituição deveria ter forçosamente uma função e, nem mesmo, ser entendida como funcional para a reprodução da ordem social. Ver Merton, 1967, p. 86.

pergunta é preciso, de saída, fazer uma distinção entre a "autonomia relativa do Estado capitalista" (ou autonomia do Estado) e a "autonomia do processo político" (ou, como utilizado aqui, autonomia da política).

O primeiro conceito, teoricamente sistematizado e desenvolvido por Poulantzas, descreve um "traço constitutivo", isto é, não contingente, do Estado capitalista (1971, v. II, p. 5 e segs.). A autonomia do Estado é fruto da própria estrutura do modo de produção capitalista – que consagra a separação, relativa, entre o nível jurídico-político e o econômico. Nesse sentido, esse conceito não pretende dar conta da "história", isto é, de conjunturas específicas, situadas no tempo e no espaço.

Por sua vez, o *processo político* remete a situações particulares que se desenvolveriam no interior desse limite estrutural do modo de produção (a separação, constitutiva desse modo, entre a esfera da economia e a esfera do direito e do Estado). O grau de autonomia do processo político dependeria, portanto, de variáveis conjunturais, de como a luta de classes se desenvolvesse num determinado país e das opções feitas pelos grupos políticos que brigariam pelo poder num dado momento. Portanto, como observa Poulantzas em uma de suas réplicas a Miliband, o ritmo e a intensidade desse processo de autonomização da prática política frente às esferas exteriores a ela dependerão de elementos histórico--conjunturais e não estruturais (Poulantzas, 1976, p. 72).

No entanto, esse reconhecimento das contingências e das eventualidades da história – e, por conseguinte, da impossibilidade de uma teoria do processo político nos mesmos moldes de uma teoria geral das funções do Estado – assume, em Poulantzas, um aspecto puramente retórico. Tanto Poulantzas como os demais neomarxistas se preocuparam fundamentalmente em elaborar uma teoria geral do Estado capitalista e, mesmo quando analisaram conjunturas concretas, não centraram sua atenção nos efeitos causados pelas interações estratégicas dos agentes políticos e nos impactos que suas opções concretas poderiam causar (e efetivamente causam) sobre o Estado. Os trabalhos dos neomarxistas operam sempre em um altíssimo nível de abstração, em geral marcado pelo objetivo de identificar as macrorrelações entre as formas/funções assumidas pelo Estado e as fases e estágios de desenvolvimento do capitalismo (O'Connor, 1973; Wright, 1978; Poulantzas, 1978; Offe, 1982a). Nesse sentido, se as sofisticações teóricas dos neomarxistas permitiram, por um lado, a elaboração de uma complexa teoria "do político" e de suas conexões funcionais com "o econômico", por outro, quase nada disseram sobre a prática política propriamente dita. Temos então mais uma Ciência do Estado (no sentido de uma "teoria geral" tradicional) do que uma Ciência da Política (das ações políticas, dos conflitos sociais e dos tomadores das decisões políticas)[65].

---

65. Um antídoto a isso poderia ser o desenvolvimento das sugestões de Therborn (1989), Block (1977, 1980), Miliband (1983), Jessop (1990) e Domhoff (1990a, 1990b), por exemplo.

É preciso observar, entretanto, que a ausência dos agentes políticos e de suas práticas concretas nesse sistema explicativo (e essa é uma característica sintomática de todos esses autores) coloca problemas sérios para as análises sociais informadas por esse tipo de visão. Algumas proposições presentes nas teorias marxistas mais contemporâneas do Estado capitalista sofrem de um funcionalismo excessivamente rígido exatamente por essa razão. Segundo elas, o Estado capitalista aparece *sempre* como uma instituição capaz de responder funcionalmente às exigências colocadas pelo sistema social capitalista. Ora, se o processo político pode seguir o seu curso com razoável autonomia, produzindo resultados inesperados, nada impede que as ações estatais possam, *dependendo da dinâmica da luta política*, gerar impactos desestabilizadores sobre a ordem burguesa. Assim, a disfuncionalidade do Estado para a dominação burguesa não é uma possibilidade lógica, mas prática – e aparece exatamente assim nas análises históricas de Marx – e, por isso, deve ser pensada teoricamente.

Conclusão

Como se sabe, a teoria social foi durante todo o século XX perpassada por uma dicotomia recorrente e improdutiva entre "estrutura" e "ação". No campo específico da teoria marxista do Estado, essa divisão se expressou de forma particularmente aguda no famoso debate entre Miliband e Poulantzas nos respectivos artigos publicados na *New Left Review* (Miliband, 1970, 1973; e Poulantzas, 1969, 1976). Em *O 18 Brumário*, Marx, ao se dedicar à análise de um acontecimento político muito exclusivo, apresentou um caminho alternativo a essa oposição.

Recorde-se a famosa passagem em que o filósofo declara: "Os homens fazem sua própria história, mas não a fazem segundo sua vontade, em circunstâncias livremente escolhidas por eles; ao contrário, estas circunstâncias eles as encontram acabadas, dadas, herdadas do passado" (*18 Br.*, p. 437). Toda a análise do livro se orienta pelo espírito contido nessa frase. Nela podemos ver que os "atores sociais" estão sempre engajados em condutas estratégicas, porém atuando em contextos (políticos, simbólicos e econômicos) não escolhidos por eles. A análise de Marx mistura elementos que independem da vontade e da racionalização dos agentes com elementos que nos remetem a interações sociais em que as opções desses mesmos atores são fundamentais para definir o resultado do processo histórico (ou ao menos de um processo político específico num momento específico do seu andamento).

Como essa ideia repercute sobre o problema do Estado? Marx consegue conjugar, e não sobrepor, de maneira convincente dois níveis de análise, um "estrutural" e outro "estratégico". De um lado, percebe que o Estado capitalista opera sob condições materiais determinadas. Embora ele esteja "separado da sociedade civil", ele também depende, para subsistir, dos recursos materiais produzidos pela ordem social burguesa. A reprodução dessa ordem é, portanto, a condição de reprodução dos meios de existência do próprio Estado. Esse é um limite estrutural e depois do golpe de 1851 fica ainda mais claro que o Estado do Segundo Império não é o Estado *da* burguesia, mas sim o aparelho que deve garantir a "ordem burguesa": a acumulação de capital, a dominação social, a ordem global, o desenvolvimento do capitalismo na França etc. Daí que a revolução social não pode simplesmente apropriar-se dele; deve, antes de tudo, destruí-lo. Ao mesmo tempo, porém, esse Estado opera num contexto político instável, de lutas e conflitos variados. Essas contradições atravessam sua organização e podem, inclusive, afetar significativamente o desempenho daquela sua função principal. Podemos imaginar, por analogia, que da mesma maneira que o dezembro de 1851 (o golpe de Estado) não estava inscrito como uma inevitabilidade histórica nos acontecimentos de fevereiro de 1848 (a revolução social), também os efeitos funcionais da ação estatal para o sistema social não podem ser tomados como um pressuposto a ser aplicado à análise do seu papel *ex ante*. A ação estatal deve ser avaliada a partir do seu impacto sobre os agentes políticos e da reação destes a essas ações por meio de lutas que podem inclusive afetar – isto é, limitar, circunscrever, precisar – a reprodução da ordem social.

Os autores marxistas mais contemporâneos, ao sistematizarem a teoria do Estado capitalista, tomando-o não como um instrumento passivo de classe, mas como uma *função política* no interior do sistema social, permitiram um salto de qualidade nas formulações da própria teoria política – marxista e não marxista – sobre o Estado. No entanto, por razões que expusemos acima, eles se mostraram também pouco dispostos a conjugar a perspectiva estrutural com uma sociologia empírica dos agentes estatais, de suas ações históricas e opções estratégicas e com uma análise dos "nervos do governo". Quem lê, por exemplo, os trabalhos da escola derivacionista alemã (Altvater, 1976; Müller e Neusüss, 1978; Salama, 1979; Hirsch, 1990, 2005) fica com a impressão de que o Estado capitalista funciona como uma engrenagem plenamente eficiente, capaz de responder sempre adequadamente às exigências funcionais do processo de acumulação. Nesse sentido, um retorno efetivo às lições de *O 18 Brumário* de Marx é importante para mostrar como a política – isto é: ação política, o conflito político, as decisões políticas, os interesses especificamente políticos – podem causar dificuldades, contratempos e transtornos para o funcionamento dessa engrenagem. Para relembrar a advertência de Offe mais uma vez, uma postura ao mesmo tempo materialista e metodologicamente prudente deveria considerar que a função social do Estado capitalista – a reprodução da ordem social classista – só se manifesta *post faestum* (Offe, 1982a, p. 161), isto é, se e quando suas ações transparecem nos conflitos de classe.

Referências

AGLIETTA, Michel. *Regulación y crisis del capitalismo*. Espanha: Siglo XXI, 1976.

ALTHUSSER, Louis. *Pour Marx*. Paris: François Maspero, 1973.

ALTVATER, Elmar. Notas sobre algunos problemas del intervencionismo de Estado. In: Sonntag, Heinz R. y Vallecillos, Hector (eds.). *El Estado en el Capitalismo Contemporáneo*. México: Siglo XXI, 1976.

ARON, Raymond. *Les étapes de la pensée sociologique*. Paris: Gallimard, 1967.

ARTOUS, Antoine. *Marx, l'État et la Politique*. Paris: Syllepse, 1999.

AVINERI, Shlomo. *The Social and Political Thought of Karl Marx*. Cambridge: Cambridge University Press, 1968.

BARROW, Clyde W. *Critical Theories of the State*: Marxist, Neo-Marxist, Post--Marxist. Madison: The University of Wisconsin Press, 1993.

BLOCK, Fred. Beyond Relative Autonomy: State Managers as Historical Subjects. In: Miliband, Ralph and Saville, John (eds.). *The Socialist Register*. London: Merlin Press, 1980.

BLOCK, Fred. The Ruling Class Does Not Rule: Notes on the Marxist Theory of the State. *Socialist Revolution*, n. 33, v. 7, n. 3, May-June, p. 6-28, 1977.

BOCCARA, Paul. *Estudos sobre o capitalismo monopolista de Estado*: sua crise e solução. Lisboa: Estampa, 1978.

CARNOY, Martin. *The State & Political Theory*. Princeton: Princeton University Press, 1984.

CODATO, Adriano. O espaço político segundo Marx. *Crítica Marxista*, São Paulo, v. 32, p. 33-56, 2011.

COLLETTI, Lucio. *Tra marxismo e no*. Bari: Laterza, 1979.

CHATELET, François et al. *Los marxistas y la política*. Madrid: Taurus, v. I, 1977.

DAHL, Robert A. *Um prefácio à teoria democrática*. Rio de Janeiro: Zahar, 1989.

DOMHOFF, William G. Social Networks, Power, and the State. In: _____. *The Power Elite and the State*: How Policy is Made in America. New York: Aldine de Gruyter, 1990a.

DOMHOFF, William G. The Ruling Class Does Rule: The State Autonomy Theory of Fred Block, and the Origins of the International Monetary Fund. In: _____. *The Power Elite and the State*: How Policy is Made in America. New York: Aldine de Gruyter, 1990b.

DRAPER, Hall. *Karl Marx's Theory of Revolution*: State and Bureaucracy. New York: Monthly Review Press, 1977.

ENGELS, Friedrich. *A origem da família, da propriedade privada e do Estado*. 8. ed. Rio de Janeiro: Civilização Brasileira, 1982.

HIRSCH, Joachim. ¿Qué significa Estado? Reflexiones acerca de la teoría del Estado capitalista. *Revista de Sociologia e Política*, n. 24, p. 165-175, jun., 2005.

HIRSCH, Joachim. Elementos para una teoría materialista del Estado. *Críticas de la Economía Política*, n. 12/13, p. 3-75, 1979.

HIRSCH, Joachim. O problema da dedução da forma e da função do Estado burguês. In: Reichelt, Helmut *et al*. *A teoria do Estado*: materiais para a reconstrução da teoria marxista do Estado. Rio de Janeiro: Tempo Brasileiro, 1990.

HIRSCH, Joachim. Observaciones teóricas sobre el Estado Burgués y su crisis. In: Poulantzas, Nicos (Org.). *La crisis del Estado*. Barcelona: Editorial Fontanella, 1976

HIRSCH, Joachim. The State Apparatus and Social Reproduction: Elements of a Theory of the Bourgeois State. In: Holloway, John and Picciotto, Sol (eds.). *State and Capital*: a Marxist Debate. London: Edward Arnold, 1978.

JESSOP, Bob. Capitalist States, the Interests of Capital and Bourgeois Rule. In: _____. *State Theory*: Putting States in their Place. University Park: Pennsylvania State University Press, 1990.

LACLAU, Ernesto. A especificidade do político. In: _____. *Política e ideologia na teoria marxista*. Capitalismo, fascismo e populismo. Rio de Janeiro: Paz e Terra, 1978.

LENIN, Vladimir I. *Sobre o Estado*. Conferência na Universidade Sverdlov, 11 de julho de 1919, 1979.

LENIN, Vladmir I. *O Estado e a revolução*. São Paulo: Hucitec, 1983.

MAGUIRE, John M. *Marx y su teoría de la política*. México: Fondo de Cultura Económico, 1984.

MARX, Karl e ENGELS, Friedrich. *Le Manifeste Comuniste*. In: Marx, Karl. *Œuvres*. Trad.: Maximilien Rubel. Paris: Gallimard, 1965, v. I, Économie.

MARX, Karl. Avant-Propos. *Critique de l'Économie Politique* (1859). In: Marx, Karl. *Œuvres*. Trad.: Maximilien Rubel. Paris: Gallimard, 1965, v. I: Économie.

MARX, Karl. *Le 18 Brumaire de Louis Bonaparte*. In: _____. *Œuvres*. Trad.: Maximilien Rubel. Paris: Gallimard, 1994, v. IV, Tomo I: Politique.

MARX, Karl. *The Civil War in France*. In: Carver, Terrell (ed.). *Marx: Later Political Writings*. Cambridge: Cambridge University Press, 2003.

MERTON, Robert K. Manifest and Latent Functions. In: _____. *On Theoretical Sociology*: Five Essays, Old and New. New York: The Free Press, 1967.

MILIBAND, Ralph. Poulantzas and the Capitalist State. *New Left Review*, n. 82, Nov./Dec., 1973.

MILIBAND, Ralph. State Power and Class Interests. In: _____. *Class Power and State Power*. London: Verso, 1983.

MILIBAND, Ralph. The Capitalist State: Reply to N. Poulantzas. *New Left Review*, n. 59, Jan./Feb., 1970.

MILIBAND, Ralph. *The State in Capitalist Society*. London: Weindenfeld and Nicolson, 1969.

MÜLLER, Wolfgang e NEUSÜSS, Christel. The 'Welfare-State Illusion' and the Contradiction Between Wage Labour and Capital. In: Holloway, John and Picciotto, Sol (eds.). *State and Capital*: a Marxist Debate. London: Arnold, 1978.

O'CONNOR, James. *The Fiscal Crisis of the State*. Nova York: St. Martin's Press, 1973.

OFFE, Claus. Dominação de classe e sistema político. Sobre a seletividade das instituições políticas. In: _____. *Problemas estruturais do Estado capitalista*. Rio de Janeiro: Tempo Brasileiro, 1982a.

OFFE, Claus. Teses sobre a fundamentação do conceito de "Estado capitalista" e sobre a pesquisa política de orientação materialista. In: _____. *Problemas estruturais do Estado capitalista*. Rio de Janeiro: Tempo Brasileiro, 1982b.

OFFE, Claus. The Capitalist State and the Problem of Policy Formation. In: Lindberg, Leon N. *et al.* (eds.). *Stress and Contradictions in Modern Capitalism*. Lexington: Lexington Books, 1975.

PICCIOTTO, Sol e RADICE, Hugo. Capital and State in the World Economy. *Kapitalistate*, v. 1, p. 56-68, 1973.

POGREBINSCHI, Thamy. *O enigma do político*: Marx contra a política moderna. Rio de Janeiro: Civilização Brasileira, 2009.

POULANTZAS, Nicos. Les transformations actuelles de l'État, la crise politique et la crise de l'État. In: Poulantzas, Nicos (dir.). *La crise de l'État*. Paris: PUF, 1976.

POULANTZAS, Nicos. *L'Etat, le pouvoir, le socialisme*. Paris: Presses Universitaires de France, 1978.

POULANTZAS, Nicos. *Pouvoir politique et classes sociales*. Paris: Maspero, 1971. 2 vols.

POULANTZAS, Nicos. The Capitalist State: A Reply to Miliband and Laclau. *New Left Review*, n. 95, p. 63-83, Jan./Feb, 1976.

POULANTZAS, Nicos. The Problem of the Capitalist State. *New Left Review*, n. 58, Nov./Dec, 1969.

RUBEL, Maximilien. *Karl Marx devant le bonapartisme*. Paris: Mouton & CO, 1960.

SAES, Décio. Do Marx de 1843-1844 ao Marx das obras históricas: duas concepções distintas de Estado. In: _____. *Estado e democracia*: ensaios teóricos. Campinas: IFCH, 1994.

SALAMA, Pierre. El Estado capitalista como abstracción real. *Críticas de la Economía Política*, n. 12/13, p. 77-116, 1979.

SKOCPOL, Theda. Bringing the State Back In: Strategies of Analysis in Current Research. In: Evans, Peter B.; Rueshemeyer D. and Skocpol, Theda (eds.). *Bringing the State Back In*. Cambridge: Cambridge University, 1996.

SKOCPOL, Theda. *Los Estados y las revoluciones sociales*. México: Fondo de Cultura Económica, 1984.

THERBORN, Göran. *¿Como domina la clase dominante?* Aparatos de Estado e poder estatal en el feudalismo, el capitalismo y el socialismo. 4. ed. México: Siglo XXI, 1989.

THERET, Bruno. *Régimes économiques de l'ordre politique*. Esquisse d'une théorie régulationniste des limites de l'État. Paris: PUF, 1992.

VINCENT, Jean-Marie *et al*. L'État contemporain et le marxisme. Paris: Maspero, 1975.

WIEVIORKA, Michel e THERET, Bruno. *Critique de la théorie du capitalisme monopoliste d'Etat*. Paris: Maspero, 1978.

WRIGHT, Erik Olin. *Class, Crisis and the State*. London: Verso, 1978.

* * *

4
Poulantzas, 1, 2 e 3

Adriano Codato

Este ensaio apresenta uma periodização da obra teórica de Nicos Poulantzas entre 1968 e 1978 (os anos da edição, na França, de *Poder político e classes sociais* e *O Estado, o poder, o socialismo*) tendo como ponto de referência o conceito de "Estado capitalista". Nesse trabalho, estabeleço três princípios de leitura dos seus textos: o contexto intelectual a partir do qual foram escritos, a problemática teórica em função da qual foram pensados e a estratégia política que se deveria derivar deles. Dois temas servem para ilustrar e detalhar o meu estudo: a *função* do Estado capitalista e a *destruição* do Estado capitalista.

Antes de expor e explicar a periodização que divide suas ideias em três fases distintas ("Poulantzas, 1, 2 e 3", para simplificar), recordo sua ascendência sobre a concepção marxista do Estado nos anos 1970/1980. Todavia, a produção teórica de Nicos Poulantzas, e a renovação terminológica que ela produziu, só são plenamente compreensíveis quando se tem presente suas divergências não apenas com as correntes rivais do marxismo, mas com a Ciência Política "burguesa" e com a Sociologia não marxista. O fundamental aí é o modo como ele vê e a maneira como ele se diferencia dos problemas habituais e dos protocolos convencionais das ciências sociais de língua inglesa. A partir do divórcio dessa filosofia política com a ciência social tradicional ou "positivista", e com base naqueles três critérios de interpretação (a política, a teoria e as lutas políticas no domínio da teoria), apresento as noções sucessivas de Estado capitalista como *estrutura*, como *aparelho* e como *relação*.

Para seguir os sucessivos desvios, desenvolvimentos e arrombamentos do autor no campo da teoria do Estado, dividi este ensaio, que é uma espécie de indexação temática de praticamente todos os seus escritos políticos, em três partes.

Na primeira, menciono o contexto intelectual com o qual e contra o qual seus livros, em especial o primeiro, merecem ser lidos. Perry Anderson argumentou que o marxismo ocidental se manteve, até o final dos anos 1960 pelo menos, indiferente às questões clássicas que mobilizaram o materialismo histórico: o "exame das leis econômicas da evolução do capitalismo como modo de produção, a análise da máquina política do Estado burguês [e da] estratégia da luta de classes necessária para derrubar" esse Estado (Anderson, 1976). Poulantzas foi uma honrosa exceção nesse capítulo e sua obra pode ser lida como uma via que contribuiu para reencontrar a disposição original dos pais fundadores (Jessop, 2007, p. 4-5).

Na segunda parte, apresento e justifico a pertinência dos três indicadores de leitura – o intelectual, o conceitual e o político – a fim de apurar as respostas de Poulantzas a dois problemas atinentes ao conceito de "Estado capitalista": o problema da *função do Estado*, tópico ligado diretamente à questão dos mecanismos e dos processos de reprodução da ordem social; e o problema da *demolição do Estado*, tema por sua vez ligado à questão da ruptura com essa ordem e com as estratégias mais adequadas de transição ao socialismo. Bob Jessop alega que "As concepções de Poulantzas a respeito da estratégia política" de transformação social "mudaram *pari passu* com as mudanças nas suas concepções sobre a natureza do Estado capitalista" (Jessop, 1982, p. 177). Na realidade, pode-se pensar que algo diferente seja ainda mais verdadeiro: as concepções de Poulantzas a respeito do Estado mudaram conforme as diferentes estratégias políticas que ele abraçou. Este é o meu argumento implícito. O problema daí derivado, que todavia não pode ser tratado aqui, consistiria então em saber quais seriam as consequências dessa extrema dependência da teoria política diante da política teórica.

Na terceira parte, comento a primeira teorização de Poulantzas ("Poulantzas 1") e seu projeto de construir uma teoria geral do nível político no modo de produção capitalista – ou, mais especificamente, produzir o conceito de Estado relativo a esse modo de produção. Ainda que essa formulação não postule nem imponha explicitamente um programa de transição ao socialismo (a menos que se considere como tal certas alusões retóricas e algumas frases de efeito), traz implícita uma concepção leninista de assalto e derrubada do Estado capitalista. Em seguida, resumo a ideia do Estado como um feixe de aparelhos ("Poulantzas 2"), ideia essa elaborada a partir da análise de dois regimes de exceção, o fascismo e a ditadura militar. Essa teorização é solidária à estratégia gramsciana do cerco progressivo ao Estado e não de combate frontal e destruição dos seus centros essenciais de poder. No último item, procuro destrinçar a terceira formulação poulantziana ("Poulantzas 3") e suas consequências políticas e analíticas. O Estado passa agora a ser pensado tal qual o capital, não como um objeto que se possui e se dispõe (um "instrumento"), ou como um sujeito com vontade própria, situado acima ou ao lado das classes (um fator independente do mundo social), mas como uma *relação social*, fórmula aparentemente enigmática, mas plenamente compreensível quando se tem presente a trajetória ideológica do autor, suas reorientações filosóficas no âmbito do marxismo e a conversão política em direção ao "eurocomunismo de esquerda"[66].

Estado e teoria do Estado

As questões relativas ao poder e ao Estado foram reintroduzidas na tradição marxista por dois trabalhos bastante desiguais, na forma e no conteúdo: *Pouvoir politique et classes sociales*, de Nicos Poulantzas (publicado em Paris em 1968) e *The State in Capitalist Society*, de Ralph Miliband (publicado em Londres em 1969). Durante os anos 1970 o tema recebeu um impulso considerável a partir da polêmica entre ambos nas páginas do periódico radical inglês *New Left Review* a propósito de três tópicos: (*i*) como haver-se com o legado teórico de Marx; (*ii*) como proceder corretamente no trabalho intelectual nas ciências sociais, tendo em vista os princípios "epistemológicos" marxistas; e (*iii*) como compreender, tanto de um ponto de vista conceitual como empírico, a relação entre o Estado capitalista, as classes dominantes e a burocracia (ou a elite) estatal[67].

É nesse contexto, criado em boa parte por Miliband *versus* Poulantzas, que serão publicados, além do influente livro de Jürgen Habermas, *A crise de legitimação do capitalismo tardio* (1973), os artigos de Claus Offe sobre as relações de afinidade entre o Estado capitalista e os processos de acumulação econômica e de consentimento político. Esses textos aparecerão regularmente a partir de 1972 em diversos periódicos acadêmicos (*International Journal of Sociology, Politics and Society, Kapitalistate* etc.), e não mais em revistas de partido, de circulação restrita e de interesse exclusivo de dirigentes e militantes. O trabalho de Habermas foi editado quase simultaneamente aos debates da *Escola Lógica do Capital* conduzidos na Alemanha por Wolfgang Müller, Christel Neusüss, Elmar Altvater e Joachim Hirsch. Os temas e as teses dos derivacionistas foram retomados e contestados, nos Estados Unidos, por James O'Connor em um estudo pioneiro: *A crise fiscal do Estado* (1973). Ao mesmo tempo na França, à parte os escritos de Poulantzas, o estímulo para reconsiderar a problemática tradicional do marxismo – i.e., a relação entre a política e a economia – viria primeiro dos estudos filiados ao PCF sobre o *Capitalismo Monopolista de Estado* (de Paul Boccara e outros) e, logo em seguida, da *Teoria da regulação*, de Michel Aglietta, Alain Lipietz, Robert Boyer e Bruno Théret. Erik Olin Wrigth, para ficarmos por aqui, sistematizou suas diferenças com Poulantzas e outros marxistas em *Classe, crise e o Estado*, de 1979.

---

66. Essa divisão, essa periodização e essa denominação foram propostas por Décio Saes: "Teoria do Estado II". Curso policopiado. Campinas, Unicamp, 1985. A submissão desse esquema aos critérios de leitura explicitados a seguir, a interpretação acrescentada a ele, a correlação com os modelos da revolução social e nuanças menos importantes são de minha exclusiva responsabilidade.
67. Ver especialmente os dois primeiros artigos: Poulantzas, 1969b; e Miliband, 1970.

Assumindo o marxismo de Marx e disputando sua decodificação ora através da sua Economia (em especial a partir de *O Capital*), ora por meio de sua Política (com destaque para os escritos históricos sobre a política francesa e os textos de polêmica ideológica), os autores acima retornaram ao catálogo consagrado das obras clássicas com a disposição tanto para *extrair* uma teoria específica do Estado capitalista (Miliband), quanto para *elaborar* uma teoria geral do nível jurídico-político (Poulantzas), ou mesmo para ambiciosamente *reconstruir* o materialismo histórico (Habermas). Com graus de sofisticação e interesse variados, essa literatura propôs uma fileira de conceitos para compreender e explicar as novas afinidades entre o Estado e as relações de produção (i.e., a estrutura social) e o Estado e as formas de acumulação (i.e., a economia capitalista). Foi o caso das locuções consagradas *bloco no poder* (Poulantzas), *elite estatal* (Miliband), *seletividade estrutural* (Offe), *tecnologia organizativa* (Therborn), *capitalismo estatal* (E. Olin Wright), *regime de acumulação* (Lipietz), *forma Estado* (Hirsch) etc.

Um dos tópicos mais importantes e que constituiu ora o ponto de partida, ora o ponto de chegada de muitas dessas proposições, de Offe a O'Connor, de Therborn a Théret, foi a questão da "autonomia relativa" do Estado, expressão fabricada por Nicos Poulantzas e que permitiu não só designar, mas pensar numa chave nova três problemas distintos: a relação concreta entre a burocracia (o pessoal do Estado) e a burguesia (as classes e frações dominantes); a separação característica entre o Estado capitalista (e, num nível mais abstrato, o "jurídico-político") e as relações de produção (ou o "econômico"); e, em termos mais imaginosos, a especificidade do "político" (isto é, a superestrutura jurídico-política do todo social, instância que compreende mas ultrapassa o Estado), tanto como um objeto real, isto é, realmente existente, quanto como um objeto de conhecimento, ou seja, um ente possível de ser teorizado[68]. A teoria marxista do Estado capitalista nos anos 1970 e até meados dos anos 1980 pautou-se em grande parte por essa problemática, proposta originalmente por Nicos Poulantzas em *Poder político e classes sociais*.

A flutuação em torno do interesse e do impacto dessa literatura e desses problemas teóricos nas ciências sociais tendeu a acompanhar a centralidade das funções do Estado capitalista nos países adiantados e a autoridade de suas decisões para regular a economia ou fazer frente a suas convulsões periódicas. Logo, é preciso enfatizar que a "teoria do Estado" foi importante na Ciência Política enquanto se julgou que o Estado era um ator importante *na política*[69]. O debate sobre os mecanismos de legitimação do capitalismo foi um tema

---

68. Para esses três sentidos, mas com uma formulação ligeiramente diferente, ver Saes, 1998.
69. Uma evidência: no catálogo que Goodin e Klingemann organizaram sobre o estado da disciplina nos anos 1990 não há uma seção sequer dedicada ao problema do Estado. Os capítulos que passam mais perto do assunto foram reunidos sob o título 'Public Policy and Administration'. Ver Goodin e Klingemann (eds.), 1996. Poulantzas é referido duas vezes em 845 páginas; Therborn, uma vez, E.O. Wright, três vezes e Miliband nenhuma. Dessa turma, o autor com mais citações concedidas é Offe com 14 ocorrências.

típico produzido pela crise do Estado de Bem-Estar Social nos anos 1970. Os problemas derivados da relação do Estado com o processo de acumulação, sua capacidade de intervenção e direção da economia, foi um assunto que entrou na ordem do dia a partir do esgotamento do grande ciclo de crescimento econômico em 1974. E a discussão sobre o Estado socialista foi um empreendimento viável enquanto os partidos socialistas mantiveram alguma viabilidade eleitoral na Europa Ocidental. Dos anos 1960 aos 1980, a "estatização do conflito social" (pela via das políticas compensatórias), a "politização da economia" (pela via indireta da regulação ou pela via direta da produção), a "privatização do Estado"(através dos esquemas neocorporativistas de representação de interesses), expressões essas tornadas correntes na sociologia política não marxista, foram jeitos de perceber o papel obrigatório do Estado capitalista na vida social. O marxismo – Poulantzas em especial – foi quem mais promoveu a reflexão sobre essas questões. Seu último trabalho, *O Estado, o poder, o socialismo* é um catálogo completo desse temário.

Embora o pêndulo não tenha regressado ainda à sua posição anterior, os 40 anos da publicação de *Poder político e classes sociais*, em 2008, foram uma formidável ocasião para retornar a esse livro e para retomar uma ou duas das tantas ideias que instituíram, a partir de 1968, a agenda de pesquisa obrigatória do marxismo teórico. Dada a centralidade do escritor para aquela literatura referida acima (Poulantzas foi, dos marxistas, o autor com o qual e contra o qual mais se escreveu durante os anos 1970 e logo depois), sua trajetória intelectual pode funcionar como um ponto de orientação, seja para realizar uma história das ideias políticas da segunda metade do século XX, seja para fazer um balanço das contribuições do marxismo ao debate público dos anos 1960 em diante. Bob Jessop julga que Poulantzas foi "o mais importante teórico político marxista do pós-guerra" (Jessop, 1991, p. 75)[70].

Três princípios de classificação

Há três fases diferentes na obra madura de Nicos Poulantzas. A essas três fases, cujo ponto de partida é *Poder político e classes sociais*, correspondem também três conceitos bem diferentes de "Estado capitalista". Esses conceitos não são apenas desiguais, mas em grande medida incompatíveis entre si, já que pertencem a constelações teóricas e ideológicas exclusivas.

Essa categorização, porém, não é consensual. Alguns comentadores reconhecem apenas duas formulações da teoria poulantziana do Estado, a primeira e a última, na classificação que utilizo (ver Jessop, 1982, p. 157-158; Carnoy, 1990, p.

---

70. Seria um grande exagero falar num renascimento do interesse pela teoria poulantziana. Mas não deixa de ser notável a edição, em maio de 2008, de uma coletânea anotada dos seus textos principais. Ver Martin (ed.), 2008.

130-164; Tapia e Araújo, 1991; e Marques, 1997, p. 70). Já para Clyde Barrow, todos os títulos podem ser reunidos num rótulo só: Poulantzas teria apenas formulado "o conceito estruturalista de Estado" (Barrow, 1993, p. 51-70). Adam Przeworski, tão rigoroso e bem informado em matéria de teoria marxista do Estado, trata os escritos de Nicos Poulantzas em bloco (ver Przeworski, 1995, p. 103-115; e Bresser-Pereira, 2001). Num texto mais recente, Barrow (2008) voltou a sustentar a existência de uma "notável continuidade no pensamento de Poulantzas a respeito do Estado capitalista" ao longo de toda a sua obra. Outros críticos sequer tomam essas fases (ou esse tema) como um princípio de classificação (por exemplo, Silveira, 1984, p. 7-40). Já para David Easton, o problema nem ao menos existe, já que é impossível encontrar uma definição clara e precisa ("positiva") sobre o que é o Estado capitalista nos escritos de Poulantzas (ver Easton, 1982, p. 133).

Ainda que não seja possível identificar uma correspondência direta, ponto a ponto, entre o que é/o que faz o Estado capitalista e qual a estratégia mais adequada para superá-lo, há um paralelismo evidente entre essa teoria do Estado e as posições na política socialista que ela autoriza ou impõe. Um enunciado tende a funcionar como condicionante do outro e se eles não evoluem ao mesmo tempo, um é sempre pensado como resposta ao outro.

O quadro a seguir organiza algumas informações a esse respeito. Na seção seguinte desenvolvo, explico e comento esse resumo. Ele deve ser lido, porém, como toda tentativa desse tipo: uma forma de evidenciar diferenças, não de captar nuances ou sugerir condições e contextos que produziram a transição/transformação de uma fase a outra.

Quadro 1

Trajetória intelectual de Nicos Poulantzas (o conceito de "Estado capitalista")

periodização	obras principais	conceito de Estado	função do Estado	extinção do Estado
1ª fase	*Poder político e classes sociais* (1968)	estrutura	política: coesão (dos níveis de uma formação) social	destruição do aparelho do Estado
texto de transição:	O problema do Estado capitalista (1969b) [artigo]	estrutura/ aparelho		
2ª fase	*Fascismo e ditadura* (1970)	aparelho	político-ideológica: coesão de uma formação social dividida em classes	

textos de transição:	*As classes sociais no capitalismo de hoje* (1974) *A crise das ditaduras* (1975)	aparelho/ relação		contradição intra e interaparelhos
3ª fase	*As transformações atuais do Estado* (1976) [artigo] *O Estado, o poder, o socialismo* (1978)	relação	econômica: constituição (e não apenas reprodução) das relações de produção	modificação na correlação de forças em favor das massas dentro e fora do Estado

Fonte: o autor

Não considerei, para essa discussão, os trabalhos anteriores a 1968. São estudos de filosofia do Direito, inclusive uma tese de doutorado sobre o assunto (1964), e alguns outros escritos avulsos sobre teoria política. Essa fase foi marcada pela influência de Sartre (o Sartre da *Crítica da razão dialética*) e pela ligação com a turma de *Les Temps modernes*, onde Poulantzas publicou, entre 1964 e 1966, três artigos sobre a teoria do Estado e o marxismo[71]. Assim, no que é aqui a primeira etapa da obra (e que corresponde ao livro de 1968), o Estado é definido como uma *estrutura* cuja função é garantir a coesão de uma formação social dividida em classes. Essa proposição vale para o Estado antigo, para o Estado feudal e para o Estado capitalista. No caso do Estado capitalista, sua tarefa é reproduzir as relações de produção capitalistas e, por essa via, as relações de dominação da burguesia sobre as demais classes, categorias e camadas sociais. A superação dessa estrutura de dominação social impõe, portanto, a *destruição* do Estado capitalista. Esse processo deve por sua vez acompanhar a estratégia leninista da dualidade de poderes: a classe trabalhadora mobilizada pelo Partido na direção da construção de um contra-Estado, paralelo e exterior ao Estado capitalista.

Na segunda etapa (1969-1975), o Estado é concebido como um *aparelho*, ou melhor, como um conjunto de aparelhos repressivos e ideológicos. Poulantzas não agrega uma nova função ao Estado, a função ideológica, já que ela estava presente na teorização anterior, mas acrescenta uma nova maneira de cumprir sua função principal (a coesão social) através da ação específica dos aparelhos ideológicos. Do ponto de vista político, se no artigo de 1969 explicita-se mais a posição ortodoxa de 1968 (introduzindo apenas variações menores quanto à estratégia: quais aparelhos de Estado devem ser destruídos, de que maneira, em que ordem etc.), o livro de 1970 aprofunda a discussão sobre os modos de transição ao socialismo através do debate das teses da III Internacional a propósito

---

71. Esses textos foram compilados apenas em espanhol. Ver Poulantzas, 1969a.

da ascensão dos fascismos na Europa Ocidental nos anos 1930. Essa discussão toca agora em dois pontos capitais: (i) a necessidade de diferenciar as formas do Estado capitalista – democracia burguesa, ditadura burguesa, fascismo – e, portanto, as formas de luta política correspondentes a cada uma dessas modalidades de dominação; (ii) a necessidade de revisar a concepção herdada do Comintern sobre a revolução social (ver Jessop, 1982, p. 178).

A partir da publicação de *As classes sociais no capitalismo de hoje*, Poulantzas retifica parcialmente o conceito de Estado capitalista incluindo o aspecto "relacional" à sua teoria. Acoplando as duas definições – o Estado como aparelho e o Estado como relação – começa também a trocar de teoria sobre a mudança social. Esse livro que é, em grande medida, uma discussão das teses do PCF a respeito das alianças entre as classes, suas posições e suas reivindicações no processo de transição ao socialismo, é estratégico para entender o sentido e o alcance da sua nova formulação conceitual. O ensaio de 1975 sobre o colapso das ditaduras no sul da Europa continua a discussão começada em 1974 sobre a natureza e as funções do Estado sob o capitalismo monopolista e apressa a mudança em sua concepção de Estado, sem resolver, contudo, a ambiguidade entre um Estado como feixe de aparelhos e um Estado como expressão de uma relação social. Poulantzas só irá assumir explicitamente a nova definição no ensaio de 1976 sobre a crise do Estado nos países capitalistas adiantados (ver Poulantzas, 1976, p. 19-58). De toda forma, com a incorporação da ideia segundo a qual o Estado capitalista é nada menos que a expressão das contradições sociais, toda oportunidade de reorganização política da sociedade, desde a transição de um regime político para outro (da ditadura para a democracia), até a transformação de um regime social em outro (do capitalismo para o socialismo) passa agora pela solução dos conflitos políticos no interior do próprio Estado. O Estado capitalista ainda deve ser arrasado, mas não de fora, e sim de dentro. A luta social deve invadi-lo e não o rejeitar.

Na terceira etapa da obra (1976-1978), essa fórmula teórico-política está mais elaborada. O Estado capitalista é então imaginado como uma espécie de registro físico do estado presente das lutas na sociedade e sua função se desloca do domínio repressivo-ideológico para o domínio econômico. Ele torna-se a confissão institucional da relação de forças entre as classes (dominantes e dominadas) numa dada formação social. A "via democrática para o socialismo democrático", sua nova legenda ideológica, será o resultado de um novo Estado, Estado esse produzido por uma infinidade de rupturas políticas – e não apenas de uma só, conforme o modelo da Grande Revolução. Assim, o desejo de quebrar o Estado através de uma guerra civil cede lugar ao propósito de realizar uma "transformação radical não somente dos aparelhos ideológicos de Estado, mas também dos aparelhos repressivos", processo esse cujo ponto decisivo é uma nova correlação de forças em favor das massas populares no campo estratégico do Estado (cf. Poulantzas, 1980, p. 17).

Cada versão dessas do conceito de Estado capitalista foi elaborada a partir de um contexto político e intelectual, em função de uma problemática teórica específica e em razão de uma estratégia política determinada. Essa grade de leitura poderia ser aplicada também a outros conceitos teóricos[72] e a outras formas de refletir sobre os problemas táticos da política socialista[73]. As sucessivas reformulações do conceito de Estado são, entretanto, mais estratégicas, a meu ver, para verificar como avança e modifica-se a escrita poulantziana, exatamente porque esse assunto torna mais evidente as conexões entre teoria e política e a submissão da primeira à segunda.

O Estado como estrutura, como aparelho e como relação

O pressuposto da leitura realizada aqui é que quando se trata de uma obra de pensamento, "não se pode", sem ser reducionista, adverte Bourdieu, "tratar como simples elementos de informação etnográfica", isto é, como elementos descritivos, menores ou acidentais, "os traços culturais que ela mobiliza". Essas características, que estão presentes na obra de um autor e que definem sua singularidade, só fazem sentido no contexto da própria obra em que elas estão inseridas. Além disso, é preciso considerar, em uma leitura mais contextual que textual, tanto o conjunto de obras a que a obra em questão faz referência (explícita ou implicitamente; positiva ou negativamente), quanto as relações objetivas que definem e determinam a posição do autor seja no *espaço político*, seja no *espaço intelectual*, ou seja, suas tomadas de posição (escolhas públicas, opções ideológicas etc.) e sua relação de conflito e concorrência com os demais agentes nesses dois campos (cf. Bourdieu, 2004a, p. 144-145; e 2004b, p. 177-178).

Uma análise bem mais completa que a conseguida aqui deveria ter presente todos esses determinantes. As variáveis que selecionei e seu tratamento neste ensaio – (*i*) o ambiente universitário e as relações ambíguas da teoria marxista com ele, (*ii*) a disputa ideológica e epistemológica no coração do marxismo teórico e (*iii*) o movimento político mais correto (e não necessariamente mais concreto) em direção ao socialismo – são antes um exemplo desse tipo de estudo (ainda a ser realizado) do que o próprio estudo.

De toda forma, essas três variáveis comandaram – *essa é a minha hipótese de leitura* – as definições de Poulantzas a propósito de alguns temas obrigatórios da teoria política e alguns conceitos usuais da ciência social, tais como "política" (no capitalismo), "poder político" (dos capitalistas) e "Estado" (correspondente ao modo de produção capitalista). A anotação de cada fase dessa obra está submetida a essas coordenadas. Elas ressaltam tanto a *hetero-*

---

72. Como a definição de classe social, por exemplo. Ver, para o caso, Léger, 1976.

73. As manobras em torno das "alianças de classe" do proletariado, por exemplo. Ver, no caso, Silveira, 1984, p. 22 e segs.

nomia da teoria política marxista em relação ao mundo político (ou à "luta de classes") quanto sua *autonomia* diante dos problemas empíricos e dos procedimentos de verificação tal como formulados pela Sociologia/Ciência Política convencional. É mais ou menos assim, eu imagino, que o próprio autor gostaria inclusive de ser decifrado. "Meu texto", escreve Poulantzas, "requer certa sensibilidade do leitor aos problemas da luta de classes, visto que ele é *completamente determinado* pela conjuntura teórica e política" (Poulantzas, 1976, p. 68; sem grifos no original).

1) O estado como estrutura

A ambição do primeiro Poulantzas, o Poulantzas de *Poder político e classes sociais*, foi estabelecer a Teoria Política marxista – ou, como ele preferiria, a teoria marxista do político. Tratava-se de *produzir* (e não de compilar ou sistematizar) a teoria regional do nível político no modo de produção capitalista a partir de uma série de indicações presentes "nos clássicos do marxismo, nos textos políticos do movimento operário e nas obras contemporâneas de Ciência Política", essas últimas admitidas somente depois de um trabalho crítico de seleção e depuração "dos elementos científicos" inseridos em seu "discurso ideológico" (Poulantzas, 1971, vol. I, p. 12; e p. 14)[74].

O "político" designa aqui o nível jurídico-político do todo social, conforme expresso na metáfora de Marx proposta no Prefácio da *Contribuição à crítica da Economia Política*. Um dos elementos decisivos do político é justamente o Estado (ao lado do Direito) e o plano de Poulantzas 1 é estabelecer a "teoria geral" do Estado capitalista – e não realizar o diagnóstico de um Estado capitalista específico, em uma sociedade específica, em um período histórico determinado. Esse não é, assim, um estudo de ciência social *strictu sensu*, tal qual *Who Governs?*, de Robert Dahl, ou a *Elite do poder*, de Wright Mills. Aqui não se propõe testar hipóteses, mas produzir conceitos (*PPCS*, v. I, p. 20).

O conceito de Estado capitalista, ao mesmo tempo o objeto do ensaio (seu assunto) e o objetivo a ser alcançado (seu produto), tem de ser suficientemente rigoroso e geral para reter e exprimir os traços essenciais e universais desse Estado em qualquer formação social onde vigore o capitalismo. Por isso, *Poder político e classes sociais* deve ser tomado ao mesmo tempo como um livro *de teoria*, a fim de localizar o nível de abstração do discurso; como um livro *sobre teoria*, a fim de explicitar o tipo de discurso: um tratado contra a teoria/ciência política convencional, mas também a propósito da teoria a construir, a teoria marxista da política; e, por fim, como um livro *a partir da boa teoria*,

---

74. Trata-se de uma reedição do livro de 1968 cujo título original era mais comprido e mais preciso (*Poder político e classes sociais do Estado capitalista*). Cito essa edição daqui para frente como *PPCS*, mais o número do volume e a indicação da página.

isto é, conforme certo modo de interpretar o que seria, em essência, a Teoria Marxista e o que ela tem de correto a dizer.

Daí que não se compreende bem nem o desígnio do livro, nem seu lugar nessa tradição cultural se se desconhece as principais querelas no interior do marxismo teórico que presidem os sucessivos engajamentos do autor. A briga aqui é com o historicismo e sua tentação para tratar fenômenos e processos sociais como absolutamente singulares. Ao contrário, para o professor de Sociologia de Nanterre, influenciado pelo estruturalismo marxista, é preciso submetê-los a uma teoria geral. É por isso que, em essência, *Poder político* merece ser lido como uma continuação da interpretação de Louis Althusser e seus associados (Étienne Balibar, Jacques Rancière, Alain Badiou, Jacques Bidet, Roger Establet) sobre a obra madura de Marx[75].

Com base em um amplo programa de explicação de *O Capital*, o projeto de Althusser, que tomou corpo em fins dos anos 1950 e firmou-se nos círculos intelectuais franceses na primeira metade da década de 1960, consistia em "retornar a Marx", isto é, aos textos de Marx, "com o objetivo de buscar em sua obra a inspiração e os materiais para forjar uma política de esquerda verdadeiramente revolucionária" (Ípola, 2007, p. 43). No princípio das rixas imaginosas que empolgaram os althusserianos, Poulantzas aí incluído, e que poderiam parecer à primeira vista só acadêmicas – estruturalismo e objetivismo de um lado, historicismo e humanismo de outro; economicismo *versus* politicismo; instrumentalismo ou autonomia relativa etc. –, havia a disposição para, uma vez estabelecida a interpretação mais apropriada de Marx, influenciar a linha política seguida até então pelo Partido Comunista Francês.

Essa variante filosofante da ciência social socialista, que punha em primeiro plano o comentário dos clássicos e não a pesquisa efetiva, não era um gesto cultural parisiense, apenas. Era, antes de tudo, um índice do desprestígio e da irrelevância da Sociologia empírica no ambiente universitário francês. O sucesso público da Filosofia (sustentado pelas grandes declarações *à la* Sartre), e o impacto que ela exerceu sobre o marxismo, acabou potencializado pelo subdesenvolvimento da Sociologia na França, fosse como disciplina acadêmica, fosse como prática de pesquisa, espremida à época entre o cientificismo de P. Lazarsfeld e o teoricismo de G. Gurvitch. Nos anos 1960, isto é, quando Poulantzas elaborou seu primeiro grande ensaio, as hierarquias escolares nas ciências humanas estavam decididas pela posição hegemônica ocupada nesse campo intelectual pela Escola Normal Superior e por seus modos e métodos de trabalho, em especial a "interpretação de texto". Pierre Bourdieu lembra, a propósito, como essa sor-

---

75. Inúmeros autores ressaltaram esse ponto. Ver, por exemplo, Bridges, 1974, p. 162 e segs. Therborn conta que Poulantzas entendia inicialmente seu ensaio como mais uma contribuição ao volume coletivo *Lire le Capital* de Althusser e seus discípulos. Só mais tarde constatou que o seu texto poderia tornar-se outro livro, independente desse livro. Ver Therborn, 1989, p. 393.

te de autoconfirmação filosófica do marxismo pode ter assanhado o misto de desprezo e desconfiança dos althusserianos diante das "ciências ditas sociais" (Bourdieu, 2005, p. 67).

Tendo presente esse contexto, *Poder político e classes sociais* possuiria uma dupla cidadania: era um ensaio *puramente teórico* cujo objetivo era *principalmente prático*. Um exemplo disso é a insistência de Poulantzas em definir e demonstrar teoricamente o lugar central do político/Estado no modo de produção capitalista e porque, em função disso, a luta política "revolucionária" deveria prevalecer sobre a luta econômica "reformista" e sobre as outras distrações a que o movimento operário poderia estar submetido por seus dirigentes políticos e sindicais. Vale a pena insistir nesse ponto, pois ele me parece estratégico para demonstrar a via de mão dupla entre a teoria da teoria do Estado e a teoria da política prática.

A produção de um *conceito genérico* do Estado capitalista *em geral*, isto é, um enunciado que exprimisse o que há de universal em qualquer Estado capitalista, está sujeito, no livro de 1968, a um *conceito geral* do Estado *em geral*, isto é, a um enunciado suficientemente abrangente que diga o que é e o que faz qualquer Estado (e não apenas o Estado capitalista) em todos os modos de produção, e não só no modo de produção capitalista. Por isso, a questão decisiva para toda a teoria marxista do político deveria ser: qual a *função* do Estado? Resposta: "*o Estado possui a função específica de constituir o fator de coesão dos níveis* [político, econômico, ideológico] *de uma formação social*" dividida em classes (*PPCS*, v. I, p. 40; grifado no original).

Essa definição tem um corolário político e um corolário teórico. Conclusão política: toda prática que pretenda transformar a ordem social deve ter por objetivo não a "sociedade civil", o "econômico", o "ideológico" etc., e sim o aparelho do Estado, que é quem garante, *prima facie*, essa ordem. A inferência teórica é a seguinte: o Estado é a estrutura na qual se "condensam as contradições entre os diversos níveis de uma formação social". Segue-se daí que o Estado (não o aparelho material, mas a "região" do todo social) torna-se o lugar privilegiado em que também se *decifram* a unidade e os modos de articulação das estruturas sociais (*PPCS*, v. I, p. 41). Nada mais legítimo, nessa situação, que uma teoria do Estado seja a via privilegiada para compreender e explicar o funcionamento da sociedade.

O que é o Estado, isto é, que instituições fazem parte do Estado, e como ele cumpre sua função geral (a coesão social), depende do modo de produção considerado e da formação social na qual está inserido (*PPCS*, v. I, p. 42). Depende também das diversas modalidades que essa função global pode assumir: função econômica (a organização do processo de trabalho), função ideológica (a garantia do sistema escolar), função política (dominação de classe) (*PPCS*, I, p. 47-50). Essas "funções específicas do Estado" são sempre condicionadas por sua função política primeira – a manutenção da unidade social. Ela corresponde, por definição, aos interesses políticos da classe dominante (*PPCS*, v. I, p. 51).

Poulantzas estabeleceu que no modo de produção capitalista o Estado, ou mais propriamente, a superestrutura jurídico-política produz, a fim de repor sem cessar sua função como reprodutor da ordem, dois "efeitos ideológicos"[76]: (i) o *efeito de isolamento*, que converte, através do sistema jurídico, os agentes sociais membros de uma classe (os trabalhadores manuais, e.g.), isolados de todas as relações econômicas que os constituem, em indivíduos particulares, em sujeitos de direito, cidadãos privados, em pessoas "livres e iguais" entre si (*PPCS*, v. I, p. 136 e segs.); (ii) o *efeito de representação da unidade*, que é a capacidade de esse Estado desconhecer as divisões de classe e apresentar-se como encarnação da unidade social, disfarçando a realização dos interesses de uma parte da sociedade como a concretização da vontade geral do povo-nação (*PPCS*, v. I, p. 139 e segs.).

Esses efeitos da estrutura jurídico-política não são "ilusões ideológicas" produzidas pelo funcionamento regular das instituições culturais. São, antes de tudo, decorrência tanto do direito burguês (as normas, os códigos, as disposições jurídicas), quanto do burocratismo burguês (i.e., a forma específica de composição da administração do Estado). Esses dois elementos, que não pertencem ao ideológico (isto é, à estrutura ideológica, que em si não existe como uma instância específica), condicionam a organização e a atuação do Estado capitalista, concorrendo para ocultar dos agentes sociais a realidade desse modo de produção: a divisão e a dominação de classes.

Assim, para destruir a sociedade capitalista é preciso destruir a estrutura política que produz e impõe esses efeitos reprodutivos.

2) O Estado como aparelho

Poulantzas 2, ou a segunda versão poulantziana do conceito de Estado, *o Estado como um feixe de aparelhos* repressivos e ideológicos, é uma formulação bem diferente da primeira, mas não porque admita e enfatize "o papel da ideologia" nos processos de dominação e legitimação política. Esse aspecto já estava presente antes e era uma consequência do funcionamento de duas instituições políticas específicas, o direito e o burocratismo, como já referi. Sua diferença não está também no fato de chamar a atenção para uma trivialidade: a ideologia não existe apenas nas ideias, nos costumes ou nas diferentes disciplinas morais, mas está incorporada nas instituições. Quando Poulantzas afirma que a ideologia capitalista está investida e integrada nas instituições, quer se referir a

---

76. A discussão de fundo aqui é se "o ideológico" é de fato uma estrutura, tal qual o nível econômico ou o nível jurídico-político, ou se a ideologia (isto é, as práticas ideológicas) são tão só um efeito produzido pelo funcionamento dos outros níveis do todo social.

quaisquer instituições, repressivas e ideológicas, que cumpram o mesmo papel reprodutivo que cumpre o Estado. Por isso essa tarefa não deve ser cumprida somente pelo direito e pelo burocratismo burguês.

Conforme a nova proposição, que começa a ser elaborada já em 1969 no primeiro artigo da polêmica contra Ralph Miliband, "o sistema estatal é composto por *vários aparelhos ou instituições*". Alguns desses aparelhos "têm um papel principalmente repressivo, [...] enquanto outros têm um papel principalmente ideológico" (Poulantzas, 1969, p. 77; grifos no original)[77]. Os aparelhos ideológicos do Estado (AIE) – a escola, a imprensa, a Igreja etc. – têm em comum com os aparelhos repressivos do Estado (ARE) – o governo, a polícia, a administração, os tribunais etc. – o fato de desempenharem a mesma *função*. Segundo o segundo Poulantzas,

> se o Estado é definido como a instância que mantém a coesão de uma formação social e [como a instância] que reproduz as condições de produção de um sistema social através da manutenção da dominação de classe, é óbvio [sic] que as instituições em questão – os aparelhos ideológicos do Estado – preenchem exatamente a mesma função (*PCS*, p. 77).

Nesse registro, tudo que faz a função do Estado é, por definição, Estado, sendo a diferença entre instituições "públicas" e "privadas" apenas o produto da ilusão inspirada e garantida pelo funcionamento das próprias instituições do Estado.

Mas por que essa virada súbita? A revolução cultural chinesa (1966) e a revolta estudantil francesa (1968) trouxeram a questão do papel ativo do sistema de ensino (e, por extensão, do nível ideológico) nos processos de reprodução social. Essa constatação – Louis Althusser irá escrever que a escola se tornara, àquela altura, o aparelho ideológico de Estado dominante nas formações capitalistas "maduras" (Althusser, 1970) – está na origem da nova formulação poulantziana sobre o Estado capitalista.

A *transformação* do conceito de Estado (e não a "ampliação", como em geral se sustenta) indica que Poulantzas irá, daqui em diante, aceitar e expandir a fórmula "*Estado = coerção + consenso*" proposta por Gramsci, sua principal influência teórica a partir de então[78]. Essa ideia será aperfeiçoada, desenvolvida e aplicada em *Fascismo e ditadura*, livro que saiu em novembro de 1970. É justamente esse modelo ARE/AIE que irá informar a teorização das formas de Estado "de exceção" e a questão-chave aqui, diferentemente de *PPCS*, será como, através do jogo desses aparelhos específicos (e não através dos efeitos da estrutura jurídico-política), o Estado capitalista realiza sua função política. Mais tarde,

---

77. De agora em diante utilizo a seguinte abreviação para referir esse texto: *PCS*, seguido do número da página.

78. A problemática althusseriana original que inspirou *PPCS* obviamente não desaparece. Para uma análise e uma crítica da sua permanência no segundo Poulantzas, ver Bensaïd, 1973.

a mesma formulação será utilizada, mas um tanto modificada, em *A crise das ditaduras*. Este ensaio sobre os governos militares do sul da Europa, editado no primeiro semestre de 1975, preparará mais uma retificação do conceito de Estado capitalista e mais uma virada política e ideológica em suas convicções sobre o processo de transformação do Estado e de transição ao socialismo. Voltarei a esse ponto logo adiante.

Os dois estudos sobre as diferentes formas de Estado de exceção (o de 1970 e o de 1975) não devem ser tomados como análises empíricas sobre regimes políticos concretos em detrimento da teorização sobre o Estado capitalista, ao contrário do que argumentou Thomas (2002, p. 74). O próprio Poulantzas esclareceu que "o problema do Estado na teoria marxista" poderia ser ilustrado, "de maneira *exemplar*", por algumas proposições feitas a propósito da "forma *crítica*" do Estado capitalista "que é o Estado fascista" (Poulantzas, 1970, p. 326, grifos no original; v. também p. 9)[79]. Vejamos rapidamente esse aspecto, uma vez que ele é estratégico para estabelecer o tipo de trabalho (teórico) e, a partir daí, alcançar o objetivo político desses textos.

A nota à edição portuguesa de *Fascisme et dictature* (redigida em 1971) é bem explícita a respeito. Justificando a oportunidade política do seu ensaio, Poulantzas julga necessário enfatizar o

> [...] plano epistemológico do trabalho. [...] Não se trata, em sentido estrito, de um texto historiográfico: os casos do fascismo italiano e do nazismo alemão somente são aqui tratados a título de *exemplos*. Não são tratados como *modelos* em relação aos quais todo e qualquer fascismo deveria ser julgado. Tentei, com efeito, estabelecer o conceito de Estado de exceção e das suas formas de regime: o fascismo, a ditadura militar, o bonapartismo, insistindo particularmente no conceito de fascismo – que, como qualquer conceito, é teórico (Poulantzas, 1978, p. 9; grifos no original).

O que está em jogo, portanto, não é a experiência histórica concreta dos dois regimes, mas seus casos tomados como evidências reais das características gerais do Estado de exceção.

Esse projeto é tanto mais importante quanto mais se sabe da utilidade científica/política "de uma teoria do Estado capitalista" que possa "explicar suas formas diferenciais". Ou seja: que possa estabelecer não apenas as "grandes diferenças" entre o Estado democrático-parlamentar e o Estado de exceção, mas uma teoria que seja capaz de ir "ainda mais longe" e que consiga "explicar as diferenças no próprio seio do Estado capitalista de exceção". Essas dessemelhanças entre fascismo e ditadura militar, exploradas mais sistematicamente em *A crise das ditaduras*, são "decisivas quanto à estratégia política a seguir" (Poulantzas, 1985, p. 144).

---

[79]. Refiro essa edição desse ponto em diante como *FD*.

Mas por que seria preciso ter presente as disparidades morfológicas entre os diversos regimes políticos? Thomas notou que desde o golpe militar de abril de 1967 permanecia sem resposta, nos círculos políticos de esquerda, a pergunta sobre como definir o regime grego: fascismo ou ditadura militar? A essa pergunta somava-se uma preocupação política real para Poulantzas: "como melhor impedir que o regime [dos coronéis na Grécia] consolidasse uma base de massa tal como ocorrera nos verdadeiros regimes fascistas". Essa agenda política impôs então o estudo do período dos "totalitarismos" na Europa dos anos 1930.

Assim, o risco e as consequências da avaliação teórica errada da natureza do regime nacional-socialista alemão e do fascismo italiano (e, nesse sentido, são bastante instrutivas as comparações e as contraposições entre as formulações de Trotsky, Togliatti, Bukharin, Bordiga, Kamenov, Dimitrov, Zinoviev, Varga, Radek, Zetkin etc. realizadas em *FD*) trouxeram de volta o estudo da linha estrita seguida pela política do Comintern no Terceiro Período (1928-1935), que consistia em identificar, para fins teóricos, retóricos e práticos, o fascismo e a "democracia burguesa", duas formas, afinal, do mesmo Estado capitalista. Tais concepções ainda vigiam em fins dos anos 1960 no movimento operário europeu e haviam ganhado nova vida nas "teorias ortodoxas sobre o capitalismo monopolista de Estado" animadas pelo PCF, inspirando a estratégia política das correntes de esquerda (Thomas, 2002, p. 74).

Um tema que unifica toda a discussão de *Fascismo e ditadura* (e que será mais tarde o objeto de estudo de *A crise das ditaduras*) é a questão das "crises": crise econômica, crise política, crise ideológica, crise de hegemonia, crise de Estado etc. O Estado fascista é uma forma de Estado crítica, isto é, "de crise". Como compreender as convulsões políticas que estão na origem do colapso generalizado dos aparelhos repressivos e ideológicos do Estado – tensão essa a que o Estado fascista constitui a resposta política? A abordagem mais problemática a ser refutada sobre esse problema é a abordagem institucionalista. Ela termina por reduzir o fascismo a uma vaga "crise das instituições" do Estado democrático-parlamentar, sem ver, no entanto, que "não são as instituições que determinam os antagonismos sociais, é a luta de classes que comanda as modificações do aparelho do Estado" (*FD*, p. 65)[80]. A tal "crise das instituições" políticas não é senão o seu efeito.

Esse ponto – a *luta de classes* e seu papel crucial sobre a organização do sistema institucional dos aparelhos do Estado – será decisivo para entender o desdobramento dessa teorização mais adiante. *A crise das ditaduras* prepara, com base nessa intuição, mais uma retificação do conceito de Estado capitalista e mais uma virada política e ideológica em suas convicções sobre o processo

---

80. *Apud* Léger, 1976, p. 518. Ela observa também que "A literatura sobre os eventos de maio-junho de 1968 permitiram que N.P. [Nicos Poulantzas] medisse a difusão da problemática institucionalista sobre o conjunto das correntes sociológicas na França" (1976, p. 518, n. 41) e se posicionasse criticamente frente a elas.

de transição política e de transformação social. Se no nível descritivo o Estado ainda é entendido como um feixe de ARE + AIE, no nível conceitual o Estado já começa a ser pensado como uma "relação social". O texto de 1975 é, assim, um texto de transição.

Estando evidente, para Poulantzas, "que as contradições de classe se exprimem *sempre*, e de forma específica, como contradições internas ao Estado, que nunca é, nem pode ser, um bloco monolítico sem fissuras", seria preciso considerar o Estado capitalista não como uma coisa, manipulável por uma classe, ou como um sujeito manipulador, com vontade própria, mas como uma relação: "mais precisamente", como "a condensação da relação de força entre as classes, tal como essa relação se exprime, *de maneira específica, no seio do Estado*" (Poulantzas, s./d., p. 94-95; grifado no original). Sua configuração interna e sua transformação dependerão exatamente da luta de classes. Esse conflito atua (*i*) entre "as massas populares" e o aparelho de Estado; (*ii*) entre os próprios aparelhos do Estado; e (*iii*) no interior de cada aparelho onde as camadas, categorias, classes e frações de classe dominantes estão alojadas.

Essas ideias, e a polêmica que concepções como essas importam, ou seja, o Estado como relação, o lugar da luta de classes e a estratégia política daí derivada, serão pensadas no livro de 1978.

3) O Estado como relação

O Estado, o poder, o socialismo registra uma mudança a mais no conceito de Estado. Se no primeiro Poulantzas tínhamos uma *definição estrutural* (o Estado é uma estrutura invariante que produz, através do direito e do burocratismo burguês, efeitos ideológicos funcionais para a reprodução do sistema social), e no segundo, uma *definição funcional* (tudo aquilo que participa da função do Estado é, para todos os efeitos, Estado, sendo seu desempenho apreensível através do jogo social entre AIE e ARE), agora temos uma *definição relacional*. O Estado capitalista é a "condensação material" da relação de forças entre as classes e frações numa dada sociedade.

Aqui se perceberá, de forma mais explícita ainda, a pretensão em articular uma problemática teórica (*a concepção de Estado capitalista*) a uma problemática política (*a dinâmica da transição socialista*) tendo como pano de fundo o debate acadêmico com a filosofia social francesa sobre o conceito de poder (Foucault, Deleuze), mas não apenas. Na realidade, nesse ensaio há, mais até do que nos anteriores, uma *subordinação* da teoria do Estado "à situação política na Europa" e à questão, supunha-se, "na ordem do dia" na política continental: a "questão do socialismo democrático" (Poulantzas, 1985, p. 11)[81].

---

81. De agora em diante utilizarei a seguinte notação: EPS, seguida da página respectiva na tradução brasileira.

A nova virada conceitual de Poulantzas veio acompanhada da (auto)crítica em relação ao projeto dos marxistas estruturalistas de construir uma teoria geral do político e do Estado válida para os diversos modos de produção, miragem enxergada também, ou tanto mais, pela "Ciência Política" e pela "Sociologia Política" dominantes, que insistiam, segundo ele, numa abstração e numa mistificação: uma Teoria Política universal (*EPS*, p. 23-24, aspas no original). Agora, de acordo com o terceiro Poulantzas, "*a teoria do Estado capitalista não pode ser separada da história de sua constituição histórica e de sua reprodução*" histórica (*EPS*, p. 29; grifo no original).

Essa tomada de posição contra a grande teoria não foi apenas um ajuste de contas com seu passado filosófico anterior. Foi uma maneira de intrometer-se ao mesmo tempo em dois debates. Primeiro, no debate italiano sobre "o Estado", protagonizado por Norberto Bobbio e animado pelo PCI, no qual aquele censurava o fato de os clássicos do marxismo não possuírem uma teoria *do* Estado. Foi também uma maneira de intervir na querela parisiense sobre "o Poder", liderada por M. Foucault e G. Deleuze, na qual se censurava ao marxismo exatamente o oposto: o fato dos seus epígonos situarem a política e o poder exclusivamente no terreno do Estado[82].

No marxismo, alega Poulantzas 3, não há uma teoria geral do político, do poder ou do Estado porque não poderia haver teoria desse gênero. "Um dos méritos do marxismo", escreve ele, é "o de ter afastado [...] os grandes devaneios metafísicos da filosofia política, as vagas e nebulosas teorizações" que pretendiam "revelar os grandes segredos da História, do Político, do Estado e do Poder" (*EPS*, p. 25). Mas foi o avesso disso, justamente a existência de um sistema teórico "escatológico e profético" conhecido por *teoria marxista-leninista do Estado* o que teria impedido a análise dos regimes do Leste Europeu (*EPS*, p. 26).

Já o problema do "Poder" deve ser pensado a partir da problemática clássica do marxismo: relacionado às *classes sociais* (isto é, à divisão social do trabalho e às relações sociais de exploração) e às *lutas de classe* – e não a seus microfundamentos. Para o marxismo o Estado não tem, por definição, poder político *próprio*. O poder é sempre um poder de classe, não redutível ao Estado, aos seus aparelhos e aos seus "discursos". Mas ainda assim o poder é constituído por ele e concentrado nele – lugar principal do exercício do poder político (*EPS*, p. 42-44; p. 50-51; p. 169). O poder de classe atua *no* e *através do* Estado. Nada mais distante, portanto, daquela "visão que dilui e dispersa o poder em incontáveis microssituações, subestima consideravelmente a importância das classes e da luta de classes e ignora o papel central do Estado" (*EPS*, p. 51).

---

[82]. As relações do último Poulantzas com as teses de Michel Foucault sobre o saber/poder são um tanto mais complexas e fogem ao propósito deste capítulo. Para o caso, consultar *EPS*, p. 74-89; e p. 167-177. Ver também Jessop, 1990, p. 248-272.

Aproveitando essas polêmicas, e as condenações ao marxismo que estavam na base delas, "economicismo" (Bobbio) e "estatismo" (Foucault), Poulantzas trata de pensar contra a ciência social tradicional, mas também contra uma "galáxia de inimigos e erros" (Hall, 1980, p. 67) dentro do próprio marxismo: as interpretações do materialismo histórico conforme Étienne Balibar, as teses dogmáticas do PCF sobre o "capitalismo monopolista de Estado", a teoria do Estado tal como proposta pela Escola Lógica do Capital (os derivacionistas alemães), as estratégias políticas do eurocomunismo italiano (Enrico Berlinguer, Giorgio Amendola) e do eurocomunismo espanhol (Santiago Carillo), as leituras arrevesadas de Gramsci (a principal influência do livro), a separação entre o Estado e a "sociedade civil" tematizada nos livros de G. della Volpe, U. Cerroni, H. Lefèbvre etc. A partir dessas batalhas, erige três temas em nova chave interpretativa: a questão do *aparelho* de Estado, a questão do *poder* de Estado e a questão das *funções* do Estado. As novas respostas a esses velhos problemas soldarão e sustentarão a sua terceira formulação sobre o Estado capitalista.

A primeira questão refere-se à "materialidade institucional do Estado". É uma afirmação da especificidade do Estado capitalista como uma instituição separada, mas não independente, das relações de produção. O Estado não pode, contra as concepções instrumentalistas, ser reduzido à sua função na dominação política ou ao seu "uso" de classe. O Estado não é apenas o papel que ele desempenha (a dominação política), mas um aparelho, ou melhor, um conjunto de aparelhos repressivos, ideológicos e, agora, econômicos (*EPS*, p. 17).

O segundo grande tema do ensaio do terceiro Poulantzas é o aspecto relacional do poder: um determinado Estado é a "condensação da relação de forças" entre as classes e frações de uma sociedade determinada. Essa fórmula é uma declaração não só de que os conflitos e as contradições sociais estão dentro dos aparelhos do Estado e o atravessam de alto a baixo (como na formulação de 1975), mas que são esses os conflitos que definem e constituem o Estado. O Estado capitalista cristaliza nos seus aparelhos e através dos seus aparelhos uma *relação de forças*.

Mas o que significa nessa fórmula o termo "relação"? O Estado capitalista é pensado aqui como uma *relação social* por analogia ao Capital – também uma relação social, na fórmula de Marx (*EPS*, p. 147; *CD*, p. 95). O capital, como se sabe, não designa uma coisa que se dispõe (isto é, se "investe", como o dinheiro), nem uma substância mágica que submete, com base no seu poder "próprio", os indivíduos impotentes. O capital é uma relação social entre agentes sociais. Sua existência e sua persistência dependem das *relações de força* entre as classes nas lutas econômicas. É apenas na e através das lutas de classe que a forma-valor se reproduz. Do mesmo modo e por analogia o (poder de) Estado deveria ser visto como uma forma política determinada pelas relações de força – instáveis, cambiáveis, provisórias – entre as classes implicadas nas lutas políticas de classe, mas que é capaz de "condensar" essas relações numa forma institucional (Jessop, 1985, p. 337-338).

O terceiro tema de EPS, "o Estado e a economia hoje", é uma problematização do modo de articulação entre o nível político e o nível econômico no capitalismo monopolista. Em função de uma série de alterações nas relações de produção e nas formas de reprodução da força de trabalho, o Estado se vê cada vez mais presente no processo de acumulação. O papel econômico do Estado supera e submete à sua lógica as outras funções estatais. Isso implica que o espaço do político/Estado se amplia e se modifica graças ao processo complexo de reorganização dos aparelhos do Estado. Isso se dá sob a direção de um verdadeiro "aparelho econômico especializado" (EPS, p. 195). Como "*o conjunto das operações do Estado se reorganiza atualmente em relação a seu papel econômico*", as outras funções estatais – repressivas e ideológicas – ficam, nessa etapa histórica, subordinadas diretamente ao "ritmo específico de reprodução e acumulação do capital" (EPS, p. 193; grifado no original).

A modificação nas funções do Estado capitalista nos países centrais dá origem a uma nova *forma de Estado*, o "estatismo autoritário", vigente mesmo sob os regimes democrático-liberais. Esse arranjo político caracteriza-se, entre outras coisas, pelo declínio do Legislativo, fortalecimento do Executivo, perda de representatividade dos partidos, diminuição das liberdades políticas e, enfim, pela decadência generalizada dos mecanismos democráticos (EPS, p. 250-279).

Esse não é, todavia, um processo unívoco, pois traz consigo inúmeras contradições. Para citar apenas duas: (i) a transformação das cúpulas do aparelho do Estado em partido político da burguesia – a fim de fazer frente à crise econômica – faz com que suas decisões percam seu caráter "universalista", gerando um déficit de legitimidade; e (ii) a capilarização da atividade estatal faz com que o Estado abra-se às reivindicações populares que atravessam de alto a baixo seus aparelhos, induzindo aberturas inesperadas, rupturas internas, conflitos entre os seus ramos, fraturas entre as cúpulas e as bases do sistema estatal. São exatamente essas contradições que deveriam ser exploradas no processo de transformação social, seja preservando e ampliando as instituições políticas da democracia liberal, um dos requisitos do "socialismo democrático", seja desenvolvendo, contra as velhas concepções dos Partidos Comunistas europeus, órgãos de democracia direta (cf. Jessop, 1982, p. 180). Essas oposições dão origem a "novas formas de lutas populares" (EPS, p. 272; p. 282-287). Nesse contexto, o objetivo estratégico da esquerda não é mais, ou não é em primeiro lugar, destruir o Estado, mas mudar a correlação de forças internas aos aparelhos do Estado, explorando suas contradições (EPS, p. 295 e segs.).

Conclusão

Desde a revolução comportamentalista no pós-guerra, as "instituições" perderam o direito de cidadania na Ciência Política em nome primeiro dos "comportamentos" e, em seguida, da "cultura política". Por isso, a originalidade de Nicos Poulantzas foi tanto trazer o tema do Estado de volta à cena teórica (e isso muito antes dos neoinstitucionalistas), como reinscrever a problemática política na tradição marxista, corrigindo o velho hábito daquele marxismo esotérico de filósofos e estetas profissionais dedicados quase exclusivamente ao estudo das superestruturas culturais e aos problemas de método.

Essa disposição para refletir sobre as questões clássicas do materialismo histórico (ou seja: as transformações do capitalismo, a máquina do Estado burguês, as estratégias das lutas sociais, o socialismo) permitiu que esse marxismo renovado superasse, ao menos no âmbito do discurso, o "divórcio estrutural" (a expressão é de Anderson) entre o pensamento e a prática revolucionários, divórcio esse promovido e incentivado, a partir do entreguerras, pelo marxismo ocidental (cf. Anderson, 1976). Paradoxalmente, *Poder político e classes sociais* (1968) foi o livro que registrou, através de uma linguagem altamente abstrata e esotérica, a substituição dos temas da filosofia pelos da política e da economia.

Esse giro do *objeto de pesquisa* do materialismo histórico, provocado e produzido pela obra de Poulantzas, ainda que não só, foi entretanto acompanhado por uma nova subordinação às controvérsias doutrinárias dos partidos comunistas europeus (PCF, PCI, PCE), à reflexão dos intelectuais universitários comprometidos com o socialismo e à problemática política da revolução social, de tal sorte que qualquer sociogênese do conceito de "Estado capitalista" na doutrina marxista do Estado não poderia ignorar as conexões entre política, sociologia e teoria.

Esse novo *método de pesquisa*, por assim dizer, irá implicar, a meu ver, na justaposição de problemas de naturezas diversas – o social e o sociológico; o político e o politológico; o teórico e o ideológico. Esse traço característico da "ciência social" marxista fica particularmente claro no discurso poulantziano. Sua teoria do Estado é, por exemplo, o produto de três modos distintos de conhecimento: (*i*) o *filosófico*, amparado no comentário *à la* École Normale dos textos dos clássicos do marxismo; (*ii*) o *político*, resultado da sobreposição entre a filosofia social marxista e a teoria política socialista; e (*iii*) o *sociológico*, exigido para conquistar e construir o seu objeto de pesquisa (o Estado capitalista) contra as ciências sociais não marxistas.

Essa confluência de problemáticas contribuiu para congestionar o texto de Nicos Poulantzas tanto de conceitos teóricos como de declarações categóricas com base em uma série de *tomadas de posição* (explícitas, mas nem sempre bem fundamentadas) em cada um daqueles campos. *O Estado, o poder, o socialismo* (1978), seu último livro, explicita justamente como a explicação pode informar e viabilizar a revolução, movimento que não só ilustra, mas amplia aquela inclinação para soldar, *e assim confundir*, os sucessivos ajustes na teoria do Estado com as mudanças nas "lutas de classe", isto é, com a mudança mais na maneira de perceber a evolução da conjuntura política e econômica do que na avaliação das oportunidades reais para encetar transformações sociais reais.

Referências

ALTHUSSER, Louis. Ideologie et appareils idéologiques d'État. *La Pensée, Revue du Rationalisme Moderne*, n. 151, p. 3-38, Mai-Juin, 1970.

ANDERSON, Perry. *Considerations on Western Marxism*. London: New Left Books, 1976.

BARROW, Clyde W. *(Re)Reading Poulantzas:* State Theory and the Epistemologies of Structuralism. Digit. s./d., Disponível em: <http://www.umassd.edu/cfpa/docs/poulantzas.pdf> Acesso em: 9 jun. 2008.

BARROW, Clyde W. *Critical Theories of the State*: Marxist, Neo-Marxist, Post-Marxist. Madison: University of Wisconsin Press, 1993.

BENSAÏD, Daniel. Poulantzas, la politique de l'ambigüité. *Critiques de l'Économie Politique*, n. 11/12, avril-sept., 1973.

BOURDIEU, Pierre. *Esboço de autoanálise*. São Paulo: Companhia das Letras, 2005.

BOURDIEU, Pierre. Leitura, leitores, letrados, literatura. In: _____. *Coisas ditas*. São Paulo: Brasiliense, 2004a.

BOURDIEU, Pierre. O campo intelectual: um mundo à parte. In: _____. *Coisas ditas*. São Paulo: Brasiliense, 2004b.

BRESSER-PEREIRA, Luiz Carlos. Estado, aparelho do Estado e sociedade civil. Brasília: ENAP, n. 4, jul. 2001 (*Textos para discussão*).

BRIDGES, Amy. Nicos Poulantzas and the Marxist Theory of the State. *Politics & Society*, v. 4, n. 2, Winter, 1974.

CARNOY, Martin. *Estado e teoria política*. 3. ed. Campinas: Papirus, 1990.

EASTON, David. O sistema político sitiado pelo Estado. In: Lamounier, Bolívar (Org.). *A Ciência Política nos anos 80*. Brasília: Editora da Universidade de Brasília, 1982.

GOODIN, Robert E. e Klingemann, Hans-Dieter (eds.). *A New Handbook of Political Science*. Oxford: Oxford University Press, 1996.

HALL, Stuart. Nicos Poulantzas: State, Power, Socialism. *New Left Review*, n. 119, Jan./Feb., 1980.

ÍPOLA, Emilio de. *Althusser, el infinito adiós*. Buenos Aires: Siglo XXI Editores Argentina, 2007.

JESSOP, Bob. *Nicos Poulantzas*: Marxist Theory and Political Strategy. London: Macmillan, 1985.

JESSOP, Bob. On the Originality, Legacy, and Actuality of Nicos Poulantzas. *Studies in Political Economy*, n. 34, Spring, 1991.

JESSOP, Bob. *Political Economy, Political Ecology, and Democratic Socialism*. Paper presented in the First Annual Nicos Poulantzas Memorial Lecture/Nicos Poulantzas Institute delivered at Panteios University of Economics and Political Sciences, 7th December 2007, digit.

JESSOP, Bob. *State Theory*: Putting States in their Place. University Park: Pennsylvania State University Press, 1990.

JESSOP, Bob. *The Capitalist State*: Marxist Theories and Methods. Oxford: Blackwell, 1982.

LÉGER, Danièle. Pour une sociologie marxiste du politique: itinéraire de Nicos Poulantzas. *Revue française de sociologie*, v. 17, n. 3. jul./sept., 1976.

MARQUES, Eduardo Cesar. Notas críticas à literatura sobre Estado, políticas estatais e atores políticos. *BIB*, n. 43, 1º semestre, 1997.

MARTIN, James (ed.). *The Poulantzas Reader*: Marxism, Law and the State, by Nicos Poulantzas. London; New York: Verso, 2008.

MILIBAND, Ralph. The Capitalist State: Reply to N. Poulantzas. *New Left Review*, 59, jan./feb., 1970.

POULANTZAS, Nicos. *Fascisme et dictature*: la Troisième Internationale face au fascisme. Paris: Maspero, 1970.

POULANTZAS, Nicos. *Hegemonía y dominación en el estado moderno*. México: Ediciones Pasado y Presente, 1969a.

POULANTZAS, Nicos. *La crise des dictatures*. Portugal, Grèce, Espagne. Paris: Seuil, s./d.

POULANTZAS, Nicos. Les transformations actuelles de l'État, la crise politique et la crise de l'État. In: Poulantzas, Nicos (dir.). *La crise de l'État*. Paris: PUF, 1976.

POULANTZAS, Nicos. Nota à edição em língua portuguesa. *Fascismo e ditadura*. São Paulo: Martins Fontes, 1978.

POULANTZAS, Nicos. *O Estado, o poder, o socialismo*. 2. ed. Rio de Janeiro: Graal, 1985.

POULANTZAS, Nicos. Parcours: vers un eurocommunisme problématique. In: Poulantzas, Nicos. *Repères*. Hier et aujourd'hui: textes sur l'État. Paris: Maspero, 1980.

POULANTZAS, Nicos. *Pouvoir politique et classes sociales*. Paris: Maspero, 1971.

POULANTZAS, Nicos. The Capitalist State: A Reply to Miliband and Laclau. *New Left Review*, n. 95, Jan./Feb., 1976.

POULANTZAS, Nicos. The Problem of the Capitalist State. *New Left Review*, n. 58, Nov./Dec., 1969b.

PRZEWORSKI, Adam. *Estado e economia no capitalismo*. Rio de Janeiro: Relume-Dumará, 1995.

SAES, Décio. A questão da autonomia relativa do Estado em Poulantzas. *Crítica Marxista*, n. 7, 1998.

SILVEIRA, Paulo. Poulantzas e o marxismo. In: Silveira, Paulo. (Org.). *Poulantzas*: sociologia. São Paulo: Ática, 1984.

TAPIA, Jorge e ARAÚJO, Angela M.C. Estado, classes e estratégias: notas sobre um debate. *Cadernos do Instituto de Filosofia e Ciências Humanas*, Unicamp, n. 22, out., 1991.

THERBORN, Göran. A análise de classe no mundo atual: o marxismo como ciência social. In: Hobsbawm, Eric (Org.). *História do marxismo*. Rio de Janeiro: Paz e Terra, 1989. Col. História do marxismo, v. 11.

THOMAS, Paul. Bringing Poulantzas Back In. In: Aronowitz, Stanley and Bratsis, Peter (eds.). *Paradigm Lost*: State Theory Reconsidered. Minneapolis; London: University of Minnesota Press, 2002.

* * *

5
O espaço político segundo Marx

Adriano Codato

Como Marx pensou a política? Este ensaio, ao contrário dos anteriores, não pretende indagar sobre o estatuto do político em geral (do "nível político") na obra de Marx ou sobre a definição de "Estado capitalista" na teoria social marxiana/marxista. Praticamente toda a literatura neomarxista já estabeleceu, entre os anos 1960 e 1980, um conjunto de interpretações excessivamente centradas na questão do Estado, do seu poder e de suas funções sistêmicas. Daí que o objetivo deste capítulo seja um tanto diferente. Gostaria de sugerir uma interpretação a respeito do modo pelo qual a política institucional é percebida na obra de maturidade de Marx.

No seu mais famoso livro a respeito, *O 18 Brumário de Luís Bonaparte*, Marx oferece, a partir do diagnóstico dos acontecimentos da II República na França, uma série de informações, sugestões, avaliações, imagens e exemplos que funcionam como indicações para se pensar a prática política das classes de um ponto de vista materialista. O próprio gênero de análise que consta nesse trabalho – e nos demais textos políticos publicados no *New York Daily Tribune* entre 1852 e 1861 – é característico de uma disposição intelectual bem diferente da crítica filosófica e abstrata à religião, à alienação, à exploração etc. dos escritos anteriores a 1848. Há, a partir daqui, ou mais exatamente, a partir da série de artigos sobre a revolução alemã editados na *Neue Rheinische Zeitung* (1848-1849), a pretensão em compreender e comentar os fatos políticos corriqueiros, ordinários: isto é, a política propriamente dita. Para tanto, foi preciso designar, delimitar e entender seu lugar de ocorrência: o *espaço político*. Então, como explicá-lo?

Minha suposição é que, para Marx, o espaço político não é um campo de lutas por posições estratégicas nesse microcosmo social, como na expressão de Pierre Bourdieu, um "campo político" (Bourdieu, 2000, p. 49-80). Não é também uma "esfera pública" imaginada como o lugar do debate livre e esclarecido dos interesses e valores da opinião coletiva, à moda de Habermas (1989) – ainda que, secundariamente, apareça n'*O 18 Brumário* uma concepção bem próxima dessa (cf. *18 Br.*, p. 481). O espaço político não é, tampouco, um conjunto de instituições políticas funcionalmente integradas, um "sistema político", como em Easton (1965) ou em Almond e Powell Jr. (1966). E também não é o "lugar privilegiado, nas formações capitalistas, da ação aberta das forças sociais através da sua representação partidária", ou em outros termos, uma "cena política" cujo propósito é justamente ocultar, por meio do sistema de partidos e organizações sociais, os interesses políticos das classes dominantes (cf. Poulantzas, 1971, v. II, p. 72). Ao invés, penso que o espaço político deve ser concebido, pelo marxismo clássico, como uma "forma". O exame dos escritos históricos sobre a política institucional francesa permitiria afirmar que a cena política (ou o "mundo político", o "teatro político", a "cena oficial", os nomes com que Marx designa essa esfera das práticas sociais[83]) funciona, no espaço político-social, tal qual a forma-mercadoria funciona no espaço econômico-social. Poder-se-ia falar então numa *forma-política*.

Conforme esse raciocínio, a forma-política teria as mesmas propriedades da forma-mercadoria: ela seria uma "ilusão real". Essa alucinação, apesar disso, não é uma miragem subjetiva passível de ser corrigida seja pela crítica filosófica do entendimento comum, seja pela análise social dos fundamentos sociais das forças parlamentares, mas o modo mesmo de funcionamento da realidade (Rouanet, 1985, p. 89). Isso produziria uma sorte de *fetichismo político* análogo ao fetichismo da mercadoria. É exatamente por isso que não seria razoável compreender e expressar o mundo político a partir de uma visão objetivista. Ele não é mera exterioridade, ou uma aparência redutível e explicável por sua essência. A sua aparência, ou melhor, o modo de apresentação do mundo político é antes de tudo *funcional* para sua existência e condição de sua permanência – e, de resto, para a permanência do modo capitalista de dominação social.

O ensaio está arranjado em quatro partes. Na primeira, argumento que a atitude de Marx diante dos acontecimentos políticos, sua visão crítica e desencantada desse mundo pode ser descoberta em parte tendo em mente *contra quem* ele escreve. Essa é uma dimensão importante para se apreender o tom do texto marxiano, mas não necessariamente as categorias de entendimento desse espaço social ou seus princípios explicativos. É essa dicção polêmica que é responsável pela disposição desmistificadora do autor, mas não seria correto subsumir a *estratégia analítica* de Marx a ela. Na segunda seção, mostro como é perfeitamente adequada (no sentido de "de acordo com a letra do texto") a

---

83. Ver *18 Br.*, p. 462, 447, 483; *LCF*, p. 277 e de novo p. 337, respectivamente. Para os textos de Marx adotei esta notação abreviada. Eles referem-se às seguintes edições: Marx, Karl. *Le 18 Brumaire de Louis Bonaparte*; e *Les luttes de classes en France*. 1848 à 1850. In: _____. *Œuvres*. v. IV, Tomo I: Politique. Trad.: Maximilien Rubel. Paris: Gallimard, 1994. A referência à coletânea de artigos intitulada por Rubel *Lord Palmerston*, referida mais adiante, também pertence a essa edição.

visão segundo a qual o espaço político pode ser assimilado, em Marx, à imagem da cena teatral – daí a justeza, *em princípio*, da locução "cena política"; e porque essa é uma segunda fonte de imprecisões a respeito do método de elucidação marxiano da política quotidiana. Na seção seguinte, faço a crítica das visões baseadas na metáfora da "cena política" e das implicações daí derivadas, ressaltando – também segundo a letra da escritura marxiana – a verdade *parcial* dessa ideia, e procurando destacar alguns requisitos postulados pelo próprio Marx para dar conta de uma explicação mais suficiente da "cena política" (o que exigirá, de resto, abandonar essa expressão). Na parte final do capítulo, proponho outra leitura desse mesmo problema, destrinchando o papel ativo do *espaço político* na constituição dos agentes políticos e na compreensão da estrutura e do modo de funcionamento do mundo político enquanto tal.

Toda a discussão do ensaio gira, portanto, sobre a "cena política" – ou o espaço político[84] – não como uma realidade tangível, o que exigiria uma revisão da história política francesa de meados do século XIX, mas como *noção teórica*. Trata-se então de analisar, através de seu conteúdo (aquilo que a cena política francesa descreve), sua utilidade potencial na análise política *em geral*. Por isso, o propósito dessa expedição é menos exegético e mais pragmático: interessa aqui apreender o processo de elaboração conceitual marxiano para pôr em evidência as *estratégias analíticas* que informam sua compreensão da batalha de classes, grupos e indivíduos em torno do poder político e do problema da representação de interesses.

O destinatário da obra e a dicção do texto marxiano

De todos os trabalhos de Marx publicados até 1852, *O 18 Brumário de Luís Bonaparte* foi o que mais se ocupou da política real. O livro inicia o ciclo farto de produção de textos sobre a matéria que aparecerão daí em diante no *New York Daily Tribune* por uma década. Esse título, ao lado de *As lutas de classe em França (1848-1850)*, de 1850, faz uma exposição pormenorizada das ações de indivíduos (Bonaparte, Barrot, Cavaignac, Changarnier, Louis Blanc, Ledru-Rollin etc.), de partidos (Democrata, Republicano, da Ordem), de organizações (Sociedade do 10 de Dezembro), de jornais (*Journal des Débats*, *National*, *Le Pouvoir*, *Siècle* etc.) que funcionavam como unificadores e divulgadores de correntes de opinião, de grupos parlamentares (orleanistas, legitimistas, bonapartistas, republicanos, *montagnards*), dos clubes políticos e das várias tendências ideológicas

---

[84]. Essa me parece uma locução mais adequada para compreender o mundo da política. Ao longo do ensaio deve ficar claro o porquê disso. Por ora, noto apenas que a noção de espaço político não pretende apenas indicar um "lugar" no interior do todo social (uma esfera de práticas específicas), mas (*i*) um modo de ver a política; e (*ii*) a maneira pela qual, segundo essa visão, a política parece funcionar, conforme o entendimento de Marx – ou melhor, conforme a minha visão sobre o entendimento de Marx desse assunto.

em que se dividia a II República francesa. Desnecessário exaltar aqui as virtudes desses textos como crônica política ou como "análise de conjuntura" (cf. Jessop, 2002). Olhados os dois escritos marxianos dessa perspectiva, chama a atenção o tratamento atencioso dispensado ao mundo político. Esse lugar, todavia, exige, *enquanto espaço social específico*, uma percepção circunstanciada de sua organização, evolução e transformação a cada conjuntura concreta. O produto líquido desse exame microscópico é, mesmo em Marx, a constatação de uma série de traços típicos do mundo político em geral – traços esses ressaltados, de resto, por qualquer analista político: as discrepâncias sociais e ideológicas entre a classe e os representantes da classe representada, a existência de grupos puramente políticos, as alianças e as oposições entre eles, o poder próprio do Estado, os interesses egoístas da burocracia, as decisões soberanas dos governantes, as escolhas eleitorais dos cidadãos, os movimentos táticos dos partidos parlamentares, as ações dos políticos profissionais. Enfim, a lógica própria do universo político.

No entanto, *O 18 Brumário* não é simplesmente a narração dos fatos que conduzem ao golpe de 2 de dezembro. É também, ou é antes de qualquer coisa, explicação do teatro político francês. Trata-se de uma interpretação peculiar dessa "aparência superficial" (*18 Br.*, p. 464) que dissimula as contradições sociais. A ambição do escritor é reafirmar, através da análise, a "existência *comum*", material, banal dos grupos, dos interesses, contra o "*nome*", os títulos retumbantes e enganosos que eles adquirem na política (*18 Br.*, p. 450; grifos no original). Isso obriga o comentarista a acusar os rótulos que os partidos se autoconcedem, a revelar "as palavras de ordem" vazias de sentido, a despir "os figurinos" que vestem os atores (*18 Br.*, p. 438). O diagnóstico de Marx do "*cretinismo parlamentar*", uma enfermidade que desde 1848 encerrava "num mundo imaginário todos aqueles que, contagiados por ela, perdiam todo bom-senso, toda memória e toda compreensão do rude mundo exterior" (*18 Br.*, p. 503; grifos no original), deve ser tomada, precisamente, como uma advertência contra os males de se tomar o que parece pelo que é. E essa realidade são os negócios em última instância econômicos que agem por detrás das infinitas manobras dos políticos na cena política. Esse é, por assim dizer, o ofício prático do livro. Como se recorda, a variável independente de toda a explicação é a "luta de classes" e o trabalho de explanação é, antes de tudo, um trabalho de *desencantamento* – ou, para recuperar a metáfora da primeira seção do livro, um esforço de desmascaramento. É preciso, entre outras coisas, superar a compreensão comum que atribui o colapso da II República ao poder voluntarista de um único indivíduo: Luís Bonaparte (cf. *18 Br.*, p. 433-434). Ao invés, trata-se de encontrar a explicação social dos processos histórico-sociais.

O prefácio de 1869 do *18 Brumário* é um começo bastante adequado para introduzir a discussão desses temas todos e, em especial, o caráter mistificado e mistificador da "cena política", pois essa introdução permite apreender, *através dos destinatários da obra*, seja a intenção explícita do autor (desatar os nós que bloqueiam o entendimento correto dessa conjuntura), seja a razão da dicção professoral do texto marxiano.

A escrita de Marx visa sucessivamente a quatro audiências distintas. Na primeira impressão do livro, em maio de 1852, ele se dirige a um indefinido leitor contemporâneo dos acontecimentos e, especialmente, aos grupos políticos que tiveram uma participação destacada na Revolução de fevereiro de 1848 e uma atuação completamente desastrada depois dela (retomando assim o tema principal de *LCF*). Dessas duas audiências, a mais improvável é a do público consumidor. O livro saiu pela primeira vez em alemão, em Nova York, no número um de um periódico de esquerda que estampava o curioso aviso "revista publicada sem periodicidade". E ficou praticamente desconhecido até sua terceira edição alemã em 1885. Suas traduções para o inglês e o francês só vieram à luz na última década do século XIX. Já a partir da segunda edição da obra, em fins dos anos 1860, Marx tem em vista outra audiência: o público alemão e as organizações comunistas. Rose (1981) anota que a preocupação ostensiva com Napoleão III (a propósito, um dos principais assuntos dos artigos do *NYDT*) encobriria, na verdade, a crítica tácita à política arbitrária de Frederico Guilherme IV da Prússia. A partir da reedição do livro em 1869, penso que Marx visa também, e com mais entusiasmo ainda do que visa aos outros públicos, aos publicistas e historioradores que se puseram a escrever sobre o infausto episódio de dezembro de 1851. Essa é, creio eu, uma chave importante para decifrar a natureza do documento e, a partir daí, a natureza da análise política marxiana.

Um dos principais problemas de interpretação desse texto está em assimilar o estilo ao mesmo tempo polêmico e instrutivo da escritura (e sua pretensão em exibir a verdade por detrás dos panos) à estrutura e ao modo de análise propriamente dito.

No prólogo redigido em Londres em junho de 1869 para a segunda edição do *18 Br.*, Marx reprova a inadequação teórica e histórica da "fraseologia pedantesca, atualmente em uso, sobretudo na Alemanha", que recorria, incorretamente, à expressão *cesarismo* para designar o regime bonapartista francês. Esse é, de fato, um assunto relevante, mas lido o opúsculo de Marx só a partir dessa preocupação nominalista, ele seria pouco mais do que uma investigação polêmica sobre uma nova forma de governo ocidental – o bonapartismo. Há, por outro lado, uma indicação mais explícita sobre a audiência pretendida por Marx e sobre como ele gostaria de ser lido. Na correspondência que enviou a Kugelmann em 3 de março de 1869, Marx comentou que não só haviam se renovado as condições políticas que permitiriam que seu texto voltasse à circulação na Alemanha a partir da crise do governo de Napoleão III. Também as condições do mercado editorial eram bastante encorajadoras para trabalhos desse gênero. Os muitos livros novos sobre o evento de 1851, entre eles o de Eugène Ténot (*La province en décembre 1851: étude historique sur le coup d'État*, de 1868), fabricados por "patifes liberais e patifes não liberais que pertenciam à oposição oficial", atraíam cada vez mais a atenção do público leitor, pelo menos na França. Por isso o assunto "tornou-se um negócio especulativo para os editores" (Marx, 1997, p. 262).

Nesse sentido, imprimir o livro novamente em 1869 é não só a possibilidade de aproveitar a onda e faturar algum dinheiro, mas de difundir, contra os concorrentes, sua interpretação dos fatos e, através dela, seu *sistema de teoria*[85]. Na prática, o que sua análise fazia era revelar aquilo que a crônica oficial desconhecia barbaramente, isto é, "a grande lei da marcha da História". Essa lei ou princípio sociológico enfatizava o papel determinante das lutas entre as classes no desenvolvimento dos processos histórico-sociais e o papel determinante dos interesses econômicos na configuração e no desenrolar dessas lutas. De forma análoga, os dois livros juntos – o *18 Br.* e *LCF* – permitiam revelar o modo de emprego dessa lei sociológica na explicação seja das relações entre o nível econômico e o político, seja das relações no interior do político.

Em ambos os casos, a intenção consciente que percorre os dois escritos do começo ao fim é o esforço de desmistificação da consciência tanto de protagonistas políticos como de analistas políticos ("patifes liberais e patifes não liberais"), todos os dois grupos prisioneiros, de boa ou má-fé, das aparências sociais[86]. Em qualquer um desses ensaios de Marx, a falsa consciência dos protagonistas políticos é mais do que evidente e há inúmeras passagens que enfatizam exatamente essa dificuldade[87]. Já a conversa hostil que Marx entabula com publicistas, comentaristas, historiadores e memorialistas está subentendida, o que pode bem ser um indício do seu desprezo pelos títulos lançados por esses polígrafos, mas não pela mistificação que eles produzem, ampliam e divulgam a respeito do modo de funcionamento da política capitalista. O que aparentemente unifica a empreitada marxiana e dá aos dois times – de *analistas* e de *protagonistas* – o mesmo *status* de ignorantes das relações de poder e dos interesses sociais reais bancados pelos partidos e facções parlamentares é a confusão típica, produzida

---

85. Por isso Engels fez questão de destacar, no prefácio à terceira edição de 1885 do *18 Br.*, que a análise materialista da vida política constituía o *leitmotiv* do texto de Marx (Engels, 1982b, p. 416), ideia que retomará literalmente na Introdução de 1895 de *LCF* (Engels, 1982a, p. 189).

86. Além de Victor Hugo (*Napoleón le Petit*), Proudhon (*Le Coup d'État*) e Ténot, Marx tinha em mente Charles Delescluze (*De Paris à Cayenne*), Hippolyte Castille (*Les Massacres de Juin, 1848*), Auguste Vermorel (*Les Hommes de 1848*; *Les Hommes de 1851*) e Gustave Tridon (*Gironde et Girondins: la Gironde en 1869 et en 1793*), todos os títulos saídos em 1869.

87. Por exemplo: "Sobre as diferentes formas de propriedade, sobre as condições sociais de existência ergue-se toda uma superestrutura de sentimentos, de ilusões, de modos de pensamento e de concepções filosóficas cujas expressões são infinitamente variadas. A classe inteira os cria e os molda a partir de seus fundamentos materiais e das condições sociais correspondentes. O indivíduo isolado, que os adquire através da tradição e da educação, pode certamente *imaginar que eles são os verdadeiros motivos e o ponto de partida de sua conduta*" (*18 Br.*, p. 464; sem grifos no original).

tanto no domínio político como de resto em qualquer outro domínio social, entre a aparência e a essência das coisas. A diferença (e a pretendida superioridade da análise de Marx, segundo ele mesmo) estaria não em reconciliar, mas em corrigir e submeter as aparências políticas à sua essência social. Analistas e protagonistas, uma vez revogada essa confusão, poderiam então enxergar a realidade política tal como ela é: uma luta entre as classes sociais. Tão só.

Se a *intenção da análise* marxiana e o *estilo da argumentação* podem ser estimados pelos destinatários preferenciais da obra, e em especial pela sua postura diante dos autores rivais, vejamos nas duas seções seguintes como o princípio "essência contra aparência" funciona na análise propriamente dita e como ele define o caráter e os limites do espaço político. De toda forma, *e esse é o primeiro argumento do ensaio*, é preciso separar a disposição polêmica de Marx, ou seja, sua disputa com os demais escritores políticos do período (e a briga daí derivada por impor ao público a interpretação verdadeira do mundo social, a visão desassombrada dos fatos políticos, a essência das coisas contra a aparência superficial do universo parlamentar etc.) do *mecanismo explicativo* e das *categorias de entendimento* presentes na análise dos acontecimentos da II República.

O grande teatro da política

Já mencionei que a realização de Marx sobre a política francesa evidencia o interesse pelos "atores" e, deveríamos acrescentar, pelo palco onde transcorre toda a ação, uma vez que esse palco define não tanto o lugar dos comediantes, sempre interinos e intercambiáveis, mas o ponto de vista – irreal – da plateia.

O exemplo clássico aqui é a relação sempre postulada pelos marxistas entre os partidos políticos e as classes sociais. A luta de organizações e visões de mundo na cena política é inteligível plenamente *se e quando* se pode conectá-la – de maneira simples ou complexa, direta ou indiretamente, agora ou depois, cedo ou tarde – à batalha entre as classes e aos respectivos interesses de classe. Se for verdade que "na cena política as relações de classe [estão] frequentemente ocultas pelas numerosas variáveis das relações partidárias" (Poulantzas, 1971, v. II, p. 76), trata-se então de desmascarar as forças políticas (as aparências) para revelar as classes sociais e os interesses que se escondem por detrás delas (as essências). Esse preceito teórico já foi, aliás, notado por vários comentadores (*e.g.*, Lefort, 1990; Boito Jr., 2007) e essa disposição espiritual seria, de fato, o traço característico do marxismo de Marx (Geras, 1971).

A separação entre a frente e o fundo do palco, entre uma ordem de realidade "superficial e enganosa", que deve ser superada em nome da "realidade profunda dos interesses e dos conflitos de classe" (Boito Jr., 2007, p. 139), sugere que há em operação no texto marxiano um princípio de leitura e de compreensão do espaço político conforme o modelo tradicional que não apenas afasta e separa, mas que contrapõe a essência (o social) à aparência (o mundo dos acontecimentos políticos). Vejamos esse ponto mais de perto. Na seção seguinte voltarei a esse mesmo problema, mas sob outro ângulo, pois as coisas parecem-me um tanto diferentes.

Essas expressões – ator, palco – não são arbitrárias. Conforme a visão consensual, o espaço político é pensado por Marx por símile ao teatro. Daí a locução, muito frequente no texto marxiano, "cena política". O recurso de Marx tanto n'*O 18 Brumário* como em *As lutas de classe na França* à série de metáforas daí derivadas (tragédia, comédia, farsa, drama, máscara, personagem, costumes, camarote, plateia, galeria, coro, ato, entreato etc.), recurso esse sucessivamente retomado em todos os artigos sobre a política institucional de 1852 em diante, indica precisamente que o espaço político é o espaço de uma "representação", no sentido de atuação.

Esse vocábulo admite, todavia, muitos sentidos paralelos (ver Pitkin, 1967, p. 1-13). Conforme a tradição liberal, o espaço político é o espaço por excelência da representação entendida essa como *procuração* (que o cidadão dá ao seu constituinte). Já nos escritos políticos de Marx não é errado dizer que representação pode ser traduzida como *encenação*. O espaço político, onde acontece o espetáculo, é percebido como um artifício enganoso com o propósito de (ou cujo resultado objetivo é) iludir o distinto público: "Assim [como] Lutero adotou a máscara do apóstolo Paulo, a Revolução de 1789-1814 travestiu-se alternadamente como República romana e como Império romano, e a Revolução de 1848 não soube fazer nada melhor do que parodiar às vezes 1789, às vezes a tradição revolucionária de 1793-1795" (*18 Br.*, p. 438)[88]. Há um terceiro sentido, tematizado por Lenin e Gramsci, entre outros, e discutido por Poulantzas, que torna mais complexa ainda a ideia de representação na "cena política". Ela pode ser concebida como *expressão* e diz respeito à noção marxista usual do partido como manifestação "mais ou menos adequada" da classe (Engels, 1982a, p. 190). Nesse espaço social, a relação de representação entre classe e organização política quase nunca é em linha reta. Há infinitas defasagens ou desencontros entre os interesses fundamentais das classes e sua representação partidária. É por isso que "se nos colocamos unicamente no campo da cena política a fim de denunciar as relações de classe, reduzindo essas relações unicamente às relações partidárias, somos inevitavelmente conduzidos a erros" (Poulantzas, 1971, v. II, p. 73).

---

88. Conforme Redner, a palavra *representação*, "certamente a senha do texto, converteu-se metaforicamente em uma chave para todos os seus significados. Representação dramática, política, literária, científica, representação como ideia, ideologia, símbolo e sentimento, representantes parlamentares, na imprensa, representantes de classe, personagens, tipos, processos e atos representativos: sutil e maliciosamente, Marx modula o sentido de representação de um significado a outro" (Redner, 1989, p. 8).

Essa descrição da vida política, ou mais propriamente do modo pelo qual se deve ver a vida política, não é exclusiva do *18 Brumário*. Esse tropo tornou-se um lugar-comum nos inúmeros artigos do *NYDT*, especialmente nas crônicas sobre Palmerston[89]. Mas já em *As lutas de classe na França* havia essa iluminação para entender a política e seu lugar a partir de imagens cênicas. Comentando o terremoto administrativo que se seguiu à posse de Odilon Barrot como primeiro-ministro de Luís Napoleão em 20 de dezembro de 1848, Marx anota as principais consequências dessa virada para os republicanos burgueses e para a própria figuração do mundo político francês:

> Imediatamente, o partido do *National* [o jornal] foi demitido de todos os postos importantes onde ele se havia incrustado. Delegacia de polícia, direção dos correios, procuradoria-geral, prefeitura de Paris, tudo isto foi ocupado por antigas criaturas da monarquia. Changarnier, o legitimista, recebeu o alto comando unificado da guarda nacional do departamento do Sena, da guarda móvel e das tropas mercenárias da primeira divisão do Exército; Bugeaud, o orleanista, foi nomeado comandante em chefe do Exército dos Alpes. Esta valsa de funcionários prosseguiu sem interrupção no governo [de Odilon] Barrot. O primeiro ato do seu ministério foi a restauração da velha administração realista. A *cena oficial* transformou-se num abrir e fechar de olhos: cenários, guarda-roupa, linguagem, atores, figurantes, comparsas, pontos, posição dos partidos, motivos do drama, conteúdo do conflito, a situação toda. Sozinha, a pré-histórica Assembleia Constituinte permanecia ainda em seu lugar (*LCF*, p. 276-277; grifos meus).

Mas por que "cena"? Tal como na montagem teatral, a noção de cena descreve aqui o proscênio, a parte da frente do palco italiano. Nós podemos chegar, por derivação, ao seu uso em sentido figurado: é o lugar onde os fatos sucedem à vista de todos. Ele se opõe à parte de trás do tablado, aos bastidores, onde só se tem acesso graças a uma autorização especial. O fundo da cena é o lugar oculto, que funciona em segredo e que é ignorado pela grande maioria do público. Em outras palavras, é o espaço daquilo que não é visível – ou daquilo que não se deixa ver imediatamente. Daí que a cena política nunca seja transparente. Seja porque os atores políticos representam (no sentido dramático do termo: fingem), seja porque representam interesses e ideias nem sempre confessáveis, seja porque representam interesses "objetivamente", isto é, sem o saber completamente. Por isso, nesse domínio, as disputas entre forças sociais raramente são explícitas, as estratégias perseguidas pelos partidos nunca são exatas, as declarações dos agentes políticos não podem ser tomadas literalmente e os interesses

---

[89]. A propósito do ministro do Interior de Sua Majestade, Marx escreve em 19 de outubro de 1853 o seguinte: "Se como estadista ele não brilha em todas as missões, ao menos como ator ele faz sucesso em todos os papéis. Ele está qualificado para representar tanto no gênero cômico como no heroico, no patético como no informal – na tragédia como na farsa, ainda que esta última pareça convir melhor com sua sensibilidade" (*LP*, p. 761).

de grupo jamais aparecem como aquilo que de fato são. O caso a seguir torna mais concreta essa proposição.

Marx anota que durante a II República, sob a presidência constitucional de Luís Bonaparte, há dois tipos de incompatibilidade que constituem a história parlamentar dessa temporada. De um lado, as esperadas escaramuças que contrapõem realistas e republicanos. Os primeiros estão reunidos no partido da ordem (burguesa) e os segundos estão divididos entre duas correntes rivais, os republicanos "puros" (as aspas são uma ironia do autor) e os *montagnards*. De outro lado, há as hostilidades que dividem realistas legitimistas (partidários da casa dos Bourbons) e orleanistas (partidários da família Orléans). Olhados da planície da cena política, esses conflitos estão circunscritos àquilo que os atores dizem deles ou ao conteúdo e ao sentido que os próprios agentes imaginam e atribuem às suas ações. Nem mais, nem menos. A descrição/análise minuciosa que Marx faz dessa situação na seção III de *O 18 Brumário* tem então o propósito de remeter os conflitos doutrinários dos partidos e as disputas virtuosas sobre formas de governo, extensão do sufrágio, calendários eleitorais etc. aos interesses diferentes de classes sociais diferentes, ocultas do público por aqueles rótulos políticos convenientes.

O trecho abaixo exemplifica essa natureza obscura do mundo político em que se movem os representantes da pequena e da grande burguesia francesas, e indica, em termos um tanto genéricos, a emenda para tanto.

> Antes de prosseguirmos com a história parlamentar, são necessárias algumas observações a fim de evitar os enganos habituais a respeito do caráter geral dessa época. Segundo a concepção dos democratas, tanto durante o período da Assembleia nacional legislativa [1849-1851] como durante o período da [Assembleia Nacional] Constituinte [1848-1849], trata-se pura e simplesmente da luta entre republicanos e monarquistas. Eles resumiam, contudo, o movimento propriamente dito em uma palavra-chave: "reação", noite em que todos os gatos são pardos e que lhes permite desfiar todos os seus lugares-comuns de guarda-noturno. E, com efeito, à primeira vista o partido da ordem aparece como um conglomerado de diversas frações monarquistas, que não só se intrigam uma contra as outras para colocar no trono seu próprio pretendente e excluir o pretendente do partido oposto, mas comungam todas o ódio comum e os ataques comuns contra a "república". Por sua vez, a Montanha aparece, em oposição a essa conspiração monarquista, como a representante da "república". O partido da ordem parece empenhado em uma "reação" que, tal como na Prússia, é dirigida contra a imprensa, o direito de associação etc., e que se exerce, como na Prússia, sob a forma de brutais intervenções policiais na burocracia, na gendarmaria e no judiciário. De sua parte, a Montagne [em francês no original] está constantemente ocupada em se esquivar desses ataques e em defender os droits éter-

nels de l'homme [em francês no original], como todos os partidos supostamente populares vêm fazendo, mais ou menos, há um século e meio. Todavia, se se observa a situação mais de perto, essa aparência superficial que dissimula a *luta de classes* e a fisionomia peculiar desse período {e que é uma mina de ouro para os políticos de botequim e os republicanos bem-pensantes} desaparece (*18 Br.*, p. 463-464; grifos no original; o trecho entre chaves é da edição de 1852 e foi suprimido por Marx na edição de 1869).

As fórmulas escolhidas por Marx para assinalar a mistificação de que todos – atores e observadores – são vítimas ("enganos habituais", "lugares-comuns"), os verbos ("aparecer", "parecer"), o tom professoral, a desqualificação dos personagens ("políticos de botequim", "republicanos bem-pensantes"), tudo concorre para designar o mundo onde esses grupos parlamentares movem-se, e do qual suas fantasias se alimentam, como uma aparência superficial. Ela oculta, evidentemente, o essencial: a guerra entre as classes.

Uma das passagens mais sugestivas nesse sentido é a que se refere às lutas sociais durante o período da Assembleia Nacional Constituinte. Marx escreve que no tempo do "reinado" (isto é, da hegemonia política) da burguesia republicana, liderada por Cavaignac no Executivo e por Marrast na Assembleia Constituinte, enquanto essa fração burguesa "representava no proscênio seu grande drama político [no original alemão: *Haupt-und Staatsaktion*], um holocausto sem fim foi celebrado nos bastidores: as condenações dos insurgentes de Junho [de 1848] pelas cortes marciais, ou sua deportação sem julgamento" (*LCF*, p. 265).

A nota da edição portuguesa esclarece que a expressão *Haupt-und Staatsaktion* pode ter, nesse contexto, dois significados.

> Primeiro, no século XVII e na primeira metade do século XVIII, [a expressão] designava peças representadas por companhias alemãs ambulantes. As peças eram tragédias históricas, bastante informes, bombásticas e ao mesmo tempo grosseiras e burlescas. Segundo, este termo pode designar acontecimentos políticos de primeiro plano. Foi usado neste sentido por uma corrente da ciência histórica alemã, conhecida por "historiografia objetiva". Leopold Ranke foi um dos seus principais representantes. Considerava *Haupt-und Staatsaktion* como o assunto principal da História (Marx, 1982, p. 235).

Ao que parece, Marx confunde propositalmente ambos os sentidos para enfatizar a defasagem caricata entre o pretenso heroísmo dos "republicanos puros", se vistos apenas a partir do primeiro plano da cena histórica, e seus verdadeiros propósitos, vulgares e mesquinhos (reprimir o proletariado de Paris e a pequena burguesia radical), sucedidos nos bastidores e *constatáveis somente nos bastidores* – fora, portanto, das vistas dos espectadores. Conclusão esperável dessa representação metafórica do mundo político: a cena política é um espaço de práticas sociais que oculta mais do que revela ao observador, ao menos para aquele que não se preocupa em ligar todos os pontos e restituir o sentido fundamental – isto é, social – da política.

Ora, assim compreendido, esse espaço social só pode ser descrito como uma projeção falsificada de uma intimidade que o antecede, estrutura e explica. Logo, toda a aparência "meramente política" encontrará sua razão de ser apenas se e quando revelada sua essência verdadeiramente social.

Ainda que essa linha de interpretação do texto marxiano esteja em conformidade com a intensidade polêmica impressa pelo autor à própria análise (a retórica do texto, no caso), argumentarei, na seção seguinte, sobre a impropriedade de se assimilar a metáfora da "cena política" ao mecanismo explicativo que vê a política tão só como uma encenação fabricada nos bastidores.

A cena política como metáfora problemática

A representação do espaço político e a disposição dos seus elementos por analogia ao mundo do teatro têm de ser complementadas pela recomendação sobre como se deve ver as relações entre os atores naquele meio, e sobre como entendê-las e explicá-las.

De fato, aquela paródia referida acima, sobre a atuação dos republicanos tricolores do *National* contra os revolucionários de 1848 a partir da proclamação do estado de sítio em Paris em 25 de junho (*LCF*, p. 265), opera conforme todos os roteiros do gênero. Mas enquanto esses *scripts*, em nome do efeito dramático, transformam vilões em heróis, plebeus em nobres, bufões em reis, projetando para o primeiro plano apenas a caricatura farsesca e deixando em segundo plano a realidade nua e crua, Marx sugere que, no caso da política, o enredo todo só faz sentido quando se tem uma visão geral, uma visão de conjunto, tanto da frente quanto do fundo do palco. Nesse sentido, não se pode isolar, nem mesmo para efeitos analíticos, o interior do exterior, a forma do conteúdo.

No artigo publicado no *New York Daily Tribune*, em 21 de agosto de 1852, Marx aplica esse princípio de compreensão "totalizante" à política inglesa.

> O ano de 1846 revelou em sua nudez os *substanciais interesses de classe* que são a *base real* do partido tory. Este ano de 1846 dilacerou a venerável pele de leão, essa máscara tradicional sob a qual se escondia até então os interesses de classe dos tories. O ano de 1846 transformou os tories em *protecionistas*. Tory era o nome sagrado, *protecionista* a apelação profana; *tory* era o grito de guerra político, *protecionista* é o grito de desespero econômico; *tory* parecia recobrir uma ideia, um princípio, *protecionista* recobre os interesses. "Protecionistas" de quê? De suas próprias receitas, da renda da sua própria terra. Os tories são, portanto, afinal de contas, tão burgueses quanto os demais burgueses, pois existe um burguês que não seja protetor da sua própria bolsa? (*Lord Palmerston (1853)*, p. 680; grifos no original).

Há ao menos três ideias sugestivas aqui: (*i*) *tory* – e por extensão todas as denominações políticas oficiais – são máscaras políticas convenientes que disfarçam e dissimulam os interesses sociais que são o seu fundamento (sua "base real"); (*ii*) a natureza de classe ("burguesa") do partido Tory deriva da *relação objetiva* de representação que ele estabelece com os interesses que representa (e não dos princípios abstratos que ele diz representar); (*iii*) o caráter aristocrático dos tories (recrutados entre a nobreza inglesa e entre os grandes proprietários de terra) não se sobrepõe ao caráter mundano da sua plataforma: a defesa das *Corn Laws*. Ao invés, está subsumido a ela. Tudo isso, porém, só se descobre (ou só se revela) quando a análise capta no mesmo movimento o disfarce ("a venerável pele de leão") e aquilo que está encoberto por ele, isto é, os interesses da classe (a manutenção da reserva de mercado na Inglaterra para os grãos ingleses). Se isso é correto, a estrutura explicativa adapta-se mal à metáfora da "cena política", pois essa representação exige uma divisão obrigatória do espaço político entre o fundo e a frente do palco, o que implicará, necessariamente, um descompasso entre o momento da descrição das aparências (a crônica quotidiana da política) e o momento da apreensão e explicação das essências (a sociologia marxista da política). Ainda que as categorias aparência e essência permaneçam fundamentais nesse sistema, elas não devem ser vistas como o avesso uma da outra.

Vejamos agora outro princípio analítico que eu quero destacar, sempre conforme a letra do texto, e que o entendimento defeituoso sobre como em Marx funciona, na prática, a análise da política prática perde de vista.

A suposição do nosso autor segundo a qual a luta entre as duas formas de governo – monarquia e república – era, na conjuntura de 1849-1851, menos importante que a luta das "duas grandes frações da burguesia francesa" contra, respectivamente, a pequena burguesia, o proletariado de Paris e o campesinato parcelar, permite apreender, sob a mesma metáfora precária, aquele mesmo procedimento analítico que mobiliza a relação entre o palco e as coxias, a vanguarda e a retaguarda etc. só que agora, surpreendentemente, *com sinal trocado*. Às vezes, o que se passa na cena pública é até mais eloquente do que aquilo que sucede atrás da cortina.

> Os monarquistas coligados alimentavam uns contra os outros intrigas pela imprensa, em Ems, em Claremont, fora do Parlamento. Nos bastidores envergavam novamente suas velhas librés orleanistas e legitimistas e retomavam velhas disputas. Mas na cena pública, em suas *Haupt-und Staatsaktion*, em suas grandes apresentações teatrais, como partido parlamentar, dispensam suas respectivas casas reais com simples mesuras e adiam *in infinitum* a restauração da monarquia. Conduzem seus verdadeiros negócios como *partido da ordem*, ou seja, sob um rótulo *social*, e não sob um rótulo *político*; como representantes do mundo e da ordem burguesas, e não como paladinos errantes de princesas longínquas; como classe burguesa contra as outras classes e não

como monarquistas contra republicanos. E como partido da ordem exerciam um poder mais absoluto e severo sobre as demais classes da sociedade do que jamais haviam exercido sob a Restauração [1814-1830] ou sob a monarquia de Julho [1830-1848], uma dominação que, de maneira geral, só era possível sob a forma da república parlamentar, pois apenas sob esta forma podiam as duas grandes frações da burguesia francesa unir-se e pôr na ordem do dia o domínio de sua classe, em vez do regime de uma facção privilegiada desta classe (*18 Br.*, p. 465-466; grifos no original).

A contraposição desse trecho com aquele citado mais acima, que procurava evocar os equívocos políticos tanto da Montanha como do partido da ordem sobre seus respectivos interesses (cf. *18 Br.*, p. 463-464), permite realçar as deficiências da imagem da "cena política" em função do tipo de explicação que ela sugere e mesmo da postura intelectual que ela demanda. A análise social pode bem lançar mão do esquema frente/fundo do palco, mas esse princípio tem quase sempre uma função meramente retórica. O ponto fundamental, porém, é como funciona o *mecanismo explicativo* recoberto pela imagem.

A atuação das forças políticas no proscênio pode ser prisioneira de uma sorte de (auto)ilusão, ou não. A forma de governo pode ser uma tralha para a dominação social, ou não. Os agentes podem enganar-se quanto aos seus propósitos reais, ou não. Mas o sentido da impostura só se revela ao observador quando se veem os dois espaços ao mesmo tempo. Isso posto, não é mais possível entender o mundo político se se imagina que sua verdade está fora dele. O partido da ordem (burguesa), como se lê agora, não é mero disfarce político, é o índice (ou o instrumento) da dominação de classe de todas as frações da burguesia. Seus componentes sabem o *script* para se comportar diante da plateia, seja na "cena pública", seja fora dela ("Nos bastidores envergavam novamente suas velhas librés orleanistas e legitimistas e retomavam velhas disputas"). Eles têm plena consciência dos seus "verdadeiros negócios".

Outro exemplo pode ajudar a esclarecer o argumento: o comentário desenfeitiçado de Marx sobre o episódio da formação de um dos gabinetes do governo bonapartista na República constitucional (descrito como "a queda do ministério da coalizão e o advento do ministério dos balconistas" (*LCF*, p. 309)). Ele indica que a imagem "primeiro plano *versus* fundo da cena" – se pensarmos que esses dois lugares se contrapõem ou que o segundo contém a verdade do primeiro – não é a maneira mais adequada para entendermos o que se passa no mundo da política institucional. Sobre a nomeação do banqueiro Achille Fould, o símbolo máximo da presença no gabinete da aristocracia financeira, Marx escreve:

> Louis-Philippe nunca tinha ousado fazer de um verdadeiro *loup-cervier* [lobo da Bolsa] um ministro das Finanças. Sendo a sua monarquia [1830-1848] o nome ideal para o domínio da alta burguesia, os interesses privilegiados deviam, nos seus ministérios, usar nomes

[políticos] ideologicamente desinteressados. Em todos os lugares, *a República burguesa trouxe para o primeiro plano aquilo que as diferentes monarquias*, tanto a legitimista como a orleanista, *mantinham escondido no fundo da cena*. Ela trouxe de volta à terra aquilo que outros haviam mandado às nuvens. No lugar dos nomes dos santos, ela colocou os nomes próprios burgueses dos interesses da classe dominante (*LCF*, p. 310; grifos meus).

O período da "ditadura parlamentar do partido da ordem" (*18 Br.*, p. 525) e que corresponde, na periodização de Marx, ao intervalo entre o 13 de junho de 1849 e o 31 de maio de 1850, foi o período em que o conteúdo (burguês) da dominação pôde prescindir da forma política (monárquica), em que a realidade dos interesses de classe, simbolizados pelos "nomes próprios burgueses", puderam assumir seu lugar de direito na cena política, em que os negócios antes "escondidos no fundo da cena" foram projetados para "o primeiro plano", para a ribalta. Enfim, foi o período em que a essência se projetou na aparência exibindo-se como tal.

Se essa interpretação dos acontecimentos faz sentido (se ela é empiricamente correta, ou seja, se ela está de acordo com os fatos históricos da política francesa é outra história), como integrá-la nesse sistema teórico e, principalmente, como compatibilizá-la com o mecanismo explicativo exigido pela problemática metáfora da "cena política"?

Só assumindo que "o primeiro plano" pode vir a ter seu papel na explicação – e, no caso, um papel fundamental. Logo, isso parece indicar que a cena política e as instituições que a compõem não funcionam só como um lugar de mascaramento dos interesses de classe, mas como um lugar ao mesmo tempo de desvelamento. É o que a interpretação de Marx dos resultados das eleições legislativas de março de 1849 indica:

> Se o sufrágio universal não era essa milagrosa varinha mágica pela qual aqueles dignos republicanos a haviam tomado, ele tinha o mérito infinitamente maior de liberar a luta de classes, de permitir às diversas camadas médias da sociedade burguesa superar rapidamente suas ilusões e suas decepções, de projetar de um golpe todas as frações da classe exploradora para o topo do Estado e de assim arrancar-lhe sua enganadora máscara, enquanto a monarquia, com seu sistema censitário, fazia com que apenas determinadas frações da burguesia se comprometessem [com a tarefa política da dominação social], deixando as outras [frações] escondidas nos bastidores, envolvendo-as com a auréola da oposição comum (*LCF*, p. 257).

A lógica própria do mundo político pode, em função do papel específico de instituições específicas, e do sentido peculiar que essas instituições adquirem em certos contextos históricos, esclarecer, mesmo para os agentes implicados nesse mundo, os princípios genuínos do seu funcionamento. É o caso, aqui, do "sufrágio universal". Donde se conclui que a cena oficial é o lugar por excelência de manifestação ("institucional") da luta política de classes – e não uma simples aparência que encobre a realidade essencial.

Voltarei a essa ideia logo adiante, na seção seguinte. Por ora quero sublinhar – e essa é a tese central do ensaio – que a via mais problemática para superar a mera descrição dos acontecimentos em nome da explicação dos processos é ter presente a noção de "cena política" como uma projeção ilusória, falseada, corrompida daquilo que se passa por detrás do teatro político. Parece demasiada, em razão dos três princípios de análise que procurei salientar, a interpretação que vê, em Marx, a política institucional como "uma realidade superficial, enganosa, que deve ser desmistificada, despida de seus próprios termos, para que se tenha acesso à realidade profunda dos interesses e dos conflitos de classes" (Boito Jr., 2007, p. 129). A estratégia intelectual marxiana é, penso, um tanto diferente dessa. É isso que tentarei demonstrar na próxima seção analisando preferencialmente o texto *As lutas de classe em França*.

A forma-política e as funções do espaço político

Na introdução do ensaio sugeri, com base na analogia entre forma-mercadoria e forma-política, que a cena pública é, para Marx, um espaço social no qual a aparência (aquilo que está à vista de todos) produz efeitos socialmente eficazes, repercutindo, de maneira decisiva, sobre as práticas políticas de classe. Isso quer indicar que o espaço político não é apenas um lugar imaginário, uma arena, um cenário onde transcorre a ação – isto é, o palco das lutas entre forças puramente políticas. O espaço político pode funcionar, como de fato funciona, como um *mecanismo de mediação* entre a estrutura política e a estrutura econômica. Ele tem, em Marx, um papel ativo na preparação dos papéis e na movimentação dos atores, e sua competência é muito maior (e muito diferente) do que apenas ocultar interesses de classe, ainda que também deva fazê-lo.

A função de mediação entre o nível econômico e o nível jurídico-político parece se realizar, tomando o caso francês como o exemplo característico da política capitalista, de cinco modos combinados. Teríamos, assim, cinco "funções" típicas do espaço político distribuídas em quatro categorias: a sua função social, a sua função política, a sua função simbólica e a ideológica.

1) O espaço político é o lugar de expressão refratada dos interesses sociais

O espaço social onde a prática política tem lugar – a luta pelo poder de governar, a competição política legal, a primazia para legislar, a autoridade para discursar etc. – não reflete fatalmente o espaço social da luta de classes, ainda que aquele não possa ser, para Marx, indiferente a esse, evidentemente. É por isso que, na análise política, não se pode estabelecer ponto a ponto a correspondência entre partido político e classe social, nem se deve fazê-lo a qualquer custo[90]. Sob o capitalismo, essa anáclase, que ocorre quando os interesses sociais passam de um meio a outro, é uma das condições tanto da dominação ideológica – pois as facções políticas adquirem a faculdade alegórica de representarem "a sociedade como um todo" – quanto da eficácia política do discurso político (os partidos podem falar em nome do "bem comum", do "interesse geral" etc.). Essa refração é por assim dizer a *função social* da "cena política". De toda forma, há exceções e a tradução das pretensões das classes em ações políticas efetivas de um espaço a outro pode ser direta: "Se o 23 de junho de 1848 foi a insurreição do proletariado revolucionário, o 13 de junho de 1849 foi a dos pequeno-burgueses democráticos, cada uma dessas duas insurreições sendo a *pura* expressão *clássica* da classe que havia sido o seu suporte" (*LCF*, p. 301; grifos no original).

Por outro lado, essa capacidade de refração, a *propriedade fundamental do mundo político*, pode produzir uma fratura na relação de representação e criar um grupo puramente político, no sentido genuíno do termo, isto é, sem conexões sociais de classe. Essa fratura deve-se às exigências específicas do espaço político, às suas regras próprias e aos seus movimentos característicos. Não deve, portanto, surpreender que as análises de Marx designem partidos sem base social, políticos que representam a si mesmos, ações legislativas compreendidas em função de seus próprios meios e fins etc. Tanto é assim que "os bonapartistas [...] não constituíam uma fração importante da classe dominante, mas antes uma coleção de velhos inválidos supersticiosos e de jovens cavaleiros da indústria hereges" (*LCF*, p. 291). Mas o caso clássico aqui é o dos republicanos da velha guarda. Marx assegura que a certa altura do enredo os representantes tricolores da burguesia francesa passam da posição de "partido" de classe à posição de "camarilha" política (*LCF*, p. 272). Isto é, passam a agir em nome próprio e em defesa do seu próprio poder legislativo – e não conforme o mandato de um grupo social determinado. Quando, entre fins de 1848 e o início de 1849, o ministério Barrot decretou sua completa irrelevância para garantir o domínio social da burguesia francesa, eles passaram à ofensiva e travaram uma batalha contra Bonaparte pela permanência das prerrogativas da Assembleia Constituinte (onde reinavam soberanos). Uma vez derrotados, nas movimentações que se seguiram à agitação da campanha eleitoral de março de 1849 em diante, "Os republicanos burgueses do *National* não representavam [mais] uma fração importante da sua classe no que diz respeito a seus fundamentos econômicos"

---

90. Poulantzas chama a atenção para a dupla confusão da Ciência Política que ou "reduz as relações de classe às relações entre os partidos" políticos (corrente liberal ou pluralista), ou reduz "as relações entre partidos às relações de classe" (certo marxismo). Na realidade, "a cena política, como campo particular de ação dos partidos políticos, encontra-se frequentemente *defasada* em relação às práticas políticas e ao terreno dos interesses políticos das classes, representadas pelos partidos na cena política" (Poulantzas, 1971, v. II, p. 76 e 72, respectivamente; sem grifos no original).

(*LCF*, p. 290). A lista de exemplos poderia continuar e deveria incluir também o caso do divórcio, a partir do segundo semestre de 1851, entre a aristocracia financeira e o partido da ordem (ver *18 Br.*, p. 513).

Isso nos permite propor uma segunda ideia.

2) O espaço político é o lugar de constituição de tal ou qual grupo socioeconômico (classes, frações, camadas) enquanto grupo especificamente político

A peculiaridade aqui é que esse espaço social tem, em função da autonomia característica do mundo político, a faculdade de constituir a classe social em agente político[91]. Essa é a *função política* da "cena política".

O espaço político admite (ou melhor, viabiliza) que os monarquistas das duas casas concorrentes se unifiquem no "partido da ordem" burguesa, alçando os interesses característicos da grande propriedade fundiária, da alta finança e da classe industrial em um nível específico: o nível propriamente político (*LCF*, p. 289). Por seu turno, esses interesses serão tanto mais bem-sucedidos quanto mais conseguirem apoderar-se dos principais aparelhos políticos. Exagerando o argumento, pode-se alegar que a hegemonia política da burguesia francesa tinha uma data para começar. Marx vai observar que é a partir do 13 de junho de 1849 – dia do levante fracassado da *Montagne* a favor da Constituição e contra a campanha na Itália – que "a Assembleia Nacional se torna apenas um *Comitê de salvação pública do partido da ordem*" (*LCF*, p. 302; grifos no original). É daí que esse partido vai retirar o seu poder governamental. Assim, *a classe passa a existir no terreno político*, como "força social" autônoma (Poulantzas, 1971), *através do terreno político*.

Outra classe, outro exemplo: liderada por Ledru-Rollin, é no espaço político que a pequena burguesia de Paris se vê devidamente traduzida e, portanto, constituída como tal pelo partido social-democrático. A frase "a pequena burguesia democrática e o seu representante parlamentar, a *Montagne*" (*LCF*, p. 274) pode ser lida enfatizando tanto a *classe* que o grupo político deve representar, conforme a percepção tradicional, quanto o próprio *grupo político*, que assume para si a defesa dos interesses da classe (a Montanha). Ele é, portanto, a condição institucional para que a classe viva politicamente. Por sua vez, o sucesso político dessa classe vai depender do sucesso da estratégia política adotada por seus representantes legislativos. Em meados de 1849, imagina Marx, "Se a *Montagne* tivesse êxito numa insurreição parlamentar, o leme do Estado [i.e., o governo] cairia imediatamente em suas mãos" (*LCF*, p. 298).

Há, igualmente, outra função política do espaço político.

---

[91]. Para a inspiração original desta ideia, ver Boito Jr., 2007, p. 144-148.

3) O espaço político é o lugar de recombinação de tais ou quais grupos políticos em função da dinâmica própria do processo político

O mundo político vive na prática de acordos estratégicos, de alianças táticas, de entendimentos pragmáticos, isto é, de arranjos possíveis em nome da conquista e/ou do exercício do poder de mandar. Da mesma maneira, ele vive das dissensões pessoais, das rivalidades de grupo, da ventriloquia de intelectuais, da concorrência entre lideranças, da oposição de valores, das disputas cabeçudas pelo poder. São justamente aquelas combinações que mantêm – conforme se acredita – esse conflito dentro de limites "normais".

O procedimento interpretativo que eu quero relevar aqui é um tanto diferente e não versa sobre as decisões mais ou menos conscientes dos agentes para manter esse mundo em bons termos, mas sobre a lógica objetiva desse mundo ao qual eles estão submetidos.

Em Marx, a ribalta oficial é regida pela luta de classes e a lógica que conduz esse universo está em última instância a serviço da realização dos interesses sociais dominantes. Entretanto, as combinações e recombinações entre os grupos políticos profissionais, sua proximidade ou afastamento, enfim, a trama do processo político propriamente dito, obedece às regras, ao *timing*, ao jogo de interesses característico do espaço político (que sempre leva em conta "o ciúme mesquinho, o ressentimento, as críticas maldosas" (*LCF*, p. 337)). Mesmo quando os negócios econômicos determinam objetivamente as posições sociais e as opções políticas correspondentes dos atores, o que parece contar em primeiro lugar para formar suas disposições são as visões de mundo, "os espíritos do passado, os nomes, os trajes, as frases, os gritos de guerra" (cf. *18 Br.*, p. 438). É o caso da diferença entre legitimistas e orleanistas em torno do direito de sucessão das suas respectivas casas reais.

Essas rixas não podem ser menosprezadas em nome das diferenças entre a propriedade tradicional e os modernos interesses capitalistas. Mesmo porque, lembre-se, elas foram convertidas, a partir de fevereiro de 1852, "em grandes fatos políticos que o partido da ordem representava na cena pública, ao invés de encená-los, como havia feito até então, no teatro amador" (*18 Br.*, p. 509).

> A revisão da Constituição, porém, não significava apenas o domínio da burguesia ou da democracia pequeno-burguesa, democracia ou anarquia proletária, república parlamentar ou Bonaparte, ela significava também Orléans ou Bourbon! Assim brotava em pleno Parlamento o pomo da discórdia que iria inflamar abertamente o conflito de interesses que dividia o partido da ordem em facções inimigas. O partido da ordem era um combinado de substâncias sociais heterogêneas. A questão da revisão gerou uma temperatura política na qual ele voltou a se decompor em seus elementos primitivos (*18 Br.*, p. 506).

Os interesses das duas famílias da nobreza francesa excluíam-se mutuamente, seja porque "Orléans ou Bourbon" eram nomes que bancavam, respectivamente, os aristocratas da grande propriedade fundiária e a indústria capitalista (as duas principais frações nas quais se repartia a burguesia francesa), seja porque "Orléans ou Bourbon" eram afinal *ou* Orléans, *ou* Bourbon: conforme suas respectivas pretensões, só uma casa real deveria governar. A solução para instituir definitivamente o "governo comum" (*18 Br.*, p. 508) das duas facções políticas (ou das duas frações burguesas, pois aqui dá no mesmo), recombinando e fundindo os elementos componentes do partido da ordem, eles mesmos a partir de então subdivididos em "grupos específicos e antagonismos independentes" (*18 Br.*, p. 511), foi a ditadura pessoal do segundo Bonaparte. Sua química consistiu em fazer desaparecer as diferenças políticas fazendo desaparecer o próprio partido da ordem (ver *18 Br.*, p. 525). Uma solução política conforme a dinâmica do processo político, portanto.

4) O espaço político é o lugar de tradução dos interesses sociais numa linguagem política

Em Marx a política não é certamente uma "linguagem". Todavia, ela exige, produz e impõe, para o seu funcionamento adequado, uma linguagem própria. Sua eficácia é tanto maior quanto mais o simbolismo característico de cada situação, de cada indivíduo ou evento importante consegue traduzir o espírito, o clima da época – e manter em segredo os interesses sociais materiais que definem, em último caso, o seu conteúdo. Justamente por isso, o espaço político funciona por conotação:

> Lamartine [foi tornado membro do] Governo provisório [em fevereiro de 1848]; isso não representava à primeira vista nenhum interesse real, nenhuma classe bem definida, era a própria revolução de Fevereiro, a insurreição geral acompanhada das suas ilusões, da sua poesia, do seu conteúdo imaginário e da sua retórica. [Porém], tanto por sua posição como por suas opiniões, o porta-voz da revolução de Fevereiro pertencia à *burguesia* (*LCF*, p. 243; grifos no original).

O governo Dupont de l'Eure que despontou dos banquetes e das barricadas de Fevereiro era um governo "de compromisso" entre as diferentes classes sociais. De acordo com Marx, a pequena-burguesia republicana estava representada na figura de Alexandre Ledru-Rollin; a burguesia republicana por Eugène Cavaignac; os legitimistas por Adolphe Crémieux. A classe operária contava, por sua vez, com Louis Blanc, pelos socialistas, e "Albert", pelos trabalhadores (*LCF*, p. 243). Todavia, foi na figura de Alphonse de Lamartine – ao mesmo tempo o ministro dos Negócios Estrangeiros e o autor tanto das *Méditations poétiques* (que fazia dele o poeta-símbolo do romantismo literário francês) como de uma recém-publicada *Histoire des Girondins* (1847) – que a guerra política encontrou seu encanto e sua expressão simbólica.

Que Lamartine na realidade fosse um liberal moderado e um católico avesso às reformas sociais, um antagonista da substituição da bandeira tricolor pelo *drapeau rouge* dos revolucionários (como o episódio diante do Hôtel de Ville demonstrou), um advogado da propriedade privada etc., tudo isso contava menos, *em termos simbólicos*, do que as confianças políticas divulgadas em seus livros: a fé no progresso e na marcha inabalável da história, a simpatia pelas revoluções em geral (uma das formas de realização da vontade divina, segundo ele), a paz dos povos, o voto universal, a democracia como ideal de igualdade. Exatamente aquilo com o que os rebelados de 1848 sonhavam e que podiam projetar, por meio da sua figura, nesse extravagante governo provisório.

A necessidade dos agentes sociais em traduzir, em nome da legitimidade dos seus interesses e da validade universal dos seus propósitos, fatos e feitos num imaginário idealizado e encarná-lo em um mito político é justamente o primeiro tema de O 18 brumário de Luís Bonaparte (ver *18 Br.*, p. 437-440). O efeito prático dos ideais, das paixões e das ilusões codificadas pode ser estimado pelo uso que os heróis (ou os comediantes) do presente têm de fazer dos heróis do passado. E essa linguagem política é tanto melhor se for alugada, o que aumenta o seu poder sugestivo: "Camile Desmoulins, Danton, Robespierre, Saint-Just, Napoleão, os heróis, assim como os partidos e as massas da velha Revolução Francesa, desempenharam em trajes romanos e com frases romanas a tarefa de sua época: libertar e instaurar a sociedade *burguesa* moderna" (*18 Br.*, p. 438; grifo no original). Se a revolução de 1789 se disfarçou ora de República romana, ora de Império romano, a de 1848 teve por sua vez de parodiar a primeira: "Caussidière como Danton, Louis Blanc como Robespierre, a Montanha de 1848-1851 como a Montanha [dos jacobinos] de 1793-1795" (*18 Br.*, p. 437).

Em resumo, o que esses casos evocados por Marx sugerem é que, assim como não existe poder sem ideologia, não existe política sem um vocabulário político, sem um simbolismo característico que dê sentido e legitimidade às práticas e às crenças dos agentes sociais. Esses símbolos são forjados no mundo político. O exemplo mais célebre do livro é a exploração que o sobrinho faz da figura idealizada do tio. Mesmo "A revolução social do século XIX" deve retirar sua "poesia" (i.e., sua fantasia) de algum lugar, na expectativa de que seu "conteúdo" social "ultrapasse sua retórica" exaltada (*18 Br.*, p. 440). Essa é a *função simbólica* do espaço político. O que nos conduz à quinta função.

5) O espaço político é o lugar de expressão/ocultação/inversão dos interesses sociais

No espaço político, as guerras pelo poder parecem ser, principalmente para os seus protagonistas, tão somente um conflito político entre forças rivais, sem conexão com a luta em torno dos negócios econômicos das classes.

Conforme o marxismo de Marx, isso de fato pode ocorrer, como procurei explicar até aqui. Todavia, a análise social não estará completa se não se puder demonstrar em que termos e em que medida agentes políticos (indivíduos, partidos, facções parlamentares, grupos de interesse, jornais, clubes políticos, associações etc.) exprimem interesses de classe enquanto exprimem seus próprios interesses. Essa conexão mais ou menos obrigatória, postulada pelo marxismo clássico, é especialmente complexa e isso pelo menos por três razões: (*i*) forças políticas podem espelhar interesses sociais mesmo sem o saber ou sem o querer; (*ii*) interesses econômico-sociais nem sempre conseguem encontrar forças políticas inteiramente fiéis aos seus propósitos ou esculpidas segundo sua imagem e semelhança; (*iii*) o modo mais racional e mais eficiente (ou "legítimo") de forças políticas exprimirem interesses sociais *no espaço político* é justamente escondendo essa relação de correspondência. Essa dissimulação não é intencional (ou não precisa ser intencional) uma vez que o espaço político capitalista é ao mesmo tempo o lugar de *manifestação/realização* dos interesses sociais e o lugar de *dissimulação/falsificação* da natureza particular desses interesses. E se, tal como no mundo da economia, há um fetichismo propriamente político que é constitutivo desse mundo, o esquema "essência *versus* aparência" é amplamente inadequado para apreendê-lo.

Antes de ilustrar essa ideia, que pretende sintetizar todo o argumento do ensaio, vejamos em que termos Marx pensou o espaço político como um mecanismo ao mesmo tempo de expressão e de ocultação dos interesses sociais de classe.

Nos textos históricos, a relação entre a *realidade política* e a *representação científica da realidade política* (a análise social propriamente dita) realiza-se de maneira complicada. Isso porque a *função ideológica* da "cena oficial", da qual tratarei a seguir, é inseparável da sua função simbólica (ver acima), o que multiplica o seu caráter fetichista. Conforme Rouanet, o fetichismo, tal como analisado por Marx na seção 4 do capítulo I de *O capital* (Marx, 1983, esp. p. 70-73), designa "não [...] o *movimento* pelo qual as relações entre os homens assumem a forma de uma relação entre coisas, mas o *processo* pelo qual as relações sociais [de exploração] se projetam numa forma aparente, [...] a forma-mercadoria", que as torna invisíveis (Rouanet, 1985, p. 91; grifos no original). Essa *aparência* não é contingente, mas necessária para o funcionamento de todo o sistema econômico-social. A forma-mercadoria é o veículo que viabiliza, reificando, as relações econômicas capitalistas (a produção, a troca etc.) e que, ao mesmo tempo, mistifica e esconde a sua essência social (a exploração do sobretrabalho). "A falsa consciência" sobre o mundo econômico "é assim a percepção exata do real fetichizado" (Rouanet, 1985, p. 103). Logo, a equação "verdadeiro *versus* falso" tem aqui outra gramática.

É possível sustentar que o *espaço político* funciona – nas formações sociais capitalistas – segundo a mesma lógica incorporada na forma-mercadoria. Poder-

-se-ia falar então numa *forma-política*. A sugestão aqui é que essa forma-política teria, por analogia, os mesmos predicados da forma-mercadoria. Isso desloca, portanto, o sentido latente que a expressão "cena política" traz consigo (um exterior "falso" contra um interior "verdadeiro") e repõe, em outro sentido e conforme outra regra, a relação essência e aparência.

Há inúmeros exemplos nos textos políticos de Marx da *função ideológica* da política, "ideológica" significando aqui a consciência ao mesmo tempo falsa e possível das relações sociais reais. Provavelmente o mais conhecido dentre todos é o caso da relação entre o campesinato parcelar e o candidato/presidente Luís Napoleão Bonaparte (ver *18 Br.*, p. 532). Essa figura é, aliás, ilustrativa daquelas três possibilidades que referi mais acima sobre a conexão entre facções políticas e interesses de classe.

Marx anota que Bonaparte foi eleito em 10 de dezembro de 1848 com seis milhões de votos, derrotando Cavaignac, Ledru-Rollin, Raspail, Lamartine etc., e a maior parte desses votos veio dos camponeses, "a classe mais numerosa da sociedade francesa" (*18 Br.*, p. 533). Foi assim e por esse meio que essa classe fez sua entrada no espaço político. Com um detalhe: "para os camponeses, Napoleão não era uma pessoa [real], mas um programa" político, um símbolo. Era como se eles dissessem para as demais forças sociais: "basta de impostos, abaixo os ricos, abaixo a República, viva o Imperador". Isso porque "Napoleão", o nome que esse aventureiro carregava, era o mesmo nome do "único homem que havia defendido plenamente os interesses e os sonhos da classe camponesa recém-criada em 1789" (*LCF*, p. 273). De acordo com tal juízo, os camponeses, ao elegerem essa alternativa política (Luís Napoleão), ocultavam-se atrás da figura mítica do verdadeiro Bonaparte, depositando seus sufrágios na figura do pseudo-Bonaparte, aquele que deveria, idealmente, representá-los politicamente e ideologicamente. E esse pseudo-Bonaparte ocultava, por sua vez, o fato de que ele mesmo não representava de fato os interesses reais dos camponeses, mas seus próprios propósitos políticos (tornar-se ditador através de um golpe de Estado) e, por tabela, os desígnios políticos "objetivos" da sociedade burguesa francesa. Ele deveria, através da ditadura presidencial, garantir "a ordem civil" (isto é, a ordem burguesa; *18 Br.*, p. 540) em uma conjuntura em que nenhuma das frações dominantes – a fidalguia financeira, a burguesia industrial e a velha aristocracia da terra – haviam conseguido encontrar, através de seus representantes parlamentares, uma solução constitucional.

Esse jogo de espelhos é bastante complexo e é feito de uma comédia de enganos e autoenganos. As forças sociais nunca estão onde deveriam (i.e., defendendo seus reais interesses) e as forças políticas nunca são aquilo que parecem ser. Os interesses das classes parecem então só se realizar, no espaço político, de maneira dissimulada. O "formidável partido da ordem", escreve Marx, dividido em suas disputas dinásticas, "viu-se obrigado, para sua vergonha", à medida que evoluíam os acontecimentos políticos entre 1850-1851, "a levar a sério o pseudo-Bonaparte, esse personagem ridículo e ordinário que lhe causa horror" em nome da tranquilidade social (*LCF*, p. 341). O embaixador político do partido da ordem social era o exato oposto do que gostariam seus homens políticos e de letras, mas o único possível em face do que exigiam "objetivamente" as classes que estavam na origem desse partido parlamentar. Do seu lado, "essa figura sórdida se iludia sobre as causas que [...] lhe conferiam o caráter de homem indispensável" da política francesa. Bonaparte "supunha", dirá Marx, que sua centralidade e sua importância para o país se "devia exclusivamente ao poder mágico do seu nome e à caricatura que ele constantemente oferecia de Napoleão" (*LCF*, p. 341), e não ao inevitável reforço do Poder Executivo diante do Poder Legislativo, exigência objetiva desse momento de crise política e social. Já os pequenos proprietários rurais, em função da sua situação social, exigiam, em nome dos seus interesses, "um poder governamental ilimitado" (uma ditadura benevolente) que os "protegesse contra as outras classes" e, especialmente, contra a exploração econômica através do sistema de hipotecas bancárias. O resultado histórico disso foi ao fim de tudo um Poder Executivo com o poder de submeter ao seu domínio a sociedade inteira (*18 Br.*, p. 533). Esse foi, todavia, um desfecho político que não atendeu "objetivamente" aos interesses objetivos do campesinato parcelar. Tanto é que Luís Bonaparte não revogaria as taxas que pesavam sobre a pequena propriedade. No aniversário da sua proclamação como presidente da República, em 20 de dezembro de 1849, ele inclusive "decretou a *restauração do imposto sobre o vinho*" (*LCF*, p. 314; grifos no original). Esse tributo, argumenta Marx, era justamente o tributo que arruinava e mantinha na miséria a massa dos pequenos proprietários da França.

Nesse contexto, poderíamos dizer então dos interesses econômicos das classes que o seu *espaço de aparecimento* (o seu "teatro", para manter a metáfora) é igualmente o *espaço do seu desaparecimento* – ou mais propriamente, do seu aparecimento sob uma forma reificada: partidos políticos sem base social, políticos que representam a si mesmos, ações legislativas compreendidas em função de seus próprios meios e fins etc. Logo, a condição para que os interesses econômicos das classes existam politicamente é que eles sejam invisíveis: isto é, que eles encontrem um símbolo ideológico viável no espaço político que os escamoteie e negue. Todavia, uma vez que os interesses sociais assumem uma forma-política no espaço político, eles passam a existir conforme os princípios e a lógica desse espaço.

Se isso é minimamente correto, então as análises políticas do mundo político, das suas forças, dos seus personagens, dos seus discursos não são tão desprovidas de interesse assim. Não só a estrutura jurídico-política (o Estado), mas mesmo a política institucional adquire, em Marx, uma autonomia característica. Com a condição de, com toda a prudência devida, e com toda a consciência teórica dessa série de transfigurações realizadas pelo espaço político (expressão, constituição, recombinação, tradução, ocultação/inversão), reatar os barbantes que ligam agentes políticos a classes sociais. Se e quando essa operação for de fato possível.

Referências

ALMOND, Gabriel A. e POWELL Jr., G. Bingham. *Comparative Politics*: A Developmental Approach. Boston: Little Brown, 1966.

BOITO Jr., Armando. Cena política e interesses de classe na sociedade capitalista: a análise de Marx. In: _____. *Estado, política e classes sociais*. São Paulo: Editora UNESP, 2007.

BOURDIEU, Pierre. *Propos sur le champ politique*. Lyon: Presses Universitaires de Lyon, 2000.

EASTON, David. *A Systems Analysis of Political Life*. New York: John Wiley & Sons, 1965.

ENGELS, Friedrich. Introdução de Friedrich Engels à edição de 1895. In: Marx, Karl. *As lutas de classe em França de 1848 a 1850*. Lisboa/Moscou: Avante!/Progresso, 1982a.

ENGELS, Friedrich. Prefácio de Friedrich Engels à terceira edição alemã de 1885. In: Marx, Karl. *O 18 de Brumário de Louis Bonaparte*. Lisboa/Moscou: Avante!/Progresso, 1982b.

GERAS, Norman. Essence and Appearance: Aspects of Fetishism in Marx's 'Capital'. *New Left Review*, London, n. 65, Jan./Feb., 1971, p. 69-85.

HABERMAS, Jürgen. *The Structural Transformation of the Public Sphere*: An Inquiry into a Category of Bourgeois Society. Cambridge: Polity Press, 1989.

JESSOP, Bob. The Political Scene and the Politics of Representation: Periodising Class Struggle and the State in *The Eighteenth Brumaire*. In: Cowling, M. e James, M. (eds.). *Marx's Eighteenth Brumaire*: (Post)modern Interpretations. London: Pluto Press, 2002.

LEFORT, Claude. Marx: de uma visão de história a outra. In: _____. *As formas da História*. Ensaios de Antropologia Política. 2. ed. São Paulo: Brasiliense, 1990.

MARX, Karl. *As lutas de classe em França de 1848 a 1850*. Lisboa/Moscou: Avante!/Progresso, 1982.

MARX, Karl. Carta a L. Kugelmann de 3 mar. 1869. In: _____. *O 18 Brumário e Cartas a Kugelmann*. 7. ed. Rio de Janeiro: Paz e Terra, 1997.

MARX, Karl. *Le 18 Brumaire de Louis Bonaparte*. In: _____. Œuvres, v. IV, Tomo I: Politique. Paris: Gallimard, 1994.

MARX, Karl. *Les luttes de classes en France (1848 à 1850)*. In: _____. Œuvres, v. IV, Tomo I: Politique. Paris: Gallimard, 1994.

MARX, Karl. *Lord Palmerston (1853)*. In: _____. *Œuvres*, v. IV, Tomo I: Politique. Paris: Gallimard, 1994.

MARX, Karl. *O capital*: crítica da economia política, v. I. São Paulo: Abril Cultural, 1983.

PITKIN, Hanna F. *The Concept of Representation*. Berkeley and Los Angeles: University of California Press, 1967.

POULANTZAS, Nicos. *Pouvoir politique et classes sociales*. Paris: Maspero, 1971. 2 vols.

REDNER, Harry. Representation in *The Eighteenth Brumaire* of Karl Marx. *Manuscrito*, v. 12, 1989, p. 7-37.

ROSE, Margaret A. The Holy Cloak of Criticism: Structuralism and Marx's *Eighteenth Brumaire*. *Thesis Eleven*, v. 2, 1981, p. 79-97.

ROUANET, Sergio Paulo. *A razão cativa* – As ilusões da consciência: de Platão a Freud. São Paulo: Brasiliense, 1985.

* * *

6
Considerações sobre o marxismo analítico

Renato Perissinotto

Trinta anos após a publicação de *Karl Marx's Theory of History: A Defense*, de G.A. Cohen, e passados alguns anos do debate que ele suscitou, acredito ser importante discutir algumas das proposições apresentadas pela corrente teórica que, na esteira desse debate, ficou conhecida como "marxismo analítico". O marxismo analítico deu origem a um vigoroso programa de pesquisa que produziu um sem-número de investigações sobre temas importantes no âmbito da teoria marxista, como ação coletiva, organização e formação de classe, conceituação das classes médias, teoria econômica e da exploração e o problema normativo da emancipação humana[92].

Este capítulo, entretanto, propõe-se a discutir tão somente as proposições teórico-metodológicas do marxismo analítico, sem entrar na análise de qualquer um dos temas substantivos listados acima. Esta abordagem se justifica porque é exatamente nos aspectos teóricos e metodológicos que reside a proposta de renovação do marxismo apresentada pelos analíticos. Desse ponto de vista, aliás, justifica-se também a frequência com que nos referimos ao nome de Jon Elster. Esse autor foi, sem dúvida alguma, o mais radical e ardoroso defensor dessa proposta metodológica. Foi ele quem mais insistiu, de forma às vezes evidentemente exagerada, na necessidade de reformulação do marxismo em direção a uma "teoria analítica" que conferisse àquele corpo teórico maior robustez científica.

---

92. Para um resumo dos temas abordados e dos modos de abordagem, ver Roemer, 1989. Ver também, Przeworsky, 1989 e Wright, 1985. Entretanto, considerar o marxismo analítico como uma "escola" pode sugerir uma unidade de pensamento maior do que a que efetivamente existiu. Como veremos a seguir, a unidade dessa "escola" residia fundamentalmente em dois pontos: *(i)* conferir maior clareza às formulações causais do marxismo clássico, de acordo com os procedimentos da filosofia analítica; *(ii)* negar qualquer especificidade metodológica ao marxismo. Fora desse terreno comum, existiam muitas divergências. Talvez as mais significativas sejam a crítica de Jon Elster à explicação funcional e a sua inteira adesão ao individualismo metodológico, posições radicalmente contrárias às de G.A. Cohen, fundador do grupo. Cf. Tarrit, 2006.

Os outros autores, favoráveis ou contrários a essa proposta, de uma maneira ou de outra estão sempre dialogando com Elster[93].

No entanto, mais do que o seu ardor na defesa da reconstrução do marxismo, o que justifica conferir especial atenção às considerações de Jon Elster, é o fato de ele discutir temas mais significativos para a teoria sociológica. G. A. Cohen, por exemplo, preocupa-se essencialmente com a "reconstrução" do marxismo a partir de uma releitura dos textos clássicos sob as lentes da filosofia analítica, com o objetivo de conferir precisão lógica e linguística aos conceitos marxianos; John Roemer, por sua vez, dedica-se fundamentalmente a redefinir as proposições da teoria econômica marxista de acordo com os cânones metodológicos da teoria econômica neoclássica (Tarrit, 2006, p. 600). As proposições de Elster, a nosso ver, tocam em pontos que interessam mais diretamente à teoria sociológica, como a sua crítica à explicação funcional, o individualismo metodológico e o problema da ação coletiva.

O capítulo está dividido em cinco partes: na primeira, apresentamos o traço mais marcante do marxismo analítico, qual seja, o seu objetivo de discutir o marxismo tradicional preferencialmente do ponto de vista do método; a segunda parte apresenta suas críticas à explicação de tipo funcional; em seguida discutimos uma possível defesa desse mesmo tipo de explicação a fim de avaliar em que condições ela poderia permanecer como elemento constitutivo do marxismo; na quarta parte, analisamos o instrumental teórico-metodológico dos analíticos que, segundo seus defensores, poderia prestar grandes serviços ao avanço científico do marxismo, a saber, o individualismo metodológico, a teoria da escolha racional e a teoria dos jogos; por fim, à guisa de conclusão, identificaremos o que, a nosso ver, vale a pena levar em consideração nas críticas feitas pelos marxistas analíticos a fim de fazer avançar o marxismo como ciência social.

O problema do método

Num famoso texto de 1919, Georg Lukács afirmava que a condição fundamental para que alguém se reconhecesse como marxista ortodoxo não residia na

---

[93]. Elster apresentou posições mais moderadas em entrevista posterior. Cf. Elster, 1991, p. 98-99. Poderíamos resumir o seu pensamento da seguinte maneira: "1) Uma das maneiras de ler um mapa das motivações humanas seria classificando-as da seguinte forma: às vezes, as pessoas perseguem seus objetivos agindo racionalmente; outras, impulsionadas por suas emoções; outras tantas, seguindo as normas sociais. A ação racional tem prioridade porque com maior frequência procuramos agir racionalmente; 2) É necessário incorporar às ciências sociais, cada vez mais, a busca pela compreensão do comportamento não racional, partindo do suposto de que tais comportamentos não são residuais e devotando especial atenção às contradições mentais relativas a esse tópico; 3) Normas sociais, cultura, emoções e racionalidade podem e devem ser entendidas nos termos do individualismo metodológico" (Ratton Jr. e Ventura de Morais, 2003, p. 387). Nesse sentido, o leitor talvez concluísse, e o faria com razão, que ganharíamos muito se fechássemos os livros de Jon Elster e voltássemos a abrir os de Max Weber.

adesão incondicional às teses substantivas defendidas por Marx. Um marxista, baseado nos avanços da ciência econômica e da historiografia, poderia facilmente acatar a evidência dos fatos e recusar os erros de interpretação cometidos pelos clássicos e, ainda assim, continuar sendo um marxista. Isso seria possível porque um marxista ortodoxo se definiria pela sua adesão a um *método específico* (a dialética da totalidade) e não pela defesa intransigente desta ou daquela proposição sobre eventos particulares (Lukács, 1919b [1974], p. 24).

Essa posição, como se sabe, não é específica deste autor nem de sua época. Se há uma característica fortemente associada ao marxismo e aos marxistas é sua defesa permanente da especificidade e das vantagens do seu método frente aos vícios individualistas e empiricistas da "ciência social burguesa". Desse modo, ainda em 1991, o marxista francês Alain Lipietz afirmava que, apesar de as conclusões de Marx terem sido refutadas pela história, era possível continuar sendo marxista quanto ao método e buscar explicações mais pertinentes para o funcionamento do capitalismo contemporâneo e sua crise (1991, p. 102).

O projeto do marxismo analítico consiste, essencialmente, na rejeição desse pressuposto do marxismo tradicional. Para os autores filiados àquela corrente teórica, é preciso, primeiro, rejeitar as pretensões dos marxistas à especificidade metodológica e, segundo, fazer a crítica dos seus procedimentos supostamente científicos. Na verdade, segundo os marxistas analíticos, em especial Jon Elster, o grande problema metodológico do marxismo – tão grande a ponto de impedi-lo de fazer ciência – é exatamente o seu método, baseado, em termos gerais, em declarações de tipo funcional sem capacidade explicativa.

Por isso, para que possamos entender melhor por que o uso do individualismo metodológico e da teoria da escolha racional poderia salvar o marxismo dos seus pecados metodológicos é preciso compreender primeiro a natureza da crítica feita pelos marxistas analíticos à explicação de tipo funcional.

A explicação funcional não é uma explicação

Elster identifica cinco passos característicos de uma explicação funcionalista, que podem ser assim resumidos: (*i*) inicialmente, constata-se que Y é um efeito de X; (*ii*) em seguida, observa-se que Y produz consequências benéficas para o grupo Z; (*iii*) percebe-se, ainda, que o efeito Y não foi *intencionalmente* perseguido pelos atores sociais que produziram X; (*iv*) além disso, constata-se que a relação causal entre o evento X e o efeito Y *não é percebida* pelos membros do grupo Z e, por fim, (*v*) a explicação funcional afirma que o fato de o efeito Y ser benéfico para o grupo Z é a explicação da existência e da persistência do evento X por meio de um "círculo de retroalimentação causal" (Elster, 1989c, p. 55). Supõe-se, assim, a existência de algum mecanismo que garante a ocorrência/persistência do evento X porque ele produz um efeito (Y) benéfico para Z.

Mais especificamente, no caso do marxismo, pretende-se explicar determinados fenômenos sociais sempre a partir das consequências benéficas que eles produzem para a classe dominante, ou por outra, sempre a partir da funcionalidade desses fenômenos para a reprodução da dominação de classe. Exemplos disso poderiam ser encontrados nas considerações de Marx sobre o Estado capitalista, a mobilidade social no capitalismo e as divisões étnicas no interior da classe operária (Elster, 1982, p. 457-459 e 1989, p. 244-250).

Jon Elster formula três críticas fundamentais à explicação funcional.

A primeira delas refere-se à sua fraqueza lógica. Segundo ele próprio, "a questão está em como explicar um fenômeno a partir de outro que lhe é posterior. Deve haver uma explicação para um fenômeno no momento de sua ocorrência; não pode ser necessário esperar pelas consequências para só então poder explicá-lo" (Elster, 1989b, p. 46). Ou seja, o equívoco consiste em pretender explicar o que vem antes pelo que vem depois, a causa pelo efeito.

A segunda crítica refere-se ao fato de esse tipo de "explicação" não revelar o mecanismo gerador do fenômeno. Quando, por exemplo, se diz que uma determinada política estatal existe *por causa* de seus benefícios para a classe capitalista, não se está dizendo absolutamente nada sobre como essa política foi gestada. Para Elster, a revelação desse mecanismo (o *como*) é fundamental para a ciência social, pois reside aí a sua capacidade explicativa (1991, p. 98).

Por fim, a terceira crítica, a mais importante de todas segundo o próprio Elster, refere-se ao fato de que "em muitas explicações funcionais, e não só no marxismo, o ciclo de realimentação não é demonstrado, mas apenas postulado ou tacitamente suposto" (Elster, 1989b, p. 47).

Como vimos anteriormente, faz parte da explicação funcional saltar da constatação da existência de uma funcionalidade entre X e Z, por meio da produção do efeito Y, diretamente para a explicação da persistência de X. Pressupõe-se a existência de algum mecanismo social que garanta a persistência de X apenas por ser ele funcional para Z, mas tal mecanismo nunca é efetivamente demonstrado. Nesse sentido, o fato de o analista realizar os quatro passos acima descritos não o autoriza, por si só, a dar o quinto passo. A existência de um mecanismo de alimentação que garanta a continuidade de X devido à sua funcionalidade para Z precisa ser demonstrada, caso contrário teremos apenas uma conclusão falaciosa (Elster, 1989c, p. 56). Para os marxistas analíticos em geral (exceto Cohen, como veremos), a explicação funcional é incapaz de atingir tal objetivo, pois se limita a identificar as funções de um determinado fenômeno, não fornecendo meios para explicar a sua *gênese* nem a sua *persistência*.

A *gênese* de um fenômeno não pode ser explicada funcionalmente porque, como vimos, seria logicamente equivocado fazê-lo. As causas devem ser cronologicamente anteriores ao fenômeno que se pretende explicar. Portanto, explicar a ocorrência de um fenômeno pelas suas consequências seria contrariar essa regra fundamental da explicação causal. Além disso, a relação entre uma instituição e suas consequências, por exemplo, entre uma política estatal e os benefícios que essa mesma política acarreta para uma classe, pode ser puramente acidental. Absolutamente nada garante que o fato de trazer consequências benéficas para um determinado grupo tenha alguma capacidade explicativa[94].

A *persistência* de um fenômeno, por sua vez, não pode ser explicada funcionalmente a menos que se revele um mecanismo social que desvende as relações causais por meio das quais a funcionalidade garante a durabilidade do fenômeno em questão. Nesse sentido, a constatação de uma relação de funcionalidade entre X e Z (questão sociológica, diga-se, absolutamente legítima) não se constitui, por si só, na formulação de uma explicação causal da permanência de X.

É interessante observar que esse traço essencial da explicação funcional, que consiste em explicar a gênese/persistência de um fenômeno a partir de suas funções objetivas, está estreitamente ligado a uma constatação bastante recorrente na teoria social como um todo, e não apenas no marxismo, a saber, que as ações humanas, ainda que guiadas por objetivos conscientes, produzem resultados que não correspondem às intenções dos atores. Como lembra Merton, várias podem ser as fontes causadoras dessa defasagem entre intenção e efeitos não antecipados da ação: ignorância acerca do contexto, erro de avaliação, peso excessivo dos interesses imediatos na determinação da conduta, adesão radical a valores morais ou as chamadas "profecias suicidas" (Merton, 1979, p. 202-208).

No entanto, em diversas ocasiões essa constatação resultou num outro tipo de explicação, da qual, aliás, o próprio Merton é um dos mais eminentes representantes. Defendeu-se que esses efeitos não antecipados da conduta deveriam ser explicados em função de determinadas necessidades sistêmicas (Merton, 1967, p. 106) que se imporiam aos agentes à revelia de suas consciências. Como se sabe, esta é a essência do conceito mertoniano de "funções latentes" (Merton, 1967, p. 105).

No marxismo, a defasagem entre motivos intencionais da ação e seus resultados objetivos foi quase sempre resolvida da mesma maneira. Nesse caso, como fica claro em importante passagem de *Ludwig Feurbach e o fim da filosofia clássica alemã* (Engels, s/d[1888], p. 198), a evidência de que os resultados das ações humanas não correspondem às intenções dos seus autores só poderia ser explicada em função de leis imanentes que regem o curso da História. Esse espírito analítico está presente em todo o marxismo, ainda que assuma formas bem diferentes, aqui e ali. Assim, por exemplo, a consciência de classe, em Lu-

---

94. É importante observar que a explicação funcionalista, onde quer que tenha sido aplicada de forma mais sofisticada, nunca pretendeu explicar a *gênese* dos fenômenos e das instituições sociais, mas sim os seus efeitos objetivos para a reprodução do sistema social e, por meio desses efeitos, a *durabilidade* ou a *persistência* de tais fenômenos. Cf. Durkheim, 1984, p. 35-42, 63-64 e 79-80 e Merton, 1967, p. 104-108.

kács (que, lembre-se, valeu-se dessa mesma passagem) não se confunde com a consciência psicológica dos operários empíricos, mas é um atributo objetivo da posição da classe operária na totalidade social capitalista (Lukács, 1974a, p. 64); o Estado capitalista, na teoria neomarxista, cumpre uma função objetiva sistêmica à revelia da consciência e das motivações dos atores que estão à frente dessa instituição (Poulantzas, 1986); os fenômenos econômicos são, na verdade, efeitos de estruturas que contêm em si mesmas o seu próprio mecanismo causal, como sugere o conceito de "causalidade estrutural" de Louis Althusser (Althusser, 1970, p. 197-207).

O problema, contudo, não é que essas teses sejam indefensáveis, mas sim que a sua operacionalização nunca revela os *mecanismos* por meio dos quais tais necessidades sistêmicas ou tais lógicas objetivas se traduzem em condutas humanas que, por sua vez, produzem os efeitos objetivos necessários à reprodução ou à mudança social. Nesse sentido, o individualismo metodológico tem lá suas vantagens, pois os teóricos filiados a essa vertente nunca precisaram recorrer a quaisquer "necessidades objetivas" do Capitalismo ou a leis imanentes da História para explicar a defasagem entre ações intencionais e resultados não antecipados. Assim, a famosa distinção weberiana entre "compreensão" (dos motivos da ação) e "explicação" (do desenvolvimento externo da ação) ou o conceito de "efeitos perversos", formulado por Raymond Boudon[95], procuram dar conta dessa defasagem recorrendo às múltiplas condutas individuais que, agregadas, constituem-se no mecanismo causador de efeitos coletivos que não são desejados por nenhum dos atores envolvidos na sua produção. Nesse sentido, se um efeito determinado é produzido, ele é causalmente conectado às condutas e às interações humanas concretas e observáveis, isto é, a "um *sujeito* sociológico dotado de capacidade de ação e de intenção" (Boudon, 1993, p. 15), e não a uma "imposição objetiva" que opera nunca se sabe exatamente como.

Essas críticas à explicação funcional não devem, apesar disso, levar-nos às mesmas conclusões exageradas de Jon Elster. Para Elster, a incoerência lógica e a incapacidade explicativa (isto é, incapacidade de revelar mecanismos) desse procedimento comprovariam que o mesmo não tem lugar na teoria social (Elster, 1982, p. 463). Nesse sentido, se a explicação funcional não é efetivamente capaz de explicar e, por isso, deve ser excluída das ciências sociais, e se o pro-

---

95. Cf. Weber, 1922 [1984], p. 5 e 11. Sobre a relação entre "compreensão" e "explicação" em Weber, ver Ringer, 1997, p. 13-17. Segundo Boudon, os efeitos perversos são "efeitos individuais ou coletivos que resultam da justaposição de comportamentos individuais e que não fazem parte dos objetivos perseguidos pelos atores" (Boudon, 1993, p. 10). Em resumo, na Sociologia de orientação individualista, "explicações intencionais são geralmente acompanhadas da procura de consequências não intencionais (os chamados 'efeitos de agregação') nas ações intencionais das pessoas. Ao contrário de formas funcionalistas de explicação, as consequências não intencionais das práticas sociais não são empregadas para explicar a persistência das mesmas práticas" (Baert, 1997, p. 3).

cedimento básico do marxismo reside exatamente nesse tipo de explicação, a conclusão é que ou o marxismo abandona esse padrão explicativo ou perde sua capacidade científica. Mas isso seria claramente um exagero.

Uma defesa da explicação funcional

Todas as críticas feitas às considerações de Elster sobre a explicação funcional remetem à postura exageradamente negativa acima evidenciada. Mesmo aqueles que concordam com a ideia de que tal explicação não tem o poder de revelar mecanismos, discordam do exagero que consiste em expulsá-la do campo da ciência social. Nesse sentido, podemos encontrar três tipos de argumentos favoráveis à explicação funcional: (*i*) ela é importante para a identificação de regularidades funcionais; (*ii*) trata-se de um procedimento complementar, e não oposto, à explicação intencional; (*iii*) a explicação funcional é um trabalho preliminar que permite identificar os fenômenos sociais relevantes que merecem ser explicados.

1) Explicação funcional e regularidades

Segundo Cohen, a explicação funcional é típica do marxismo e cumpre aí uma função importante: *identificar regularidades*. Este autor tem plena consciência de que é preciso diferenciar "enunciados funcionais" de "explicações funcionais", já que a atribuição de funções a um dado fenômeno, reconhece ele, não configura por si só uma explicação desse mesmo fenômeno (Cohen, 2001, p. 251-258). Nesse sentido, cabe perguntar: "se nem todo enunciado funcional é explicativo, o que torna um enunciado funcional explicativo?" (Cohen, 2001, p. 256). Para ele, isso só ocorre quando se pode constatar que a relação entre a existência/persistência de um dado fenômeno e as consequências que ele produz assume a forma de uma "lei" (*consequence law*), isto é, uma regularidade passível de generalização (Cohen, 2001, p. 259). Assim, se for possível demonstrar, através de evidência empírica fundamentada, que sempre que A foi funcional para B, A ocorreu, então revelar-se-ia uma regularidade importante que poderia explicar a persistência de A, embora não necessariamente a sua gênese, isto é, o mecanismo através do qual A se formou ou através do qual B deu origem a A. Segundo Cohen, esse é o caminho mais simples para confirmar uma explicação funcional sem estabelecer um mecanismo (Cohen, 1982, p. 490 e p. 495, nota 14). É importante insistir na ideia de "regularidade", pois *é ela que garante que a funcionalidade de A para B não é meramente acidental*.

Cohen observa que esse tipo de explicação não comete a infração lógica de explicar a causa pelas suas consequências. Para esclarecer esse ponto, ele formula o seu conceito de "fato disposicional" (*dispositional fact*). Esse conceito descreve as condições objetivas de uma sociedade que, em um dado momento, demanda determinadas consequências para continuar existindo e, por isso, aumenta a probabilidade de ocorrência dos fenômenos *intrinsecamente* capazes de produzir tais consequências. Nesse sentido, é essa condição da sociedade que explica a ocorrência do fenômeno que se pretende explicar (*explanandum*), fenômeno esse que ocorre porque seus atributos (suas "disposições") são funcionais *naquelas circunstâncias* (Cohen, 2001, p. 262 e p. 281).

O exemplo mais convincente dado por Cohen quanto a esse ponto diz respeito às estratégias adaptativas das indústrias frente ao mercado capitalista, que ele chama de "elaboração darwiniana da explicação funcional". Imaginemos uma economia competitiva em que certa indústria adotaria a estratégia gerencial de ampliar a sua escala de produção, reduzindo significativamente seus custos e, por conseguinte, aumentando a sua eficiência econômica. Imaginemos ainda que os gerentes não tenham consciência desse fato. Nesse caso, a estratégia de ampliação da escala de produção prevaleceria porque as indústrias que não a adotassem sucumbiriam frente à competição com as demais empresas. Portanto, não é a intenção dos gerentes que explica a adoção dessa estratégia, nem suas consequências, mas os atributos objetivos do mercado capitalista que, por meio da competição, "seleciona" as estratégias gerenciais cujas "disposições" são mais adequadas ao funcionamento da economia naquele contexto, isto é, aquelas cujas consequências são funcionais para as empresas naquelas circunstâncias (Cohen, 2001, p. 287-289).

É preciso observar, entretanto, que esse exemplo é particularmente favorável à tese de Cohen, já que o mercado capitalista produz sinais inequívocos e bastante rápidos acerca da ineficiência de determinadas estratégias, a saber, a morte da empresa ineficiente. A aplicação da explicação funcional a partir da ideia de "fatos disposicionais" parece um pouco mais obscura em casos menos precisos e bem mais ambíguos, como o surgimento e persistência de uma ideologia ou de uma religião (exemplos também utilizados por Cohen) dada a sua funcionalidade para a dominação de classe (Cohen, 2001, p. 290-296). Além disso, por mais que Cohen observe que "revelar mecanismos" não é o objetivo da explicação funcional, é bastante frustrante nada saber sobre o modo pelo qual uma "sociedade", em função de suas condições objetivas, "seleciona" determinadas instituições e condutas devido à sua potencial funcionalidade para ela[96]. Outro problema, como antecipa o próprio Cohen, é saber por que uma dada conduta ou instituição foi "escolhida" quando outras condutas e instituições poderiam executar a mesma função (Cohen, 2001, p. 274-277; Domenèch, 2009, p. 6).

---

[96]. Não por outra razão, Wright, Levine e Sober, ao comentarem o conceito de "fato disposicional", conferem, muito mais do que Cohen, um lugar central à intenção dos atores na sua produção e acabam por reconhecer que "é certamente difícil defender empiricamente proposições sobre fatos disposicionais" (Wright, Levine e Sober, 1993, p. 119).

De qualquer forma, de acordo com Cohen, o problema do marxismo reside menos nas dificuldades inerentes à explicação funcional e mais no uso pouco rigoroso que os marxistas fazem dela. Para ele, os marxistas, na maioria das vezes, falham até mesmo ao tentar satisfazer a exigência preliminar de mostrar que *A* é, de fato, funcional para *B*. Ao dar o exemplo de análises sobre a funcionalidade de políticas estatais no capitalismo, Cohen diz que, normalmente, a funcionalidade de determinada política estatal é tida quase como um pressuposto e que, uma vez estabelecida essa funcionalidade, o estudioso, sem mais argumentos, trata essa política também como funcionalmente explicada. Assim, diz ele, transita-se de "*A* é funcional para *B*" para "*B* funcionalmente explica *A*" sem experimentar nenhuma necessidade de justificar esse passo, sem perceber que se transitou de uma afirmação para outra, distinta e mais forte. A explicação funcional exige comprovação empírica exaustiva tanto da funcionalidade como da regularidade das conexões funcionais, o que permitiria defender a tese acerca da persistência de um dado fenômeno devido à sua funcionalidade para um grupo social, classe ou instituição (1982, p. 491-492).

2) Explicação funcional e explicação intencional

Berger e Offe, com bastante bom-senso, criticam em Elster aquilo que consideram uma busca infrutífera pela "pureza metodológica". Para ambos, deve-se utilizar uma abordagem funcionalista quando essa se mostra necessária, uma abordagem estruturalista quando as determinações estruturais forem evidentes o suficiente, uma análise baseada no "ator" quando a ação individual e a escolha se mostrarem fortemente presentes (1982, p. 523)[97].

Wright, Levine e Sober (1993, p. 119-123) utilizam o exemplo do racismo para defender uma "explicação funcional com um mecanismo intencional". Suponha-se uma sociedade capitalista marcada pela discriminação racial. Esse fenômeno produz um efeito funcional para a dominação de classe ao criar divisões étnicas no seio da classe operária que, por essa razão, não consegue resistir de maneira coesa à classe dominante. Os membros e representantes dessa última classe, ao perceberem a funcionalidade do racismo para a reprodução de sua posição dominante na estrutura social, passariam a incentivar o racismo intencionalmente. Nesse caso, como se percebe, há dois momentos da explicação: primeiro, quando se constata a funcionalidade da discriminação com base na "raça"; segundo, o momento da explicação propriamente dito, quando as intenções dos agentes explicam a reiteração do racismo.

Ora, na verdade essa proposta consiste, basicamente, na rejeição da explicação funcional, cuja característica fundamental, como lembra Merton, é a inconsciência dos atores acerca das funções latentes de suas condutas. No

---

[97]. Quanto a este ponto, ver também Roemer, 1982, p. 513-514 e Cohen, 2001, p. 287.

exemplo acima, a abordagem intencional é totalmente predominante e a "funcionalidade" do evento cumpre apenas o papel de incentivar atores racionais a perseguirem sua manutenção.

A nosso ver, contudo, a complementaridade entre uma *abordagem* funcional de um dado fenômeno e sua *explicação* intencional não precisa seguir a sugestão de que os agentes envolvidos estejam conscientes dos benefícios produzidos pelo evento que se quer explicar. Nesse sentido, basta que a funcionalidade seja constatada pelo analista e que a reprodução do fenômeno em questão seja explicada em termos de condutas individuais, ainda que não intencionalmente orientadas pela busca de efeitos benéficos.

Voltando ao exemplo acima, o analista pode, num primeiro momento, revelar como o racismo produz efeitos funcionais para a dominação de classe e, num segundo momento, mostrar que tal fenômeno se mantém não porque alguns membros da classe dominante incentivem conscientemente a produção de tais efeitos, mas sim porque existem atores sociais que orientam a sua conduta em função de uma visão racista de mundo adquirida ao longo de um processo de socialização estável. Nesse caso, o racismo teria uma "disposição" para ser funcional para uma sociedade dividida em classes, mas sua gênese e persistência não precisariam ser explicadas por essa funcionalidade.

Evidentemente, nada disso exclui a possibilidade de que haja uma percepção dos benefícios que o racismo produz para a dominação social e que isso gere uma busca consciente de sua permanência. Mas isso não é absolutamente necessário para que a *abordagem funcional* – i.e., a constatação da funcionalidade do racismo para a reprodução da dominação de classe por meio da divisão étnica da classe dominada – e a *explicação intencional* – i.e., a identificação das motivações subjetivas que estão na base de ações sociais que contribuem para a produção e a reprodução do fenômeno do racismo – sejam executadas conjuntamente.

3) A explicação funcional como um "trabalho preliminar"

O funcionalismo que pretende identificar regularidades, mas não explicar a gênese de um fenômeno pelas suas consequências, é definido por Giddens como um "funcionalismo sofisticado", ao qual cabe, na verdade, apenas a realização de um *trabalho preliminar* que demandaria posteriormente mais esforço analítico. Ou seja, esse trabalho preliminar serviria para indicar fenômenos que "clamam por explicações, em vez de serem explicados pelas concepções que eles [os funcionalistas] oferecem" (Giddens, 1982, p. 531).

É preciso, porém, evitar o menosprezo frente a esse "trabalho preliminar". Penso que, seguindo as indicações de Cohen, a identificação de regularidades é uma forte indicação da direção em que deve caminhar a pesquisa, além de, por si só, revelar ligações interessantes e significativas. É o que sugere o próprio Weber, ao dizer que "necessitamos saber primeiro qual é a importância de uma ação do ponto de vista funcional para a 'conservação' [...] e desenvolvimento em uma direção determinada de um tipo de ação social antes de poder nos perguntar de que maneira se origina aquela ação e quais são os seus motivos. É preciso que saibamos que serviços prestam um 'rei', um 'funcionário', e um 'empresário', um 'rufião', um 'mago'; ou seja, que ação típica [...] *é importante para a análise e merece ser considerada antes de começarmos a análise propriamente dita*" (Weber, 1922 [1984], p. 15; sem itálicos no original).

A conclusão de Elster pela expulsão da abordagem funcional do campo da teoria social se mostra, portanto, claramente um exagero. Contudo, é inegável que esse tipo de explicação não é capaz de fornecer os mecanismos dos fenômenos que procura explicar. É essa, a meu ver, a parte mais importante da crítica de Elster ao tipo funcional de explicação.

Se essa é a parte mais importante, substantiva e fecunda da crítica de Elster à explicação funcional e, por consequência, ao marxismo tradicional, então se pode compreender melhor a natureza do seu projeto intelectual em particular e o dos marxistas analíticos em geral. Trata-se de fornecer ao marxismo um instrumental que lhe permita detectar mecanismos, o que, na perspectiva dos analíticos, deve ser feito por meio da adoção do instrumental teórico da teoria econômica neoclássica. É o que veremos a seguir.

Individualismo metodológico, teoria da escolha racional e teoria dos jogos

O individualismo metodológico, a teoria da escolha racional e a teoria dos jogos seriam as "ferramentas" que possibilitariam ao marxismo vencer o vazio explicativo da explicação funcional. Esse instrumental metodológico permitiria acessar os mecanismos ocultos de todo e qualquer fenômeno social que se queira explicar. *Explicar* um determinado fenômeno social, do ponto de vista do marxismo analítico, não é relacioná-lo às consequências benéficas que gera para um determinado grupo; não é encaixar o fenômeno em uma concepção teleológica de História, em que tudo se explica pelo que deve necessariamente acontecer no futuro; não é submeter o fenômeno em questão aos "papéis históricos" que ele deve cumprir ou aos "interesses de classe" previamente estabelecidos a que ele deve atender. *Explicar é fornecer os microfundamentos (os mecanismos) do fenômeno social em questão*[98].

---

98. "Explicações por mecanismos" podem ser assim descritas: (*i*) devem ser baseadas em ações, isto é, os *atores* e não as variáveis são os agentes. Portanto, não podem ser construídas sobre meras associações entre variáveis, mas devem fazer referência direta às causas e consequências da ação individual voltada para o comportamento de outros atores; (*ii*) devem buscar precisão elucidativa. Em outras palavras, não devem estar situadas em um nível de teorização tal que implique indeterminação explicativa, nem devem tentar estabelecer leis sociais gerais, improváveis de existirem no domínio da Sociologia; (*iii*) necessitam, contudo, de um grau de abstração mínimo que permita a

1) O individualismo metodológico[99]

A ideia básica do individualismo metodológico é que, em última instância, quem age não são "as classes", "o Estado", "os grupos sociais", mas os indivíduos. São eles os responsáveis pelas ações e, portanto, pelos fenômenos sociais. Assim, é preciso estudar esses fenômenos a partir das *motivações individuais* para a ação. A ação coletiva, por exemplo, tão comum nas sociedades contemporâneas, não pode ser entendida a partir de categorias coletivas abstratas, mas apenas em função de um agregado de comportamentos individuais. Captar o *mecanismo* de um fenômeno social e revelar os seus *microfundamentos* significa exatamente revelar as crenças e motivações que levam os indivíduos a agir e mostrar *como* eles agiram de fato, dando origem ao fenômeno que se pretende estudar.

A proposta de abordar os fenômenos sociais a partir dos comportamentos individuais é instigante, sobretudo se a entendermos como uma crítica ao "coletivismo metodológico" marxista. Para Elster, não é possível explicar os fenômenos sociais a partir da ideia de "classe", "interesse de classe", "capital" e "Estado", por exemplo. Na verdade, essas entidades, assim pensadas, não existem. Quando falamos que um Estado tomou esta ou aquela decisão, que uma classe deseja tal coisa ou que uma nação almeja um dado fim, estamos, na verdade, adotando uma maneira taquigráfica de dizer que determinados indivíduos pertencentes a essas diversas instituições ou grupos se mobilizaram para realizar tais objetivos. Portanto, é no nível do comportamento individual que devemos compreender tais realidades coletivas.

Como se percebe, não há nada de original nessas proposições, que já podem ser encontradas nos diversos escritos metodológicos de Max Weber, em particular nos "fundamentos metodológicos" do seu *Economia e sociedade*. Acerca do caráter excessivamente abstrato dessas entidades coletivas, vale a pena reproduzir aqui a seguinte citação: "Para a Sociologia, a realidade 'Estado' não consiste apenas nem necessariamente nos seus elementos jurídicos relevantes. *Para a Sociologia não existe uma personalidade coletiva em ação*. Quando usa os termos 'Estado', 'Nação', 'sociedade anônima', 'família', 'corpo militar' ou quaisquer formações sociais semelhantes, ela se refere exclusivamente ao desenvolvimento [...] da ação social por alguns indivíduos,

---

seleção dos fatores relevantes para a construção de modelos, formulados de maneira a incluir somente elementos que se acredita serem essenciais; (iv) devem abrir a "caixa-preta" e tornar claro o que liga a causa ao efeito. Cf. Ratton Jr. e Ventura de Morais, 2003, p. 9-11.

99. É muito importante diferenciar, e tratar separadamente, o individualismo metodológico da teoria da escolha racional porque não raro ambos são apresentados como sinônimos por alguns autores do marxismo analítico. Enquanto o individualismo metodológico reconhece a existência de outros tipos de ação social e o caráter histórico da racionalidade instrumental, a teoria da escolha racional tende a universalizar (isto é, a desistoricizar) essa última. Cf., por exemplo, Carvalho, 2008, p. 160-161.

seja ela real ou constituída como possível" (Weber, 1922 [1984], p. 12, sem itálico no original).

Portanto, o marxismo analítico, através do individualismo metodológico, faz parte daquela estratégia das Ciências Sociais que consiste na recuperação do "ator", recolocando-o no centro dos fenômenos sociais e, por conseguinte, no centro das explicações sociológicas. No entanto, e é preciso deixar isso bem claro, o marxismo analítico não defende o retorno das Ciências Sociais a um subjetivismo delirante que desprezaria as determinações objetivas da ação. Penso que essa afirmação ficará mais clara ao ser abordada a proposta de conjugar marxismo e teoria da escolha racional.

2) A teoria da escolha racional

A teoria da escolha racional tem um postulado básico, segundo o qual os indivíduos são racionais, isto é, *em situações de escolha eles escolherão a alternativa que maximizará as vantagens que se pretende obter*. Esse pressuposto é tão forte que Roemer não hesita em definir a teoria da escolha racional como um método dedutivo, ou seja, um método que "procura deduzir observações históricas a partir de postulados básicos sobre o comportamento individual que são suficientemente fundamentais para serem considerados evidentes em si" (Roemer, 1982, p. 514).

No entanto, se, de acordo com a teoria da escolha racional, os indivíduos são capazes de fazer opções racionais em situações de escolha, isso não significa que eles tenham plena liberdade de ação. Na verdade, essas situações de escolha são vivenciadas pelos atores sociais por meio de dois "filtros", filtros estes que revelam como a teoria da escolha racional confere importância às condições objetivas. Os dois filtros são, na verdade, processos de exclusão que acabam por condicionar a alternativa que deverá ser escolhida.

O primeiro filtro é exatamente o que poderíamos chamar de "filtro objetivo". Ele impõe a exclusão dos cursos de ação que não satisfazem critérios lógicos, físicos, econômicos ou mentais. Todos esses elementos objetivos, isto é, que não dependem da vontade do indivíduo, são constrangimentos às decisões individuais.

O segundo filtro refere-se exatamente à dimensão subjetiva do processo de escolha, isto é, à escolha racionalmente feita pelo indivíduo. O primeiro filtro deixa um conjunto de ações remanescentes que devem ser avaliadas pelos indivíduos a partir de um determinado critério de seleção. A teoria da escolha racional diz que, numa situação como essa, os indivíduos escolherão o curso de ação que preferirem ou que acreditarem ser o melhor em função dos objetivos a serem atingidos. Assim, agir racionalmente significa escolher a melhor opção num conjunto de opções viáveis[100].

---

100. Os teóricos da escolha racional reconhecem, porém, que nada têm a dizer sobre como se formam as preferências a partir das quais as escolhas são feitas. Cf. Elster, 1982, p. 465, nota 46 e

Ao levar em consideração esses dois filtros da escolha individual, pretende-se combinar as considerações predominantemente subjetivistas da teoria econômica neoclássica com as inclinações objetivistas do marxismo (Roemer, 1989, p. 224-226)[101]. Elster, contudo, diz que é preciso insistir no aspecto subjetivo da escolha, pois o fato de que opções estejam objetivamente disponíveis para um agente não pode entrar na explicação de seu comportamento se ele não tem bases racionais, isto é, evidências e informações para saber que essas alternativas estão disponíveis. Aqui se percebe o individualismo metodológico sendo operacionalizado. Uma vez cumpridas as determinações objetivas do primeiro filtro, o elemento determinante da ação não é a existência objetiva de possibilidades, mas a crença e o desejo do indivíduo em realizá-las e a sua capacidade de percebê-las como viáveis e adequadas aos seus objetivos. *Uma ação só se efetiva porque o indivíduo é capaz de percebê-la racionalmente como uma alternativa e porque suas crenças e desejos o motivam a agir*[102].

A teoria da escolha racional é particularmente importante para pensar um problema central para o marxismo, a saber, as ações coletivas. A teoria da escolha racional reconhece a importância das condições externas partilhadas por vários indivíduos, já que elas são fundamentais para a formação de crenças e desejos similares que, por sua vez, podem gerar um impulso para a solidariedade. No entanto, essa teoria rejeita qualquer procedimento intelectual que, a partir das condições de existência e de crenças e desejos partilhados por determinados indivíduos, deriva automaticamente um ator social coletivo dotado de vontade própria e com uma consciência política determinada. A grande contribuição da teoria da escolha racional para a Sociologia foi tomar a ação coletiva como um problema a ser explicado e não como um fato inerente às condições objetivas de um dado grupo. Nesse sentido, não se pode pressupor, mas é preciso explicar como a "solidariedade" (uma forma de pensar e sentir em conjunto) se traduz efetivamente em "cooperação" (uma forma de agir em conjunto) (Kaplan e Lasswell, 1998, p. 60 e 61).

Gary Becker, 1990, p. 5. Esse reconhecimento, entretanto, revela um dos pontos mais frágeis da aplicação da teoria da escolha racional aos problemas sociológicos. Do ponto de vista do sociólogo, muito mais importante (e interessante) do que identificar as estratégias maximizadoras de um determinado fim é saber por que os agentes perseguem um fim determinado e não outro qualquer. Nesse sentido, o sociólogo teria razão em dizer que o adepto da teoria da escolha racional troca o principal pelo acessório.

101. Um estruturalista mais radical diria que temos aqui uma concepção muito limitada acerca do papel das estruturas sociais na determinação da conduta humana. Diria que as estruturas sociais não cumprem apenas um papel negativo (limite objetivo) em relação à conduta humana; elas cumprem também o papel positivo de fornecer os meios (materiais e simbólicos) para a ação. As estruturas não definiriam apenas o conjunto de opções viáveis à disposição do ator, mas, em grande medida, a própria escolha. Com relação a esse ponto, ver Giddens, 1994, p. 51; Foucault, 2002, p. 26-28, e Bourdieu, 1989.

102. Para um resumo dos atributos essenciais da teoria da escolha racional, consultar Tsebellis, 1998 e Downs, 1999. Para uma visão crítica, ver Baert, 1997, e Carvalho, 2008.

Mancur Olson, em *A lógica da ação coletiva,* revela que um dos erros das teorias que lançam mão da ação coletiva para explicar os fenômenos sociais e políticos é pressupor que a lógica da conduta individual se aplica também à ação coletiva. Essas teorias, inclusive o próprio marxismo, parecem admitir que se um indivíduo isolado e consciente de seus interesses persegue os seus objetivos racionalmente, então vários indivíduos colocados em uma situação semelhante, percebendo a similaridade dos seus interesses, agirão coletivamente para realizá-los da melhor forma possível. Como mostra Olson, se mantivermos o pressuposto da racionalidade individual, perceberemos que, em grandes grupos, a saída mais racional é sempre a abstenção, frustrando-se, assim, o surgimento voluntário de ações coletivas nesses grupos. Dessa forma, a classe estaria impedida de se transformar diretamente num ator coletivo (Olson, 1999). Sendo a classe social uma categoria analítica fundamental para a teoria política marxista, tais observações não podem ser simplesmente ignoradas, pois dizem respeito à possibilidade (ou impossibilidade) de se utilizar tal categoria para a análise política.

A constatação de que há uma incompatibilidade inicial entre racionalidade individual e a produção de benefícios públicos (isto é, entre racionalidade individual e estratégias voluntárias de solidariedade) é muito importante para o marxismo porque o próprio Marx confere a esse tipo de conduta um lugar importante nas suas considerações sobre o capitalismo (Boudon, 1993, p. 195-196, e Maguire, 1984, cap. V). Se essa observação pode parecer um tanto quanto temerária para uma obra como *O Capital,* nas obras históricas, tais como *O 18 brumário de Luís Bonaparte,* a *Luta de classes em França* e os escritos da *Nova Gazeta Renana,* a presença de um modelo estratégico de ação para entender a dinâmica política desses contextos históricos salta aos olhos.

Em suas análises, Marx se refere com frequência às classes sociais como atores coletivos que agem diretamente na cena política ou são intermediados por organizações ou agentes que as representam, tais como os partidos, os políticos profissionais, as agências estatais ou os líderes pessoais. No entanto, nunca sabemos ao certo exatamente como a classe age ou como se dá a relação de representação entre elas e seus supostos representantes. Certamente, há várias observações e *insights* instigantes nas análises de Marx. No entanto, dada a centralidade do conceito de classe para a teoria marxista, não é mais possível limitar a análise classista da política a observações vagas e metafóricas. Ao contrário, é preciso pensar uma teoria e uma metodologia que permitam aos marxistas efetivamente explicar como (e se) as classes se organizam, agem e tornam-se capazes de transformar a realidade social. Uma evidência indireta das dificuldades que esse problema coloca é o fato de o marxismo contemporâneo praticamente se abster de discutir o problema da classe social como ator político coletivo. "A ausência de uma teoria adequada de capacidade de classe constitui uma fraqueza importante do materialismo histórico, especialmente em suas aplicações à sociedade capitalista" (Wright, Levine e Sober, 1993, p. 70)[103].

3) A teoria dos jogos

A teoria dos jogos é um complemento das duas primeiras estratégias analíticas apresentadas anteriormente. O seu objeto de estudo são situações de *interdependência de decisões* racionais[104], nas quais o ator percebe que a ação dos outros agentes necessariamente influi no curso da sua própria ação.

Essa interdependência das ações é vista pela teoria dos jogos a partir de duas perspectivas: a dos jogos não cooperativos e a dos jogos cooperativos. Os jogos não cooperativos são os jogos de soma-zero, isto é, jogos em que se um dos agentes ganha, o outro necessariamente perde na mesma proporção. São, por essa razão, jogos de conflito puro, que anulam as possibilidades de cooperação. Ao contrário, os jogos cooperativos são de soma variável, nos quais as estratégias escolhidas pelos agentes afetarão também o total a ser dividido. Por essa razão, eles podem misturar o conflito com a cooperação. Vale insistir, no entanto, que é preciso que os agentes racionais envolvidos nessas interações percebam as situações como sendo de conflito ou de cooperação para que elas se desenvolvam em direção ao enfrentamento ou à solidariedade. Tal percepção é influenciada por um sem-número de variáveis, tais como os processos de socialização, a quantidade e a qualidade das informações à disposição dos agentes e os seus recursos cognitivos.

Um exemplo de jogo cooperativo é exatamente a relação entre capitalistas e trabalhadores. Nesse jogo, a soma é variável porque a acumulação de capital pode crescer efetivamente. Assim, uma situação de conflito em que, de um lado, os trabalhadores exigem aumento salarial e, de outro, os capitalistas se recusam a concedê-lo, pode ser resolvida se o aumento salarial for concedido a partir do aumento da produtividade (isto é, do aumento da extração de mais-valia relativa). Desse modo, capitalistas e trabalhadores podem chegar a uma situação de

---

103. Discuto esse ponto mais extensamente em Perissinotto, 2007. Sobre a relação entre classe social e ação coletiva no marxismo analítico, ver também Reis, 1991. Este último trabalho é particularmente interessante por mostrar como a aceitação da tese de Olson acerca da indeterminação da conduta política de uma classe social impõe refutar também qualquer *definição* desse conceito que inclua elementos referentes à "classe-para-si". Nesse sentido, defende-se uma tese próxima à de G.A. Cohen, para quem "A classe social de uma pessoa é definida exclusivamente pelo seu lugar objetivo na rede de relações de propriedade, por mais difícil que seja identificar tal lugar claramente. Sua consciência, cultura e sua prática política não entram na *definição* de sua posição de classe. Na verdade, essas exclusões são necessárias para proteger o caráter substantivo da tese marxiana de que a posição de classe condiciona fortemente a consciência, a cultura e a prática política" (Cohen, 2000, p. 73).

104. Para Elster, uma melhor denominação da teoria dos jogos seria, exatamente, "teoria das decisões interdependentes". Cf. Elster, 1989b, p. 41.

cooperação exatamente porque a variação da soma total permitiria ganhos dos dois lados. Em grande parte, é isso que nos impede de afirmar que o conflito entre capitalistas e trabalhadores levará necessariamente a um impasse, e consequentemente, ao socialismo. Segundo Elster, quando Marx fazia essa previsão, encarava o jogo entre capitalistas e trabalhadores, erroneamente, como um jogo de soma-zero.

Considerações finais

Há, evidentemente, várias críticas já feitas às formulações dos marxistas analíticos e, sobretudo, à sua proposta de aproximar o marxismo do instrumental metodológico da teoria econômica neoclássica, além de críticas à essência mesma desse instrumental. Gostaríamos, entretanto, de insistir no pecado maior, cometido lá e cá, que consiste na busca da "pureza metodológica", para usar a expressão de Berger e Offe (1982).

A insistência de Jon Elster, em texto publicado na revista *Theory and Society*, no uso exclusivo do individualismo metodológico, da teoria da escolha racional e da teoria dos jogos para analisar a conduta humana me parece, de fato, empobrecer o processo de conhecimento dos processos sociais. Nesse sentido, acredito que essa proposta deve ser sempre acompanhada de uma análise estrutural sofisticada (i.e., que não veja a estrutura social apenas como um "impedimento"), já que é simplesmente impensável não supor a existência de determinações deste tipo sobre a conduta dos atores sociais. Como argumentam Berger e Offe, "Logicamente, o jogo começa apenas depois que os atores foram constituídos, e *as suas ordens de preferência são formadas como um resultado de processos que não podem ser considerados eles mesmos como partes do jogo*. Ao contrário, limites como os recursos disponíveis, a capacidade de aprender, as prioridades e os custos dos modos alternativos de comportamento estratégico devem ser explicados por outra teoria que não a da "escolha racional". Nesse sentido, confiar exclusivamente na teoria dos jogos para explicar, eliminando importantes elementos constituidores e psicocondições do jogo, não apenas da agenda metodológica, mas também da agenda sociológica, é pagar um preço alto demais pela pureza metodológica, para os cientistas sociais em geral e para os marxistas em particular" (Berger e Offe, 1982, p. 525, sem itálico no original).

No entanto, a busca pela pureza metodológica é um pecado que também acomete o outro lado da disputa. Para Cohen, por exemplo, não há nada mais incompatível com o marxismo do que adotar a estratégia sugerida por Elster. Para ele, o coração do materialismo histórico reside nas grandes conexões explicativas, estabelecidas por Marx e evidenciadas no "Prefácio" de 1859, entre forças produtivas e relações de produção. Esse núcleo central do marxismo comporta ainda um corolário inescapável: a afirmação da tese de que a superestrutura da sociedade serve para a estabilização da sua estrutura econômica. Sendo assim, Elster deveria escolher: ou individualismo metodológico ou marxismo (Burawoy, 1989, p. 63).

No sentido de evitar as armadilhas da pureza metodológica, acredito, sim, que vale a pena incorporar algumas das críticas e sugestões elaboradas pelos analíticos, pois elas fortaleceriam o marxismo como ciência social. Nesse sentido, três pontos são particularmente importantes a meu ver.

1) As críticas à explicação funcional

Parece-me irrefutável que explicações funcionais pouco sofisticadas, notadamente aquelas que pretendem explicar a *gênese* de um fenômeno pelas suas consequências, devem ser definitivamente abandonadas em função de sua incoerência lógica. Mesmo as proposições mais sofisticadas, porém, quase sempre cometem o pecado de transformar a constatação de conexões funcionais em explicações causais, sem que, de fato, os *mecanismos causais* dessa conexão sejam demonstrados. Limitam-se, quase sempre, a fazer referências a uma suposta "necessidade sistêmica" ou aos "imperativos da função objetiva" que, como disse, nunca se sabe ao certo como funcionam.

Entretanto, apesar da validade dessas críticas, penso ser possível continuar trabalhando com a abordagem de tipo funcional, sobretudo se a entendermos como uma análise exaustiva de processos empíricos que identifica conexões funcionais poderosas e, nesse sentido, cumpre um importantíssimo trabalho preliminar à explicação propriamente dita.

2) Aspecto empírico da primazia causal

Parece-me também correto dizer que a identificação de conexões funcionais, por mais regulares que sejam, não nos autoriza, por si só, a estabelecer uma primazia causal. O fato de que uma determinada forma de Estado A seja funcional para as relações de produção B não é suficiente para estabelecer a primazia causal do econômico B sobre o político A. Tal observação é ainda mais importante para um marxismo mais sofisticado, que claramente confere às "superestruturas" um papel muito ativo. Sendo assim, é preciso desenvolver procedimentos metodológicos, recursos analíticos, conceitos operacionais que permitam verificar empiricamente essa primazia causal, em vez de transformá-la em um postulado doutrinário.

Para Wright, Levine e Sober (1993, p. 223 e 245), afirmações fundamentadas sobre primazia causal só podem ser feitas com efetiva segurança em pesquisas de natureza quantitativa, isto é, que permitam a mensuração das variáveis. Essas pesquisas, porém, sofrem de dois problemas. O primeiro deles, observado pelos próprios autores, refere-se ao fato de que pesquisas quantitativas adotam um modelo aditivo de causalidade, isto é, se limitam a detectar o peso de cada causa isoladamente na produção do efeito que se quer explicar. São, portanto, de difícil aplicação quando se pretende analisar a articulação contextual entre várias causas. Um segundo problema, acrescento, é que não raro tais pesquisas, a fim de viabilizarem a medição, cometem tantas agressões à realidade que, ao fim e ao cabo, não sabemos se elas dizem algo sobre o mundo real ou apenas sobre o banco de dados que construíram.

No entanto, é inegável que as afirmações sobre primazia causal em pesquisas qualitativas são sempre mais incertas, dadas a complexidade do objeto e a pretensão de ver causas articuladas contextualmente em vez de simplesmente justapostas umas às outras. Uma das maneiras de ter um maior controle sobre a complexidade do mundo social sem deturpá-la é por meio do uso do método comparativo. Este método parece ser uma maneira razoavelmente segura de estabelecer atribuições causais e já há um bom tempo vem sendo submetido a uma crescente discussão para torná-lo mais rigoroso (Ragin, 1987). Ainda assim, quem adotar a estratégia de pesquisa qualitativa deve se sentir pouco seguro para fazer generalizações absolutas sobre relações causais[105]. O método comparativo parece ser particularmente pertinente para o procedimento indutivo de um marxismo *à la* Cohen, cujo objetivo é identificar conexões funcionais historicamente regulares.

De qualquer forma, aqui também seria preciso evitar uma confusão recorrente. Como disse acima, a constatação de uma *conexão funcional* entre dois fenômenos não representa, ao mesmo tempo, a formulação de uma *relação causal*. Ou seja, o fato de que Y é funcional para Z não nos revela a causa de Y. Por sua vez, a identificação de uma relação causal por meio do método comparativo não pode ser confundida com a elaboração de uma *explicação causal*. A descoberta de que X causa Y nada nos diz sobre *como* exatamente X causa Y. Como lembra Stuart Mill, o processo de identificação da causa nada tem a ver com o desvendamento do "modo de produção do fenômeno" (Stuart Mill, 1886, p. 213). Ou por outra: *conexão funcional, relação causal e explicação causal são três coisas distintas*. Nesse sentido, como sustentaram os marxistas analíticos, somente a identificação dos "mecanismos", isto é, da cadeia de ações e estratégias individuais, poderia abrir a "caixa-preta" e efetivamente vincular a causa ao efeito, isto é, somente ela poderia fornecer uma explicação de tipo causal.

---

105. O mais clássico exemplo quanto a esse ponto é a recusa de Max Weber de transformar a causa mais relevante para a ocorrência de um dado fenômeno em "causa necessária" desse mesmo fenômeno, preferindo a expressão "causa adequada". Para Weber, a Sociologia e a história comparada, desde que conjugadas, podem identificar causas relevantes passíveis de alguma generalização, mas são incapazes de estabelecer relações causais universais, como fazem as ciências da natureza, exatamente em função da maior complexidade de seus objetos. Cf. Max Weber, 2004.

3) O problema da ação coletiva

Há importantes contribuições no que diz respeito a formas alternativas de pensar o problema fundamental da ação coletiva. Para o marxismo analítico, as entidades coletivas tradicionalmente operacionalizadas pelas explicações marxistas – o Estado, as classes, o capital etc. – são demasiadamente abstratas e, por isso, pouco explicativas. Atribui-se a essas entidades interesses e papéis históricos previamente definidos, aos quais os comportamentos efetivos dos agentes devem se adequar funcional e teleologicamente. A questão, como disse, parece-me particularmente importante para recolocar a ação de classe no centro das preocupações teóricas do marxismo.

Por fim, mesmo que pareça restar tão pouco do marxismo na proposta em questão, é importante dizer que o marxismo analítico não se identifica tão intimamente com a teoria econômica neoclássica como se pode pensar. Os seus principais representantes continuam a sustentar um compromisso com a maleabilidade histórica das preferências humanas, em função da formação social do indivíduo, enquanto para os neoclássicos as preferências são fruto de uma natureza humana imutável que define o mundo objetivo. O marxismo analítico insiste na importância da ação coletiva e da relação de poder entre os "atores", enquanto os neoclássicos têm uma interpretação puramente individualista da qual está ausente qualquer ideia de dominação. Eles defendem um "materialismo mitigado" (Wright, Levine e Sober, 1993, p. 160) que considera como altamente plausível a tese da determinação materialista para alguns processos sociais (mas não para todos), desde que submetidos ao teste da pesquisa empírica. Finalmente, o marxismo analítico crê na injustiça do capitalismo, na sua transitoriedade histórica e, por conseguinte, no projeto de emancipação contido no marxismo, não havendo, é claro, nada nesse sentido na teoria neoclássica (Roemer, 1989b, p. 230).

Referências

ALTHUSSER, Louis. El objeto de "El Capital". In: _____. *Para leer El Capital*. México: Siglo XXI, 1970.

BAERT, Patrick. Algumas limitações das explicações da escolha racional na Ciência Política e na Sociologia. *Revista Brasileira de Ciências Sociais*, São Paulo, v. 12, n. 35, p. 63-74, out., 1998.

BECKER, Gary S. *The Economic Approach to Human Behavior*. Chicago: The University of Chicago Press, 1990.

BOUDON, Raymond. *Effets pervers et ordre social*. Paris: Quadrige/Presses Universitaire de France, 1993.

BOURDIEU, Pierre. A gênese dos conceitos de habitus e de campo. In: _____. *O poder simbólico*. Lisboa: Difel, 1989, p. 59-73.

BURAWOY, Michael. Making Nonsense of Marx. Le marxisme revu par l'individualisme méthodologique. *Actes de la recherche en sciences sociales*, Paris, n. 78, p. 61-63, juin, 1989.

CARVALHO, Bruno Sciberras de. *A escolha racional como teoria social e política*: uma interpretação crítica. Rio de Janeiro: Topbooks, 2008.

COHEN, G.A. El marxismo y la explicación funcional. In: Roemer, J.E. (Org.). *El marxismo*: una perspectiva analítica. México: Fondo de Cultura Económica, 1989.

COHEN, G.A. *Karl Marx's Theory of History*: A Defense. New Jersey: Princeton University Press, 2001.

COHEN, G.A. Reply to Elster on "Marxism, Functionalism, and Game Theory". *Theory and Society*, Amsterdam/New York, v. 11, n. 4, p. 483-495, 1982.

DOMENÈCH, Antoni. Qué fue del "marxismo analítico"? (En la muerte de Gerald Cohen). *Revista Sin Permiso*, n. 6, 2009. Disponível em: http://www.sinpermiso.info Acesso em: 12 jan. 2010.

DOWNS, Anthony. *Uma teoria econômica da democracia*. São Paulo: Edusp, 1999.

DURKHEIM, Émile. *A divisão do trabalho social*. Lisboa: Presença, 1984.

ELSTER, Jon. *Marx hoje*. Rio de Janeiro: Paz e Terra, 1989b.

ELSTER, Jon. Marxism, Functionalism, and Game Theory. *Theory and Society*, Amsterdam/New York, v. 11, n. 4, p. 453-482, 1982.

ELSTER, Jon. Marxismo analítico: o pensamento claro. Uma entrevista com Jon Elster. *Novos Estudos CEBRAP*, São Paulo, n. 31, p. 95-106, 1991.

ELSTER, Jon. *Rational Choice*. Oxford: Basil Blackwell, 1986.

ELSTER, Jon. Reflexiones sobre marxismo, funcionalismo y teoria de los juegos. In: Roemer, J.E. (comp.). *El marxismo*: una perspectiva analítica. México: Fondo de Cultura Económica, 1989.

ELSTER, Jon. *Ulises y las sirenas* – Estudios sobre racionalidad e irracionalidad. México: Fondo de Cultura Económica, 1989c.

ENGELS, Friedrich. Ludwig Feurbach e o fim da filosofia clássica alemã. In: *Karl Marx e Friedrich Engels:* Obras escolhidas. v. 3. São Paulo: Alfa-Ômega, s/d.

FOUCAULT, Michel. *Vigiar e punir*. Petrópolis: Vozes, 2002.

GIDDENS, Anthony. *Central Problems in Social Theory* – Action, Structure and Contradiction in Social Analysis. Berkley: University of California Press, 1994.

GIDDENS, Anthony. Commentary on the Debate. *Theory and Society*, Amsterdam/New York, v. 11, n. 4, p. 527-539, 1982.

KAPLAN, Abraham e LASSWELL, Harold. *Poder e sociedade*. Brasília: Editora Unb, 1998.

LIPIETZ, Alain. As crises do marxismo. *Novos Estudos CEBRAP*, São Paulo, n. 30, p. 99-110, 1991.

LUKÁCS, Georg. A consciência de classe. In: _____. *História e consciência de classe*: estudos de dialética marxista. Lisboa: Publicações Escorpião, 1974a [1919].

LUKÁCS, Georg. O que é o marxismo ortodoxo? In: _____. *História e consciência de classe*: estudos de dialética marxista. Lisboa: Publicações Escorpião, 1974b [1919].

MAGUIRE, John M. *Marx y su teoría de la política*. México: Fondo de Cultura Económica, 1984.

MARX, Karl. La burguesia y la contrarrevolución. In: _____. *Las revoluciones de 1848*. México: Fondo de Cultura Económica, 1989 [1848].

MARX, Karl. *O 18 brumário de Louis Bonaparte*. Lisboa: Avante, 1984 [1852].

MERTON, Robert K. *A ambivalência sociológica*. Rio de Janeiro: Zahar, 1979.

MERTON, Robert K. *On Theoretical Sociology* – Five Essays, Old and New. New York: Free Press, 1967.

OLSON, Mancur. *A lógica da ação coletiva*. São Paulo: Edusp, 1999.

PERISSINOTTO, Renato M. O 18 brumário e a análise de classe contemporânea. *Lua Nova*: Revista de Cultura e Política, São Paulo, v. 71, p. 81-122, 2007.

POULANTZAS, Nicos. *Poder político e classes sociais*. São Paulo: Martins Fontes, 1986.

PRZEWORSKY, Adam. *Capitalismo e social-democracia*. São Paulo: Companhia das Letras, 1989.

RAGIN, Charles C. *The Comparative Method*: Moving Beyond Qualitative and Quantitative Strategies. Los Angeles: University of California Press, 1987.

RATTON Junior, José Luiz de Amorim e VENTURA de MORAIS, Jorge. Para ler Jon Elster: limites e possibilidades da explicação por mecanismos nas ciências sociais. *Dados*, Rio de Janeiro, v. 46, n. 2, p. 385-410, 2003.

REIS, Bruno P.W. O conceito de classes sociais e a lógica da ação coletiva. *Dados*, Rio de Janeiro, v. 34, n. 3, p. 415-451, 1991.

RINGER, Fritz. *A metodologia de Max Weber* – Unificação das ciências culturais e sociais. São Paulo: Edusp, 1997.

ROEMER, John E. Marxismo de "elección racional": algunas cuestiones de método y contenido. In: Roemer, John (comp.). *El marxismo*: una perspectiva analítica. México: Fondo de Cultura Económica, 1989.

ROEMER, John E. Methodological Individualism and Deductive Marxism. *Theory and Society*, Amsterdam/New York, v. 11, n. 4, p. 513-520, 1982.

STUART MILL, John. *System of Logic Ratiocinative and Inductive Being a Connected View of the Principles of Evidence and the Methods of Scientific Investigation*. London: People's Edition, 1886 [facsímile].

TARRIT, Fabien. A Brief History, Scope, and Peculiarities of "Analytical Marxism". *Review of Radical Political Economics*, n. 38, p. 595-618, 2006.

TSEBELIS, George. *Jogos ocultos*. São Paulo: Edusp, 1998.

WEBER, Max. Critical Studies in the Logic of the Cultural Sciences: A critique of Eduard Meyer's Methodological View. In: _____. *The Methodology of the Social Science*. Translated and edited by Edward A. Shils and Henry A. India: Finch ADB Publishers, 2004.

WEBER, Max. *Economía y Sociedad*. México: Fondo de Cultura Económica, 1984 [1922].

WRIGHT, Eric O. *Classes*. London: New Left Books, 1985.

WRIGHT, Eric O.; LEVINE, Andrew e SOBER, Elliott. *Reconstruindo o marxismo*: ensaios sobre a explicação e teoria da história. Petrópolis: Vozes, 1993.

* * *

7
Marx e a análise contemporânea de classe

Renato Perissinotto

A análise de classe, isto é, a análise que pretende entender os fenômenos sociais e políticos a partir das relações entre classes sociais situadas no processo produtivo, é um dos pilares teóricos do marxismo. Uma das tarefas da análise de classe, segundo Ralph Miliband, é "demonstrar as estruturas e os mecanismos exatos de dominação e exploração" nas sociedades humanas (1996, p. 483). Para ser mais específico, o marxismo tem como obrigação não apenas identificar as relações objetivas de exploração que se estabelecem, ao longo da história, entre produtores diretos e proprietários dos meios de produção, mas também, na medida em que atribui às relações de classe a condição de princípio estruturador da totalidade social, analisar *os meios pelos quais as classes atuam na política*. Nesse caso, o problema teórico fundamental consiste em saber como um grupo de indivíduos ocupantes de lugares objetivos no processo produtivo se transforma em coletividade que luta para a realização de seus interesses (Przeworsky, 1989, p. 86).

Este capítulo tem como pretexto inicial um retorno à mais consagrada análise histórica de Marx – *O 18 Brumário de Luís Bonaparte* – para tentar identificar nesta obra como as classes se fazem representar na luta política. O uso de *O 18 Brumário* não se deve a uma excentricidade acadêmica. Acredito que essa obra constitui uma espécie de súmula que condensa todas as dificuldades inerentes à análise de classe da política[106] e, a meu ver, ainda presentes na literatura marxista contemporânea, como se pretende mostrar no decorrer deste trabalho. Nesse sentido, o objetivo mais geral deste texto é ver como a literatura contemporâ-

---

106. Nesse sentido, *O 18 Brumário de Luís Bonaparte* é um texto mais "completo" que *O capital*. Nesta obra, como se sabe, encontramos apenas referências aos lugares objetivos no processo produtivo que constituem as classes sociais fundamentais do modo de produção capitalista. Para usar a expressão de Ruy Fausto, em *O capital* encontramos apenas as "classes em inércia" (Fausto, 1987, p. 203). Ver também Sallum Junior, 2005.

nea enfrentou o problema teoricamente fundamental para a análise política de classe, isto é, o problema de pensar a classe enquanto *ator político* e não apenas como um lugar objetivo nas relações de produção.

Para tanto, o capítulo está dividido em quatro partes. Na primeira, o objetivo é descrever e analisar as passagens de *O 18 Brumário* que enunciam algumas proposições fundamentais acerca da análise política de classe, apresentando, logo em seguida, uma síntese das principais críticas a essas proposições, notadamente aquelas elaboradas por Mancur Olson. Na segunda parte, pretendo mostrar que a literatura marxista contemporânea não resolveu o problema central que consiste em saber como é possível pensar a classe como "ator político", apesar de algumas tentativas nessa direção. A terceira parte do texto discute algumas perspectivas de análise política de classe alternativas ao marxismo. Por fim, à guisa de conclusão, faço algumas reflexões sobre modos possíveis de operacionalizar a análise de classe da política e sobre os problemas a serem enfrentados nesses casos.

Análise de classe e processo político em *O 18 Brumário*

O aspecto mais interessante de *O 18 Brumário* é o fato de Marx propor uma análise classista da política sem, contudo, reduzir a dinâmica da luta política à dinâmica dos interesses econômicos imediatos das classes sociais. Essa análise classista, mas não reducionista, da política aparece em quatro momentos distintos do texto, apresentados e comentados a seguir.

1) Grupos políticos sem base produtiva

O primeiro deles, e talvez o mais evidente, refere-se à existência de grupos politicamente estratégicos que não têm uma base produtiva e, portanto, não se constituem em classes sociais na acepção marxista do termo. Refiro-me aos burgueses republicanos do *National* que, segundo Marx, "não eram uma fração da burguesia unida por grandes interesses comuns e delimitada por condições de produção específicas. Era uma camarilha de burgueses, de escritores, de advogados, de oficiais e de funcionários de espírito republicano" (*18 Br.*, p. 447), cujo objetivo político fundamental era a instauração da República (p. 448). Mas se essa *clique* de republicanos não constitui uma classe, por que então adjetivá-los de "burgueses"? A resposta a essa questão exige tratar do segundo tema em que, a meu ver, evidencia-se a análise não reducionista da política em *O 18 Brumário*.

2) A representação simbólica de classe

Segundo Marx, os republicanos não eram "burgueses" por causa do seu vínculo econômico, mas sim porque partilhavam uma visão de mundo em comum com a classe que representavam. Eles viam a "ordem burguesa" (*18 Br.*, p. 536) como a única ordem social possível. Nesse sentido, os republicanos do *National* são representantes de classe não porque defendam interesses econômicos específicos, mas por causa da "ideologia" que professam. A representação de classe, nesse caso, não é vista como um exercício de ventriloquia, em que o representado manipula o representante obrigando-o a verbalizar seus interesses no interior das ou através das instituições políticas. Essa perspectiva analítica aparece explicitamente em outras duas importantes passagens: a primeira, quando Marx analisa a representação pequeno-burguesa na Assembleia Nacional Legislativa (*18 Br.*, p. 466-471); a segunda, quando se refere à distinção entre "burguesia parlamentar" e "burguesia extraparlamentar" (*18 Br.*, p. 516 e 523).

Nessas passagens, Marx refere-se aos "representantes políticos e literários de uma classe" (*18 Br.*, p. 468), expressão que, a meu ver, visa conjugar o lugar estratégico que as classes sociais ocupam na sua explicação com a ideia de autonomia da representação política. A representação parlamentar da burguesia e da pequena burguesia não se faz por meio de "porta-vozes" (a expressão aparece, por exemplo, na p. 511) de classe, isto é, pequenos lojistas e empreendedores capitalistas, que atuando diretamente na política buscariam, em cada caso, em cada assunto, em cada lei e projeto discutidos, promover os seus ganhos econômicos imediatos. Na verdade, a representação de classe reside em uma correspondência de visões de mundo que leva os "representantes políticos e literários" (ou a parte da classe que "fala e escreve") da pequena burguesia e da burguesia a se colocarem problemas e soluções que são, em termos gerais, os mesmos que habitam o mundo real dessas classes. Essas passagens são ainda mais interessantes porque revelam que esses representantes podem estar a um mundo de distância da situação vivida pelos membros da classe que representam (Marx dirá que "por sua educação e sua situação individual, eles podem se distinguir dela como o dia e a noite" (*18 Br.*, p. 467)). Isso sugere, portanto, que tais visões de mundo podem ser absorvidas e sistematizadas a partir de posições sociais outras, diferentes da posição econômica da classe representada.

3) A autonomia do Estado e sua função de classe

Em *O 18 Brumário de Luís Bonaparte*, Marx, ao pensar a estratégia revolucionária frente ao Estado burguês, avaliou que "todas as revoluções aperfeiçoaram essa máquina [do Estado] em vez de destruí-la" (*18 Br.*, p. 531). Portanto, de acordo com o seu novo receituário revolucionário, é preciso *destruir* o aparelho estatal, pois este, diferentemente do que era sugerido em *O Manifesto Comunista*, não é mais visto como um instrumento neutro que deveria ser apropriado como tal pelo proletariado e utilizado a favor da classe após a revolução social.

A tese de que o aparelho estatal traz inscrito na sua própria organização interna a natureza de classe da sociedade burguesa (daí a necessidade de destruí-lo) *sugere* outra ideia: para que o Estado atenda aos interesses da classe dominante *não* é condição necessária que os membros desta classe ocupem e controlem os cargos estatais. Há várias passagens em *O 18 Brumário* em que Marx parece dar-se conta de que o Estado burguês e a sociedade burguesa mantêm entre si uma relação que transcende as influências subjetivas que a burguesia e seus membros possam eventualmente exercer sobre os agentes do aparelho estatal (ver, por exemplo, *18 Br.*, p. 477-478, 516, 531-532 e 540). De acordo com essas passagens, o Estado cumpre a "função objetiva" de garantir a ordem material da sociedade burguesa sem que para tanto seja necessário que a burguesia esteja à frente do leme do Estado.

4) A dialética das formas políticas

Por fim, as classes aparecem como atores que agem racionalmente (Maguire, 1984) em um dado contexto político-institucional, o que por sua vez afeta a estratégia desses mesmos atores classistas. Nesse sentido, podemos encontrar em *O 18 Brumário* aquilo que Antoine Artous (1999, p. 168) chamou de a "dialética das formas políticas". Segundo este autor, a análise que Marx faz do período que vai de 1848 a 1851 revela que o movimento das formas políticas não é o reflexo mecânico da vontade das classes sociais. Ao contrário. Não raro, são as classes que buscam adaptar-se às novas condições políticas produzidas à sua revelia.

De fato, uma análise atenta de *O 18 Brumário* mostra que não é a burguesia unificada que constrói a República, mas o advento da República que permite a unificação da burguesia; não são os interesses parciais de determinadas frações burguesas que produzem a crise da República, mas a crise da República que, ao recolocar na ordem do dia a possibilidade de uma restauração monárquica, gera crises no interior da burguesia; não é a burguesia que reivindica o fim da República e o golpe de 1851, mas a paralisia decisória produzida pelos embates entre os representantes políticos da classe burguesa entre si que leva esta classe a aderir ao golpe. Numa palavra: não são apenas as estratégias das classes que afetam a configuração das formas políticas, mas também a configuração das formas políticas afeta o movimento estratégico das classes (ver, por ex., *18 Br.*, p. 443-444 e 506-508).

As considerações feitas por Marx indicam três maneiras de operacionalizar a análise de classe no processo político: uma primeira, que poderíamos chamar de "representação objetiva de classe"; uma segunda, que poderíamos identificar como "representação simbólica de classe"; e uma terceira, que vamos chamar de "representação subjetiva de classe".

A representação objetiva de classe (no caso, dos interesses da classe burguesa) se faz presente por meio de um Estado crescentemente autônomo, mas que não abandona a sua "função objetiva" de reprodução da ordem social, isto é, um Estado que reproduz a ordem burguesa à revelia da própria burguesia. Essa visão de representação sugere que a classe social deve ser tratada não como um agente político consciente de seus interesses (i.e., como um "ator coletivo"), mas como uma *realidade objetiva* que se impõe à dinâmica política independentemente das vontades dos seus membros individuais. Visto que essa representação objetiva de classe não trata a classe social como um ator político presente, direta ou indiretamente, nos embates da política cotidiana, não é nosso propósito abordá-la neste texto[107].

A representação simbólica de classe aparece quando Marx se dedica a pensar a *afinidade simbólica* existente entre a visão de mundo dos representantes políticos e literários da burguesia e da pequena burguesia e os interesses dessas classes. Como vimos, tanto em um caso como em outro, a parte da classe que "fala ou escreve" não exerce a sua função de representação como porta-voz direto da classe, mas sim como portadora de uma visão de mundo que vocaliza na arena política interesses de classe, ainda que não apresentados explicitamente como tais.

A representação subjetiva de classe, por sua vez, indica que as classes se fazem presentes na cena política direta ou indiretamente como *atores políticos* que perseguem seus objetivos de classe conscientemente. Lançando mão de um modelo de ação baseado na racionalidade instrumental, Marx entende que as classes têm fins políticos claramente definidos e que buscam realizar seus objetivos fazendo opções estratégicas em situações de escolha. Às vezes, ele parece sugerir que a classe age diretamente, por meio de referências à burguesia, à pequena-burguesia e ao proletariado como atores políticos coletivos; outras vezes, refere-se aos líderes políticos e aos partidos como porta-vozes da classe na cena política.

As duas perspectivas que aqui nos interessam (a representação simbólica e a representação subjetiva de classe) têm, no entanto, problemas para serem operacionalizadas. As críticas feitas à representação simbólica em geral apontam para as dificuldades de se comprovar a existência de relações de representação simbólica de classe que não são vivenciadas como tais pelos supostos representantes da classe. Em suma, a questão aqui é a seguinte: como é possível comprovar que um determinado discurso ou uma dada visão de mundo correspondem, a despeito das intenções subjetivas de quem os formula, a determinadas posições objetivas de classe? Essa será a questão essencial das discussões teóricas realizadas, por exemplo, por Bourdieu e Klaus Eder, mas está praticamente ausente da literatura marxista contemporânea, como se verá mais adiante.

---

107. Essa forma de operacionalizar a representação de classe, como se sabe, foi amplamente aprofundada pela literatura neomarxista, em especial por aquela dedicada à teoria do Estado capitalista. Quanto a este ponto, cf. Poulantzas, 1986; Offe, 1984; Offe e Ronge, 1984; Block, 1987; Holloway e Picciotto, 1978. Parece-me que a grande vantagem dessa perspectiva está em propor uma "sociologia dos efeitos das decisões políticas" e, a partir dela, detectar o caráter de classe do Estado capitalista. No entanto, como já apontado por vários críticos, essa abordagem sofre, em geral, de um rígido funcionalismo e de um grau de abstração excessivo que comprometem seriamente o seu rendimento analítico. Para essas críticas, ver Miliband, 1983; Cohen, 1982, Elster, 1982, e Roemer, 1982. Ver também o capítulo 3 deste livro.

As críticas feitas à representação subjetiva de classe pretendem mostrar a impossibilidade de a classe se constituir voluntariamente em um ator coletivo. Mancur Olson, em *A lógica da ação coletiva,* revela que um dos erros das teorias que lançam mão da ação coletiva para explicar os fenômenos sociais e políticos é pressupor que a lógica da conduta individual se aplica também à ação coletiva. Essas teorias parecem admitir que se um indivíduo isolado e consciente de seus interesses persegue os seus objetivos racionalmente, então vários indivíduos colocados numa situação semelhante, percebendo a similaridade dos seus interesses, agirão coletivamente para realizá-los da melhor forma possível. Como mostra Olson, se mantivermos o pressuposto da racionalidade individual, perceberemos que, em grandes grupos, a saída mais racional é sempre a abstenção, frustrando-se, assim, o surgimento voluntário de ações coletivas nesses grupos. Dessa forma, a classe estaria impedida de se transformar automática e diretamente em um ator coletivo (Olson, 1999, cap. 4). Como bem observou Bruno Reis (1991), a tese olsoniana revela o caráter indeterminado da conduta política das classes sociais e, desse modo, exige que se retire desse conceito as atribuições políticas e ideológicas que fazem desses coletivos atores políticos *a priori*.

Nesse caso, porém, os marxistas poderiam objetar dizendo que nem eles nem Marx defenderam a tese de que as classes sociais agem diretamente na política, como forças coletivas voluntárias (Therborn, 1989). Na verdade, as classes agiriam sempre por meio de "porta-vozes", isto é, por meio de sindicatos, partidos, igrejas e outras instituições que falariam em nome das classes. Como se percebe, o problema empírico nesse caso consiste em fornecer provas de que tais instituições veiculam de fato os interesses das classes em questão. Trata-se de uma tarefa fundamental, sob pena de transformarmos tal relação de representação num mero pressuposto.

Por fim, é importante lembrar que essas duas maneiras de operacionalizar a análise de classe da política tocam no problema fundamental da definição dos "interesses de classe". É preciso encontrar procedimentos pelos quais tais interesses possam ser identificados e analiticamente operacionalizados na análise social e política. Seja definindo a representação de classe por meio de afinidades simbólicas, seja entendendo-a como uma ação política conscientemente levada pela classe ou por instituições que falam em seu nome, o fato é que nos dois casos exige-se do analista identificar empiricamente o "interesse de classe" para que só então a relação de representação seja comprovada.

A teoria marxista contemporânea: os problemas permanecem

Correndo o risco de ser excessivamente superficial, creio que se pode identificar na literatura marxista contemporânea quatro grandes correntes que fornecem diferentes compreensões acerca de como operacionalizar o conceito de classe social para a análise política. A primeira delas é a perspectiva estruturalista, cujo autor paradigmático é Nicos Poulantzas; a segunda corrente se encontra nos trabalhos de Eric Olin Wright, representante do que poderíamos chamar de uma perspectiva "cartográfica" das classes sociais; em terceiro lugar, temos E. P. Thompson que, situando-se no polo oposto à teoria estruturalista, elaborou uma visão "subjetivista" da classe social; por fim, ocupando uma posição intermediária entre as correntes acima listadas, podemos citar a perspectiva da "formação de classe", cujo representante mais importante seria Adam Przeworsky. Vejamos, a seguir, cada uma delas.

Para Nicos Poulantzas, a classe social deve ser pensada como um *efeito do conjunto das estruturas sociais sobre os agentes*. Em termos muito gerais, pode-se dizer que, para este autor, a prática de classe (econômica, política e ideológica) e os limites dentro dos quais essas práticas variam são efeitos estruturais. Por conseguinte, os limites da intervenção das práticas sobre as estruturas são também definidos objetivamente por essas mesmas estruturas. Vale lembrar que também o conceito de *interesses de classe* é definido como um efeito estrutural. Interesses de classe são *interesses objetivos* que se constituem numa espécie de *horizonte estrutural de classe*. Assim, se a classe é o efeito da estrutura sobre os agentes, se as práticas de classe se inserem no interior dos limites fixados pela estrutura, o interesse de classe só pode indicar esses limites estruturais à prática de classe, isto é, à extensão do campo de ação de uma classe tal como definido pelo seu lugar objetivo no conjunto das estruturas sociais (1986, p. 107-108).

Uma das vantagens da abordagem poulantziana, reconhecida inclusive pelos seus críticos, reside na importância atribuída às dimensões não econômicas das classes sociais. Desse modo, as classes e a luta de classes não poderiam ser compreendidas sem referência ao político e ao ideológico. Por essa razão, Poulantzas desenvolveu, a partir dos textos históricos e políticos de Marx, conceitos para pensar a luta política entre as classes, tais como "frações de classe", "bloco no poder", "fração autônoma de classe", "efeito pertinente", "classe reinante", "classe detentora", "fração hegemônica" e "categoria social". Quanto a esse ponto, Adam Przeworsky observa que Poulantzas desenvolve "um grande número de categorias taxionômicas por intermédio das quais se podem identificar *efeitos políticos* das classes sem examinar sua organização" (Przeworsky, 1989, p. 88, sem itálico no original). De fato, as considerações de Poulantzas no que se refere às classes sociais nada dizem sobre a sua transformação em ator político coletivo, pois, por um lado, ele se preocupa em identificar apenas os "efeitos objetivos" que a estrutura de classe produz na esfera política e, por outro, as "funções objetivas" que as instituições políticas, notadamente o Estado, cumprem quanto aos "interesses objetivos" das classes.

Por conseguinte, a partir da perspectiva estruturalista se torna muito difícil pensar o problema da transformação social. Na verdade, fica-se impossibilitado de enunciar teoricamente a questão da organização e da ação de classe, pois o objeto de estudo privilegiado deve ser as estruturas sociais e não a prática das classes ou o seu processo de organização. Por essa razão, a ênfase que Poulantzas confere, em alguns de seus escritos (por ex., 1978, p. 11-38.), às práticas e à luta de classes assume apenas função retórica, sem que tais temas sejam de fato aprofundados pelo autor.

Eric Olin Wright, no seu livro *Classe, crise e o Estado*, discute, entre outras coisas, a importância de se formular conceitos que permitam, no âmbito da teoria marxista, pensar a relação entre a estrutura de classes e a prática das classes nas lutas políticas conjunturais. Com a intenção de pensar esse problema, ele estabelece os conceitos de "capacidades estruturais de classe", "capacidades organizacionais de classe" e "formação de classe". Os dois primeiros conceitos descrevem as relações sociais que vinculam de forma objetiva os agentes a uma situação comum de classe. A capacidade estrutural se refere à posição objetiva de classe no processo produtivo capitalista e funciona como elemento que modela a capacidade da classe para a auto-organização consciente de seus membros. A tradução das capacidades estruturais em capacidades organizacionais depende da luta de classes e descreve mais especificamente o processo, necessariamente histórico, de "formação de classe".

Nesse sentido, para Wright, a luta de classes não é uma variável dependente, apenas modelada por causas estruturais (como seria na perspectiva poulantziana), mas afeta diretamente o processo de formação de classe e, portanto, a sua capacidade organizacional. Isso, por sua vez, gera impactos sobre a reprodução/transformação das estruturas dentro das quais agem as classes. Enfim, a luta de classes é o conceito que estabelece a mediação entre a estrutura de classe e o processo de formação de classe, isto é, o processo de transformação da classe em ator coletivo (Wright, 1979, p. 91-100)[108].

Wright, no entanto, não aprofundou tais considerações e não revelou nenhuma nova estratégia metodológica que pudesse fazer o marxismo avançar no estudo do processo de transformação da classe em ator político coletivo. Preocupado em adequar a análise de classe às sociedades capitalistas contemporâneas (e, assim, reagir àqueles que afirmam a falência teórica do marxismo em função do desaparecimento das classes sociais), Wright redirecionou todo o seu esforço teórico para produzir um *mapeamento* da estrutura de classe atual, lançando mão de conceitos tais como "controle", "exploração" e "localização contraditória de classe" (Wright, 1979, 1985, 1993, 1996 e Roemer, 1989). Como observa Lafferty, a abordagem de Wright se preocupa fundamentalmente em fornecer uma categorização das classes a partir do seu lugar nas relações de controle e exploração. Esse tipo de análise tende, portanto, a diluir a importância da dimensão política da análise marxista de classe e, por via de consequência, a não

---

[108]. Para um resumo mais completo da teoria das classes sociais de Wright, cf. Santos, 2002.

levantar seriamente o problema da transformação das classes em atores políticos coletivos (Lafferty, 1996, p. 62).

Essa ausência é coerente com o fato de Wright tentar resolver os impasses da análise marxista não mais atribuindo primazia às relações de classe para explicar os conflitos sociais e políticos (Wright, 1996, p. 703 e seguintes). É preciso observar, entretanto, que transformar a relevância da análise de classe num problema de ênfase não parece resolver o problema. É certo que diminuímos significativamente as exigências colocadas sobre a teoria das classes sociais se trocamos a afirmação "a classe explica tudo" pela afirmação "a classe explica algumas coisas eficientemente, outras, nem tanto e outras, simplesmente não explica". No entanto, ao menos para o marxismo, não é indiferente aquilo que o conceito de classe é ou não capaz de explicar. Por exemplo, se esse conceito explica a impermeabilidade das fronteiras de classe, como sugere Wright, isso faz dele certamente um importante conceito econômico, mas se ele não explica nada, ou muito pouco, da luta política, isso afeta negativamente a importância da análise de classe em termos marxistas, já que para essa teoria a classe não é apenas um conceito econômico, mas a unidade analítica a partir da qual podemos entender a essência da dinâmica política.

Esse, na verdade, não é um problema restrito ao trabalho de Wright. A literatura marxista mais recente tem, em geral, limitado-se a mapear a estrutura de classe das sociedades capitalistas avançadas e a redefinir o conceito de classe de modo a melhor adequá-lo à realidade dessas sociedades (Myles e Turegun, 1994 e Grusky e Sorensen, 1998). Como pouco ou quase nada se diz sobre o processo por meio do qual a classe se transforma em ator político, parece que o mapeamento da estrutura de classe se constitui em fim em si mesmo, sem que se estabeleça qualquer conexão entre ela e o comportamento de classe (Grusky e Sorensen, 1998, p. 18). Esse já era o diagnóstico de Therborn anos atrás quando, ao fazer a crítica da teoria estruturalista, referia-se ao "grave problema teórico *que nunca foi diretamente enfrentado*, o do agente de classe" (Therborn, 1989, p. 436, sem itálico no original)[109].

No caso do Brasil, o estudo empírico mais portentoso da estrutura de classe da sociedade brasileira feita nos últimos anos (Santos, 2002) também abre mão de analisar o processo de formação de classe. Santos tem razão ao dizer que a análise da estrutura de classe é um passo logicamente anterior ao estudo do processo de formação da classe (Santos, 2002, p. 31). O fato, entretanto, é que quase nenhum esforço empírico tem sido realizado em direção ao segundo passo, o que sugere dificuldades de operacionalizar o conceito de classe como ator político. Nesse sentido, por exemplo, é surpreendente que um livro intitulado *La teoria marxista hoy*: problemas y perspectivas, publicado em 2006, não traga

---

109. Quanto a esse ponto, ver também Myles e Turegun, 1994, p. 7 e Sallum, 2005, p. 25.

um único texto dedicado a pensar o problema da operacionalidade do conceito de classe para a análise da política (Gonzáles, 2006).

Proposições diametralmente opostas às duas perspectivas resumidas acima são defendidas por E. P. Thompson. Em *The Making of the English Working Class*, quase toda a atenção de Thompson se volta para o processo histórico por meio do qual a "classe acontece", isto é, os modos pelos quais os homens vivenciam experiências comuns, sentem e articulam sua identidade e seus interesses, contrapondo-os à identidade e interesses de outros homens. Dessa forma, a única maneira de definir classe e captar a sua existência concreta é por meio do estudo dessa experiência e não mapeando a estrutura objetiva de classe (1987, p. 10-12). Por meio do termo "experiência", o autor crê recuperar "homens e mulheres" como sujeitos que vivem em determinadas condições objetivas, "experimentando-as" subjetivamente em sua *consciência* por meio de sua *cultura* para, em seguida, agirem sobre essas mesmas condições (Thompson, 1981, p. 183).

Dois são os problemas dessa abordagem. O primeiro deles já foi apontado por Perry Anderson. Resumidamente, Anderson afirma que, ao recusar o estruturalismo e o marxismo vulgar, Thompson comete o pecado oposto. Apesar de sua adesão explícita ao materialismo histórico, o fato é que, na sua obra, a classe passa a ser definida quase que exclusivamente em função de sua consciência e passa a ser considerada como tal somente após o surgimento de uma identidade coletiva (1985, p. 36-37). Consequentemente, um dos maiores problemas da abordagem thompsoniana é pressupor que a luta de classe só surge depois que homens e mulheres tomam consciência do seu pertencimento a uma classe determinada (Lafferty, 1996, p. 57).

Apesar das críticas de Anderson, parece-me que o ganho analítico presente nos estudos de Thompson é significativo. No entanto, mesmo enfatizando a questão da "experiência" de classe, Thompson parece não resolver efetivamente o problema de saber *como* um conjunto de homens e mulheres que partilham uma dada posição se transforma em ator político coletivo. Ou seja, ele permanece, em última análise, dentro de uma teoria de tipo "caixa-preta"[110]. Aqui o argumento de Olson revela toda a sua força. Como vimos, de acordo com aquele autor, ainda que os membros de uma classe produzissem uma consciência de si

---

[110]. Os teóricos da ação coletiva que se apoiam no individualismo metodológico diriam que a sequência explicativa marxista poderia ser representada da seguinte forma: *condição objetiva de classe → consciência de classe → ação coletiva*. Tratar-se-ia de uma explicação baseada numa teoria do tipo "caixa-preta", isto é, preocupada com as grandes associações macrossociológicas. Esse tipo de teoria seria incapaz de revelar os micromecanismos por meio dos quais, por exemplo, uma posição objetiva dá origem a indivíduos conscientes dessa posição e que, por sua vez, sentem-se motivados a se engajarem numa ação cooperativa. As flechas presentes na representação gráfica acima só poderiam ser explicadas por teorias do tipo "caixa translúcida", dedicada exatamente a revelar como determinadas posições objetivas se traduzem em comportamentos individuais. Quanto a este ponto, cf. Wippler, 1993, p. 208-209.

e uma disposição para agir coletivamente, a abstenção seria o resultado inevitável. Percebe-se, portanto, que nem mesmo o conceito de "experiência", com toda a sua ênfase na dimensão subjetiva de classe, daria conta da ação coletiva. Assim, não basta dizer, como faz Wood ao defender a perspectiva thompsoniana, que "é no meio dessa experiência vivida que toma forma a consciência social e, com ela, a *disposição* de *agir* como classe" (2003, p. 89-90). Segundo Olson, mesmo nessas condições absolutamente favoráveis, em que a similaridade da condição objetiva se traduz em consciência dessa similaridade e, portanto, em disposição para agir, a classe não será *necessariamente* um ator coletivo. Mesmo nessas condições favoráveis, a classe poderia "não acontecer".

Temos, por fim, aqueles que defendem uma posição intermediária ao proporem uma "teoria do processo de formação da classe", cujo representante mais importante é Adam Przeworsky[111]. O "processo de formação da classe" se refere à constituição da classe em força política e ideológica engajada na luta concreta. Esta teoria parte de dois princípios.

O primeiro deles consiste na rejeição categórica da problemática marxista da classe-em-si/classe-para-si. Segundo Przeworsky, de acordo com essa problemática, o processo de formação da classe é visto como uma transição necessária e mecânica da classe-em-si para a classe-para-si. Consequentemente, uma vez mapeada as posições objetivas de classe, i.e., a classe-em-si, poderíamos identificar os diversos tipos de classe-para-si apenas por um processo de derivação. Como se percebe, a partir dessa visão, o processo concreto pelo qual uma classe se transforma em ator político organizado e coletivo jamais pode se transformar num objeto de estudo privilegiado, visto que ele já está explicado de antemão (1989, p. 67-85). Como diz o autor, o que essa visão não esclarece é "como um grupo de indivíduos ocupantes de lugares torna-se uma coletividade em luta para a realização dos seus interesses objetivos" (1989, p. 86).

Para Przeworsky, a maneira de resolver esse problema é defender claramente a tese de que "as classes não são determinadas unicamente por quaisquer posições objetivas porque constituem efeitos de lutas, e essas lutas não são determinadas exclusivamente pelas relações de produção" (1989, p. 86). O processo de formação da classe depende, de um lado, das condições objetivas que estruturam os limites da luta de classes (i.e., que definem uma estrutura de escolhas em um determinado momento histórico) e, de outro lado, do desenvolvimento (dinâmica, sentido, profundidade) da luta concreta entre as classes (suas decisões, estratégias, alianças) em uma situação histórica específica. Desse modo, somente os limites colocados ao processo de formação de classe são conhecidos *a priori*. Conclusões sobre o seu desenvolvimento real só poderiam ser formuladas a partir de estudos empíricos da luta entre as

---

111. Outro autor que se refere explicitamente à necessidade de elaborar uma teoria do processo de formação de classe sem, contudo, formulá-la de fato é Göran Therborn, 1983.

classes numa sociedade concreta e, nesse sentido, esse seria um processo em grande parte indeterminado.

O segundo ponto de partida da teoria de Przeworsky se refere ao método escolhido para o estudo do processo de formação de classe, vale dizer, o individualismo metodológico. Este método implica abandonar o procedimento teórico pelo qual se deriva diretamente a classe-para-si da classe-em-si. Devemos, ao contrário, entender as relações sociais como estruturas de escolhas disponíveis aos agentes e, nesse sentido, o individualismo metodológico não pressupõe que uma dada ação surgirá necessariamente a partir de uma condição objetiva dada. Ao contrário, exige que uma ação coletiva coordenada seja explicada em termos de opções individuais feitas pelos membros de um agregado social. Por essa razão é que, como lembra Przeworsky, "encontramos imensa dificuldade na compreensão da política em termos de classe" (1989, p. 119). Assim que abandonarmos o pressuposto de que uma ação coletiva surgirá necessariamente de uma dada posição de classe, isto é, *assim que nos propusermos a explicar aquilo que antes era tomado como pressuposto*, perceberemos que entender a vida política a partir da categoria "classe social" se torna algo muito complexo, pois é muito difícil, como nos lembra Olson, que agregados sociais tão grandes ajam coletivamente da maneira espontânea como já se pensou. Essa talvez seja a razão pela qual, no texto citado de Przeworsky, encontramos apenas referências muito genéricas à necessidade de estudar o processo de formação da classe sem uma indicação precisa de como fazê-lo.

Alternativas classistas ao marxismo: a visão culturalista

Frente aos problemas presentes na teoria das classes sociais, parte da teoria social contemporânea defendeu a validade científica deste conceito desde que se rompesse com a visão marxista. Esta perspectiva, que podemos chamar de "culturalista", é representada por dois autores teoricamente muito próximos: Pierre Bourdieu e Klaus Eder.

Segundo Pierre Bourdieu[112], uma nova definição de classe social deve começar rompendo com o marxismo em quatro dimensões: a) evitar a ilusão intelectualista, que consiste em confundir a "classe teórica" com a "classe real"; b) abandonar o economicismo, que apregoa uma visão unidimensional que não leva em conta os efeitos dos campos não econômicos na constituição das classes sociais; c) refutar o objetivismo, que menospreza a luta simbólica de classe, isto é, a luta pelo poder de impor a percepção legítima do mundo e, por fim, d) evitar a tendência a ver as classes sociais como uma substância, em favor de uma visão relacional que defenda que os atributos de uma classe são definidos a par-

---

112. O resumo feito a seguir lança mão dos seguintes textos: Bourdieu, 1989, 1989a, 2001, 2003, 2004.

tir de sua relação com outras classes. Para redefinir o conceito de classe social, Bourdieu propõe pensá-lo a partir da articulação de quatro conceitos: "espaço social", "campo", "capital" e "posição social".

O conceito de espaço social descreve a sociedade como um todo formado por várias dimensões organizadas segundo princípios de diferenciação social próprios, cujas lógicas, ainda que interligadas, são irredutíveis umas às outras. Essas dimensões que compõem o espaço social são chamadas de "campo". Este conceito, por sua vez, designa um conjunto de relações de forças objetivas, que definem as posições sociais dos agentes em função do *quantum* de capital (e poder) que eles controlam. Cada campo tem uma lógica específica, isto é, regras próprias que regulamentam a luta pela posse de um capital também específico. Nesse sentido, da mesma forma que se pode falar de "campo econômico", "campo político", "campo cultural", pode-se referir aos capitais específicos desses campos: capital econômico, capital político, capital cultural. A quantidade de capital possuída por um agente expressa os atributos da posição objetiva que ele ocupa no campo e, dessa forma, o poder (ou a falta dele) que define a sua capacidade (objetiva) de produzir ganhos naquele campo. Assim, por exemplo, o volume de capital cultural determinaria as probabilidades de ganho em todos os jogos em que o capital cultural fosse importante. Os agentes sociais, portanto, ocupam posições sociais diversas em campos diversos. Dessa forma, para definir objetivamente a posição de um agente no espaço social, precisa-se levar em consideração o volume global e a estrutura (composição) do seu capital. Não basta, por conseguinte, identificar a quantidade global de capital que ele possui, mas é preciso também avaliar o peso relativo das diferentes espécies de capital que compõem o seu "patrimônio".

Consequentemente, vários agentes pertencem à mesma classe social se ocuparem as mesmas coordenadas no interior do espaço social (e não apenas dentro de um campo específico). Assim, indivíduos que ocupam a mesma posição no campo econômico, mas posições muito distintas no campo cultural, não pertencem à mesma classe. Eis aqui a multidimensionalidade do conceito de classe defendida pelo autor. Quanto a esse ponto, é preciso concordar com Eder (2002, cap. 4), para quem a maior novidade da teoria das classes sociais de Bourdieu é a inclusão do "capital cultural" como critério fundamental para a definição da posição de classe nas sociedades contemporâneas[113]. Vinculado a isso, a dimen-

---

113. Ver, por exemplo, o seu *La noblesse d'État*. Segundo Bourdieu, o capital cultural assume três estados: capital cultural interiorizado, isto é, conhecimento maior ou menor da língua culta, gostos e estilos de vida internalizados ao longo da vida familiar; capital cultural objetivado, materializado em bens culturais tais como livros, quadros e monumentos e que dependem, para serem apreciados, da posse de capital cultural interiorizado; por fim, capital cultural institucionalizado, que existe por meio de diplomas escolares. Cf. Bourdieu, 2001. Na medida em que o capital cultural define posições sociais e destinos sociais semelhantes ele deve ser, para este autor, um critério fundamental na definição das classes sociais.

são simbólica da luta de classes passa a ser central na sua teoria. Nesse sentido, o que está essencialmente em jogo na luta política entre as classes é a luta para impor as categorias de percepção do mundo social. Na medida em que, para Bourdieu, toda produção simbólica expressa relações de força entre as classes, a luta simbólica é a luta pelo poder de conservar ou transformar o mundo social (e a distribuição de capital que lhe corresponde) conservando ou transformando a percepção que os atores têm desse mundo.

No entanto, a classe assim definida – indivíduos que ocupam posições semelhantes no espaço social – não é sinônimo de ator coletivo, pois, como vimos, é preciso evitar a ilusão intelectualista que confunde posições objetivas com a existência de atores coletivos conscientes. Essas posições objetivas semelhantes geram apenas probabilidades de que as atitudes, os interesses, as práticas e a tomada de posição dos indivíduos sejam semelhantes. Nesse sentido, é preciso diferenciar a "classe no papel" (ou classe provável) – uma classificação meramente teórica que permite identificar a probabilidade de comportamentos semelhantes ocorrerem na prática – da "classe real", ou seja, um grupo mobilizado para a luta.

Mas o fato de a posição objetiva não se traduzir necessariamente em um ator coletivo consciente de seus interesses não quer dizer que ela não seja uma "coletividade". Segundo Bourdieu, indivíduos que ocupam as mesmas posições no espaço social muito provavelmente partilham o mesmo *habitus* de classe, isto é, o mesmo conjunto de "predisposições duráveis" que são internalizadas pelos agentes submetidos a processos de socialização semelhantes. Essas predisposições duráveis, interiorizadas coletivamente, orientam a conduta dos agentes no mundo e geram reações semelhantes às circunstâncias enfrentadas pelos membros de uma mesma classe. Essa semelhança de conduta, porém, não é vivenciada como uma ação coletiva consciente e coordenada. O *habitus* opera no nível infraconsciente e descreve muito mais uma "inconsciência de classe" do que o contrário.

No entanto, o conceito de *habitus* e a ênfase nos comportamentos coletivos inconscientes não impedem Bourdieu de pensar a classe como ator consciente no campo político e ele o faz por meio do conceito de "representação". Para ele, uma classe só existe como força real no campo político se tiver um representante. A questão fundamental aqui é resolver o mistério por meio do qual o "mandatário" recebe do grupo o poder de fazer o grupo, constituindo-o, dessa forma, como grupo real e constituindo-se a si mesmo como representante. Desse ponto de vista, a relação de representação é uma via de mão dupla: o grupo não age diretamente, mas concede a um porta-voz o direito de falar em seu nome; este, por sua vez, nunca é tão somente um representante, pois ao falar em nome do grupo é capaz de instituí-lo como tal no campo político. Mas esta é sempre uma relação perigosa, ameaçada pelo que Bourdieu chama de "apropriação usurpadora", na qual o representante se distancia do grupo e passa a se constituir no polo mais poderoso da relação de representação, que, em função disso, deixa de existir. Nesses casos, a classe até então representada se transforma numa classe que só existe no pensamento e no discurso dos seus representantes (líderes, partidos, sindicatos, associações etc.).

Como se sabe, o campo político foi, na sociologia de Pierre Bourdieu, objeto apenas de considerações ensaísticas. Quanto ao problema da representação política, o máximo que Bourdieu fez foi sugerir uma análise histórica de sua gênese e de seu funcionamento. Desse modo, embora a questão clássica sobre o processo pelo qual posições objetivas de classe se traduzem em atores coletivos organizados na luta política esteja presente em Bourdieu, esse autor não deu uma solução satisfatória para o problema (Bourdieu, 1989b e 2004). Diferentemente, portanto, de suas análises sobre o consumo, a distinção cultural e o acesso aos diplomas escolares consagradores, nas quais ele consegue estabelecer relações entre posições objetivas de classe, formas de distinção e ganhos simbólicos diferenciados. Certamente, uma análise de classe da política a partir das proposições de Bourdieu teria muito a aprender com os trabalhos empíricos realizados por esse autor em outros campos sociais.

O campo político parece ter, entretanto, algumas dificuldades adicionais. Primeiramente, é difícil delimitar claramente as "instituições" que fazem parte deste campo, a menos que adotemos a posição formalista que consiste em reduzi-lo às instituições de governo; em segundo lugar, uma classe pode ser representada simbolicamente por várias instituições e diversos agentes ao mesmo tempo (sindicato, partidos, políticos profissionais, intelectuais orgânicos); terceiro, os discursos políticos, em função da competição eleitoral, tendem a convergir para um tom cada vez mais moderado e a adotar um conteúdo cada vez mais vago, dificultando a sua distinção em termos de classe.

Outro autor que discutiu esse problema a partir de uma perspectiva muito próxima da de Bourdieu (i.e., que leva em conta a dimensão cultural e simbólica da luta de classes) foi Klaus Eder (2002).

Eder propõe um modelo de três camadas a partir do qual seria possível compreender a ação coletiva de classe (2002, p. 26). A primeira camada do modelo descreve a classe como uma estrutura e não como um agente. Eder deixa claro que devemos abandonar definitivamente a ideia da classe como ator: "as classes não agem, atores sim" (2002, p. 19). Nesse sentido, a classe é uma "determinação estrutural de oportunidades de vida" (2002, p. 33). A estrutura de classe, assim entendida, distribui determinados atributos (econômicos, educacionais e culturais) a um grande número de indivíduos que então poderiam ser classificados em classes sociais. Dessa forma, enquanto conjunto de pessoas portadoras das mesmas propriedades objetivas, a classe é apenas a base para uma "provável" ação coletiva. A segunda camada do modelo descreve a "textura cultural", isto é, os valores, as identidades e o conhecimento ligados à cultura de uma classe. A cultura "refere-se a qualquer tipo de expressão simbólica que dê sentido ao mundo, à sociedade e a si próprio. Ela contém elementos (meios simbólicos) para expressar tal sentido e padrões estruturais que se organizam em conjuntos coerentes" (p. 17, nota 1). Por fim, a terceira camada do modelo se refere ao âmbito da ação social por meio da ação coletiva, entendida como ação coordenada orientada por estruturas de preferência (p. 26). Nesse modelo, a cultura ocupa papel essencial, pois é ela quem faz a mediação entre o nível estrutural (classe) e o nível da ação (ação coletiva). Segundo Eder, não há ação de classe que passe diretamente à ação coletiva sem a intermediação de uma "textura cultural" (p. 27).[114]

Isso posto, como devemos operacionalizar esse modelo? Segundo o autor, devemos partir inicialmente da ação coletiva, visando relacioná-la a espaços de ação simbolicamente definidos e, em seguida, perguntarmos qual é a conexão entre esses espaços de ação simbolicamente definidos e as diferenças de classe (31). Dessa forma, uma ação coletiva é de classe quando seu discurso se conecta a uma cultura que reproduz diferenças de classe (ou quando instaura novas diferenças). Seguindo a orientação culturalista de Bourdieu, Eder afirma que é somente por meio da luta simbólica que podemos procurar os mecanismos que transformam posições objetivas de classe em classes reais (p. 155).

Por essa razão, Eder diz defender uma "teoria construtivista da classe social". Essa teoria consiste em, de início, recusar categoricamente a classe como um fato social *a priori* (p. 283). O autor afirma que só podemos falar de classe à medida que determinadas ações coletivas se constituem simbolicamente, no próprio movimento da luta, como uma ação de classe. Diz ainda que o seu "construtivismo" pressupõe três conceitos estratégicos: a "agência", que descreve a capacidade de gerar definições coletivas de interesses, normas e valores por meio da ação coordenada; o "contexto", que se refere à arena dos conflitos sociais onde se situam as ações coletivas (p. 282) e, por fim, o "efeito estrutural", que é o estudo dos efeitos objetivos que uma ação coletiva pode produzir sobre a estrutura de classe, reproduzindo-a ou transformando-a.

Desse ponto de vista, uma ação coletiva é de classe se: (*i*) produz uma definição de interesses, normas e valores que possa ser relacionada a uma determinada posição objetiva de classe; (*ii*) produz efeitos no sentido de (re)definir as divisões de classe de acordo com os interesses, normas e valores professados

---

114. Segundo Eder, se as classes, sobretudo como definidas pelo marxismo, deixaram de ser um conceito importante para entender as sociedades contemporâneas não é porque deixaram de existir objetivamente (ainda que sua importância relativa na estrutura de classe tenha diminuído significativamente), mas porque perderam "valor cultural". As ações coletivas atualmente não mais se legitimam a partir das posições de classe nas relações de produção. Ver Eder, 2002, p. 19. A questão aqui é ver em que medida uma afirmação como essa pode ser generalizada para todos os países.

pela ação coletiva. Para Eder, este é o elemento decisivo (p. 294). Eder confere mais importância aos efeitos estruturais da ação coletiva do que à ação coletiva propriamente dita, o que explicaria a pouca atenção dada pelo autor ao problema da gênese desse tipo de conduta.

Creio que podemos fazer duas observações críticas em relação às proposições de Eder. Primeiramente, a pretexto de abandonar a visão marxista de classe, supostamente incapaz de dar conta da realidade atual, o autor fornece um conceito ultragenérico, cuja única função parece ser resguardar o termo "classe social". Ao definir classe como uma estrutura que distribui atributos a um conjunto de indivíduos que, em função disso, partilham as mesmas oportunidades (ou falta delas) para agir e para viver, qualquer agregado social acaba sendo uma classe. Assim, os negros (cujas oportunidades de vida são definidas pelas suas relações com os brancos) podem ser uma classe; as mulheres[115] (cujos atributos dependem de sua relação com os homens) podem ser uma classe; pessoas que vivem uma mesma situação de risco (ainda que de origens sociais diversas) podem ser uma classe. Enfim, a recuperação da política de classe só é possível em função de um uso puramente nominalista do termo "classe". Eder parece ter consciência do problema e, mais adiante, opta por restringir o conceito e lançar mão da ocupação profissional e do capital cultural como os critérios objetivos para definir uma classe social (p. 148-153). Essa estratégia parece ser mais adequada à sua interpretação dos novos movimentos sociais como mobilizações coletivas de classe média[116].

Em segundo lugar, é inegável que Eder coloca claramente o problema da ação coletiva de classe. Na verdade, podemos dizer que a questão que perpassa todo o seu trabalho é a seguinte: como é possível comprovar empiricamente que uma ação coletiva é uma ação de classe? Ele sugere o seguinte procedimento para res-

---

115. Segundo Eder, "gênero e etnia são formas de relações e conflitos sociais em competição, mas essas são coletividades socialmente construídas com base em "símbolos naturais". As classes, ao contrário, existem como fatos sociais, isto é, como coletividades socialmente construídas com base em símbolos socialmente definidos. Esta é a diferença básica entre classe e qualquer outro critério que defina coletividade" (Eder, 2002, p. 293). A passagem acima é surpreendente! Como vimos, inicialmente, classe é definida como uma "estrutura de oportunidade". Valendo-se apenas desse critério, etnia e gênero deveriam também ser classes, pois a oportunidade de vida das pessoas está intimamente ligada à estrutura das relações de gênero e raça da sociedade. Será que Eder negaria que os homens brancos têm mais oportunidades de vida do que as mulheres negras? Definir gênero e etnia como "atributos naturais" não apaga o fato de que ambos são dotados de significação social e que fora da sociedade não têm sentido em si mesmos. Por fim, dizer que classe é um "fato social" consiste em formular uma afirmação simplesmente contrária ao que foi dito dez páginas antes, isto é, que "a classe *não* é um fato social" (Eder, 2002, p. 283).

116. Quanto a esse ponto, é curioso que Eder, por um lado, recuse a contradição entre burguesia e proletariado como importante para entender a sociedade moderna e, por outro lado, construa toda a sua definição de classe média/pequena-burguesia lançando mão de um esquema ortodoxo que situa essa classe entre os proprietários e os não proprietários dos meios de produção. Ver Eder, 2002, p. 239.

ponder a essa questão: o analista deve comprovar os vínculos entre a cultura da ação coletiva e a estrutura de classes, procurando mostrar como a prática simbólica do grupo mobilizado reproduz ou altera a estrutura de classe da sociedade. O que o sociólogo deve analisar, portanto, são os "efeitos estruturais" que uma ação coletiva constituída a partir de um dado contexto cultural produz sobre a estrutura de classe, isto é, se ela transforma ou conserva as categorias de percepção a partir das quais essa estrutura é apreendida. Mas isso, como se percebe, é tão fácil de falar quanto difícil de fazer e não há em Eder nenhuma indicação mais precisa de como operacionalizar essa proposição, isto é, *como vincular, no campo político, um dado conteúdo simbólico a uma dada posição objetiva de classe*. Creio, inclusive, que até aqui estamos no mesmo nível de generalização das ideias de Marx sobre os "representantes políticos e literários de classe". Enfim, entendo que Eder, ao menos na obra citada, coloca claramente o problema da relação entre grupos mobilizados, ação coletiva e classe social, mas oferece muito pouco no que diz respeito às formas de operacionalizar as suas proposições culturalistas[117].

Reflexão à guisa de conclusão

Como vimos, há enormes dificuldades a serem resolvidas quando pretendemos usar o conceito de classe social para entender a dinâmica da política. Essas dificuldades foram reconhecidas por alguns autores, abordadas por outros, mas, parece, não foram solucionadas por ninguém. Como reagir a essa situação?

Uma primeira reação seria simplesmente rejeitar a importância do conceito de classe social na sua perspectiva marxista para compreender as sociedades contemporâneas e, desse modo, abandoná-lo em função de sua obsolescência. Essa postura, contudo, seria temerária, pois, para além dos debates ideológicos, não há consenso quanto a este ponto (Wright; 1996; So, 1995). Ao contrário, uma extensa literatura afirma exatamente o oposto (So, 1995, p. 320 e segs.). Se isso for verdade, então a renúncia pura e simples ao conceito de classe social seria tão somente uma desistência.

Uma postura menos radical e a meu ver correta consiste em rejeitar, a partir das considerações de Olson, a tese de que a classe, enquanto grande grupo,

---

[117]. A parte mais interessante do livro de Eder é quando ele se refere ao tipo de dados que as suas proposições teóricas exigiriam para serem comprovadas. Até onde pudemos entender, Eder sugere que para identificarmos a base de classe de um movimento social devemos coletar três tipos de dados: (*i*) dados sobre a estrutura de oportunidade em que os agentes da ação coletiva estão inseridos. Esse procedimento seria importante para situar o lugar objetivo da classe estudada; (*ii*) dados sobre as orientações culturais dos grupos mobilizados (i.e., os grupos promotores de ações coletivas coordenadas, que podem ser vários) em termos de "interesses", "normas" e "valores", e ver se há entre eles uma "unidade cultural" por cima da multiplicidade de objetivos específicos; (*iii*) por fim, fazer uma análise desses dados culturais para ver se eles reproduzem as antigas classificações de classe ou se definem novas. Cf. Eder, 2002, p. 277-279.

possa se constituir diretamente em um ator político coletivo. Nesse sentido, a teoria da escolha racional nos levaria a rechaçar categoricamente expressões tais como "a burguesia deseja", "a classe operária quer", "a pequena-burguesia almeja", a não ser que tais fórmulas sejam uma espécie de taquigrafia que resuma interpretações de outra natureza. Caso contrário, afirmações desse tipo são, como lembra Bourdieu, presas da "ilusão intelectualista" que confunde a classe teórica com a classe real, uma ilusão que nunca consegue revelar a "misteriosa alquimia" (Bourdieu, 1989, p. 138) por meio da qual uma posição objetiva na estrutura social se transforma em uma personalidade coletiva em ação.

Desse modo, parece-me que "classe" só pode se constituir como um conceito analiticamente rentável se abandonarmos definitivamente a ideia de que ela age diretamente na política. Dito de outra forma, um uso adequado desse conceito parece exigir que se considere a classe como uma coletividade representada no campo político por uma "minoria politicamente ativa"[118]. O problema então é saber como detectar as relações de representação de classe no funcionamento da luta política cotidiana, sem recorrer à chave-mestra das funções objetivas do Estado ou da lógica intrínseca do modo de produção.

Como vimos, em *O 18 Brumário*, Marx sugeriu duas formas de operacionalizar a ideia da classe como um ator político: a representação subjetiva de classe e a representação simbólica de classe.

No caso de uma análise orientada pela preocupação em identificar uma representação subjetiva de classe, creio que três procedimentos, hierarquizados por ordem de importância, seriam necessários para comprovar a tese da representação política de classe por uma minoria: (i) o estudo do comportamento efetivo dessa minoria; (ii) a análise do conteúdo do seu discurso; (iii) o estudo da origem social dos seus membros. Resumindo, é preciso saber se os membros da minoria em análise agem de maneira coordenada e conveniente aos interesses da classe que ela supostamente representa; se falam manifestamente em seu nome e se são provenientes da classe em questão. A hierarquização desses três procedimentos é importante, já que eles têm impactos diferenciados na comprovação da relação de representação entre a minoria analisada e a classe. Por exemplo, um grupo pode ser recrutado numa classe (contemplando assim a exigência da origem social), mas ter um discurso e um comportamento orientados pela ideologia de outro grupo social; ao contrário, a presença de uma ação manifesta e conscientemente orientada pela consecução de objetivos de classe já seria suficiente para estabelecer a relação de representação, mesmo que os membros da minoria não fossem recrutados na classe em questão. Evidentemente, a presença das três dimensões tornaria a comprovação da existência de uma "representação subjetiva de classe" ainda mais sólida.

---

118. Quanto a este ponto, ver também Therborn, 1989, p. 437-438.

Esse tipo de procedimento analítico tem duas importantes limitações. Primeiramente, dado o caráter altamente agregado do conceito marxista de classe social, esse tipo de análise é muito difícil de ser operacionalizada em sociedades nas quais a estrutura econômica e ocupacional é muito diversificada. Essa diversificação funcional, por sua vez, produz uma ampla fragmentação da classe, que se divide, assim, numa multiplicidade de categorias profissionais, gerando, por conseguinte, uma grande diversificação do "interesse de classe". Por essa razão, é mais fácil lançar mão desse procedimento analítico em relação às classes economicamente dominantes, sobretudo quando são a expressão de atividades altamente oligopolizadas do que em relação às classes economicamente dominadas, por definição muito mais diversificadas quanto à ocupação, aos interesses e aos esquemas ideológicos (Offe e Weisenthal, 1984).

Em segundo lugar, esse tipo de análise não consegue abordar o problema dos "efeitos" que a ação dessa minoria politicamente ativa pode produzir. Suponhamos que, valendo-me dos três procedimentos indicados acima, chegue à conclusão de que uma dada instituição funciona como representante de uma determinada classe no campo político. Suponhamos também que as opções políticas feitas por essa "elite de classe" produzem, ainda que inconscientemente, efeitos contrários aos interesses da classe que ela representa. Como resolver teoricamente essa situação em que um grupo se reconhece (e é reconhecido) abertamente como representante de classe, mas que, ao mesmo tempo, adota condutas cujos efeitos contrariam os interesses dos representados? Creio que a saída para esse paradoxo é diferenciar "ações de classe" de "ações com efeitos de classe" (Lafferty, 1996, p. 53). Uma ação de classe é uma ação manifestamente orientada com vistas a realizar um interesse de classe. Nesse caso, nem sempre os agentes que a realizam controlam plenamente todas as consequências de sua conduta, o que abre a possibilidade teórica para que efeitos contrários aos interesses da classe representada ocorram. Portanto, nem toda ação de classe produz, necessariamente, efeitos de classe. O contrário ocorre com "ações com efeitos de classe". Essas ações podem ser realizadas por minorias que em nenhum momento reivindicam qualquer vínculo de classe, mas cujos efeitos são *regularmente*[119] benéficos para os interesses de uma dada classe.

Creio que a "representação simbólica de classe" se situa nesse caso. Quando Eder (2004, p. 161) defende que a classe teórica só se transforma em classe real por meio de "esquemas interpretativos e classificatórios" que definem distinções de classe, ele ao mesmo tempo afirma que a maneira mais adequada de captar esse processo *não* é por meio de uma análise da composição social dos ativistas políticos. A origem de classe não é garantia de que a ação coletiva promovida por esses ativistas seja de classe (2002, p. 274). Ainda que as proposições de

---

119. O advérbio é importante para se evitar a "falácia dos benefícios", tal como definida por Dahl, 1988, p. 35.

Eder sejam feitas para pensar a relação entre os movimentos sociais e a classe média, penso que podem ser utilizadas também para outros casos.

Assim como no caso da relação entre classes médias e movimentos sociais, nenhuma classe social, sobretudo se definida como um grande grupo, faz-se representar simbolicamente por apenas um grupo mobilizado. Qualquer classe pode ter "representantes políticos e literários" nas mais diversas instituições; vários grupos podem se mobilizar e produzir um discurso e uma ação política cujos efeitos simbólicos favoreçam ou estigmatizem uma determinada classe. O problema fundamental consiste em encontrar uma "unidade cultural" dentro dessa variedade de grupos mobilizados (Eder, 2002, p. 274) que possa ser generalizada para todos os grupos e, assim, identificada como uma "cultura de classe". Segundo Eder (2002, p. 276), essa unidade cultural deve ser entendida em termos de "interesses, normas e valores partilhados". O interesse se refere à ideia de que os membros de classe sentem que obtêm menos ganho do que deveriam; as normas descrevem o quadro institucional que define o *status* dos membros da classe e, por fim, os valores medem o quanto as pessoas foram socializadas em uma mesma cultura e, por isso, aderem aos mesmos esquemas interpretativos e classificatórios.

Essa sugestão analítica me parece extremamente interessante como forma de operacionalizar a análise de classe, sem cair no "instrumentalismo" ou no "funcionalismo". No entanto, não fica absolutamente claro como é possível realizar esse tipo de análise. Não fica claro, sobretudo, os seguintes aspectos: (*i*) como é possível identificar uma cultura de classe? Uma vez delimitada uma classe do ponto de vista objetivo, como é possível captar a sua visão de mundo? Devemos definir uma amostra aleatória e aplicar um *survey* com questões atitudinais? Devemos realizar análises qualitativas das produções simbólicas de alguns de seus membros? Devemos fazer um estudo histórico de sua evolução política e organizacional? Devemos adotar todos esses procedimentos juntos?; (*ii*) a representação simbólica de classe se faz por meio de vários grupos, cujos membros não precisam ser recrutados na classe e, muito menos, falar abertamente em seu nome. Nesse sentido, essa "representação simbólica" nunca é direta, mas deve ser encontrada em traços específicos do discurso que permitam identificar uma unidade cultural com a classe. Mas como fazer isso? Como provar que essas dimensões do discurso dos representantes expressam uma visão de classe? Como provar que elas produzem efeitos de classe?

Por fim, outro problema da análise de classe diz respeito à identificação dos interesses de classe para que relações de representação possam ser comprovadas. No campo do marxismo, o problema dos interesses de classe foi predominantemente tratado por meio da oposição entre "interesses subjetivos" e "interesses objetivos". Contrários à perspectiva comportamentalista, que afirma que os interesses de um grupo coincidem com as preferências manifestas de seus membros, os marxistas em geral defendem a ideia de que os interesses fundamentais de uma classe são aqueles inscritos na sua posição objetiva enquanto uma "potencialidade". São, nesse sentido, interesses objetivos que não se confundem necessariamente com a consciência psicológica dos membros empíricos da classe. Se, por um lado, a perspectiva comportamentalista despreza todas as questões relativas à "dominação simbólica", a perspectiva do "interesse objetivo" é muito difícil de operacionalizar, pois, no mais das vezes, o "interesse objetivo de classe" se constitui em uma atribuição arbitrária por parte do analista ou descreve interesses que nunca parecem se vincular a padrões de ação coletiva empiricamente verificáveis.

Quanto a esse ponto, parece-me que as duas formas de operacionalizar as análises de classe vistas acima – a teoria da formação de classe e a teoria da unidade cultural – apontam caminhos mais adequados para abordar o problema. Como ambas conferem lugar central ao processo histórico de constituição das classes, entendido esse como um processo permanente de luta, de organização e reorganização das classes e de redefinição constante dos esquemas classificatórios, os "interesses de classe" não podem ser definidos *a priori* como um atributo de uma posição objetiva, nem serem tomados, de uma vez por todas, como preferências expressas por atores autônomos. Os interesses de classe são, assim, socialmente construídos em meio ao processo de luta e em meio às relações de dominação que esse processo engendra (Rueschemeyer e Mahoney, 2000, p. 1.586).

Para as dificuldades de realização de tal tarefa, não é de menor importância, como já disse, o caráter altamente agregado do conceito de classe. Quanto a este ponto, vale lembrar que Marx, no famoso último capítulo de *O capital*, sugere que o termo classe deve ser reservado para aqueles indivíduos que ocupam a mesma posição no processo produtivo capitalista, notadamente os trabalhadores assalariados produtivos, os capitalistas e os proprietários de terra. Desse modo, renda e ocupação funcional não poderiam ser critérios definidores da posição objetiva de classe (Marx, 1973, p. 817-818). Nessas condições, pensar a "representação subjetiva" e a "representação simbólica" de classe se torna de fato muito difícil dado o caráter extremamente agregado da classe social[120]. Por essa razão, Grusky e Sorensen (1998), por exemplo, defendem a desagregação do conceito de classe social em níveis ocupacionais como a única forma de operacionalizar a classe como uma unidade econômica, política e cultural.

---

120. Não resolve o problema dizer que "Classes definem-se em termos de um mapa estrutural de *interesses materiais* comuns baseados na exploração" e que por isso enfrentam objetivamente as mesmas estruturas de escolhas e as mesmas tarefas estratégicas quando pretendem melhorar o seu bem-estar econômico. Cf. Santos, 2002, p. 41. Essa postura não explicaria, por exemplo, por que operários que ocupam a mesma posição nas relações materiais podem desejar coisas tão díspares como aumento salarial, fascismo ou socialismo.

Resumindo, creio que são três os problemas de ordem metodológica que devem fazer parte da agenda de pesquisa dos estudiosos que lançam mão do conceito de classe social: (*i*) pensar como é possível estabelecer relações de representação subjetiva de classe, discutindo procedimentos por meio dos quais podemos provar que uma "minoria politicamente ativa" se constitui em um porta-voz de classe; (*ii*) pensar instrumentos de análise que auxiliem na identificação de uma unidade cultural entre determinados grupos mobilizados na arena política e determinadas classes sociais situadas nas relações de produção; (*iii*) pensar procedimentos por meio dos quais seria possível captar o processo histórico de construção dos interesses de classe.

Creio que qualquer um desses objetivos só poderá ser satisfatoriamente realizado (ou definitivamente abandonado) por meio de estudos empíricos aprofundados que se proponham a testar a *hipótese* de que as classes são atores políticos importantes.

Referências

ANDERSON, Perry. *Teoria, política e história*: um debate com E.P. Thompson. México: Siglo XXI, 1985.

ARTOUS, Antoine. *Marx, L'Etat et la Politique*. Paris: Syllepse, 1999.

BLOCK, Fred. *Revising State Theory*: Essays in Politics and Postindustrialism. Philadelphia: Temple University Press, 1987.

BOURDIEU, Pierre. A representação política. Elementos para uma teoria do campo político. In: _____. *O poder simbólico*. Rio de Janeiro: Difel, 1989b.

BOURDIEU, Pierre. Condição de classe e posição de classe. In: _____. *Economia das trocas simbólicas*. São Paulo: Perspectiva, 2003.

BOURDIEU, Pierre. Espaço social e gênese das "classes". In: _____. *O poder simbólico*. Lisboa: Difel, 1989.

BOURDIEU, Pierre. *La noblesse d'Etat*: grandes écoles et esprit de corps. Paris: Les Éditions de Minuit, 1989a.

BOURDIEU, Pierre. Os três estados do capital cultural. In: Nogueira, Maria Alice e Catani, Afrânio (Orgs.). *Escritos de educação*. Petrópolis: Vozes, 2001.

BOURDIEU, Pierre. The Mistery of the Ministry: From Particular Wills to the General Will. *Constellations*: An International Journal of Critical and Democratic Theory, New York, v. 11, n. 1, p. 37-43, 2004.

COHEN, G.A. Reply to Elster on Marxism, Functionalism, and "Game Theory". *Theory and Society*, Amsterdam/New York, v. 11, n. 4, p. 483-495, 1982.

DAHL, Robert. *Análise política moderna*. Brasília: Editora UnB, 1988.

EDER, Klaus. *A nova política de classe*. Bauru: Edusc, 2002.

ELSTER, John. Marxism, Functionalism, and Game Theory. *Theory and Society*, Amsterdam/New York, v. 11, n. 4, p. 453-482, 1982.

FAUSTO, Ruy. Sobre as classes. In: _____. *Marx*: lógica e política. Tomo II. São Paulo: Brasiliense, 1987.

GONZÁLEZ, Sabrina. Introducción: crónicas marxianas de uma muerte anunciada. In: Borón, Attilio; Amadeo, Javier y González, S. (comps.). *La teoría marxista hoy*: problemas y perspectivas. Buenos Aires: Clacso Libros, 2006.

GRUSKY, David B. e SORENSEN, Jesper B. Can Class Analysis be Salvaged? *The American Journal of Sociology*, Chicago, v. 103, n. 5, March, 1998.

HOLLOWAY, John e PICCIOTO, Sol (eds.). *State and Capital*: A Marxist Debate. London: Arnold, 1978.

LAFFERTY, George. Class, Politics, and Social Theory: The Possibilities in Marxist Analysis. *Critical Sociology*, v. 22, n. 2, p. 51-65, 1996.

MAGUIRE, Jon M. *Marx y su teoría de la politica*. México: Fondo de Cultura Económica, 1984.

MARX, Carlos. *El capital. Critica de la economía política*. México: Fondo de Cultura Económica, [1894] 1973.

MARX, Karl. *Le 18 Brumaire de Luís Bonaparte*. In: _____. *Œuvres*. Paris: Gallimard, v. IV, Tomo I: Politique, 1994.

MILIBAND, Ralph. Análise de classes. In: _____. Giddens, Anthony e Turner, Jonathan (Orgs.). *Teoria social hoje*. São Paulo: Editora UNESP, 1996.

MILIBAND, Ralph. State power and class interests. In: _____. *Class Power and State Power*. London: Verso/New Left Books, 1983.

MYLES, John and TUREGUN, Adnan. Comparative Studies in Class Structure. *Annual Review of Sociology*, v. 20, p. 103-122, 1994.

OFFE, Claus e RONGE, Volker. Teses sobre a fundamentação do conceito de Estado capitalista e sobre a pesquisa política de orientação materialista. In: Offe, Claus. *Problemas estruturais do Estado capitalista*. Rio de Janeiro: Tempo Brasileiro, 1984.

OFFE, Claus e WEISENTHAL, Helmut. Duas lógicas da ação coletiva: anotações teóricas sobre a classe social e a forma organizacional. In: Offe, Claus. *Problemas estruturais do Estado capitalista*. Rio de Janeiro: Tempo Brasileiro, 1984.

OFFE, Claus. Dominação de classe e sistema político. Sobre a seletividade das instituições políticas. In: _____. *Problemas estruturais do Estado capitalista*. Rio de Janeiro: Tempo Brasileiro, 1984.

OLSON, Mancur. *A lógica da ação coletiva*. São Paulo: Edusp, 1999.

PERISSINOTTO, Renato M. *Estado e capital cafeeiro em São Paulo* (1889-1930). São Paulo: Annablume/FAPESP, 2000, v. 2.

POULANTZAS, Nicos. *As classes sociais no capitalismo hoje*. Rio de Janeiro: Zahar, 1978.

POULANTZAS, Nicos. *Poder político e classes sociais*. Rio de Janeiro: Martins Fontes, 1986.

PRZEWORSKY, Adam. A organização do proletariado em classe: o processo de formação de classes. In: _____. *Capitalismo e social-democracia*. São Paulo: Companhia das Letras, 1989.

REIS, Bruno P.W. O conceito de classes sociais e a lógica da ação coletiva. *Dados*, Rio de Janeiro, v. 34, n. 3, p. 415-451, 1991.

ROEMER, John E. Methodological Individualism and Deductive Marxism. *Theory and Society*, Amsterdam/New York, v. 11, n. 4, p. 513-520, 1982.

ROEMER, John E. Nuevas direcciones en la teoría marxista de las clases sociales. In: _____. (comp.). *El marxismo*: una perspectiva analítica. México: Fondo de Cultura Económica, 1989.

RUESCHEMEYER, Dietrich e MAHONEY, James. A Neo-Utilitarian Theory of Class? Aage Sorensen's Structural Theory of Inequality. *The American Journal of Sociology*, v. 105, May, 2000.

SALLUM Jr., Brasilio. Classes, cultura e ação coletiva. *Lua Nova*, São Paulo, n. 65, p. 11-42, 2005.

SANTOS, José Alcides Figueiredo. *Estrutura de posições de classe no Brasil*: mapeamento, mudanças e efeitos na renda. Belo Horizonte; Rio de Janeiro: Editora da UFMG/IUPERJ, 2002.

SO, Alvin Y. Recent Developments in Marxist Class Analysis: A Critical Appraisal. *Sociological Inquiry*, v. 65, n. 3/4, Nov., 1995.

THERBORN, Göran. A análise de classe no mundo atual: o marxismo como ciência social. In: Hobsbawn, Eric (Org.). *História do marxismo*. Rio de Janeiro: Paz e Terra, 1989, v. 11.

THERBORN, Göran. Why Some Classes Are More Successful than Others? *New Left Review*, London, n. 138, p. 37-55, 1983.

THOMPSON, Edward P. *A formação da classe operária inglesa*. Rio de Janeiro: Paz e Terra, 1987.

THOMPSON, Edward P. *A miséria da teoria*. Rio de Janeiro: Zahar, 1981.

WIPPLER, Reinhard. Individualisme méthodologique et action collective. In: Chazel, François (dir.). *Action collective et mouvements sociaux*. Paris: PUF, 1993.

WOOD, Ellen M. Classe como processo e como relação. In: _____. *Democracia contra capitalismo*. São Paulo: Boitempo, 2003b.

WRIGHT, Eric O. *Classes*. London: New Left Books, 1985.

WRIGHT, Erik O. Class Analysis, History and Emancipation. *New Left Review*, London, n. 202, p. 15-36, 1993.

WRIGHT, Erik O. *Classe, crise e o Estado*. Rio de Janeiro: Zahar, 1979.

WRIGHT, Erik O. The Continuing Relevance of Class Analysis – Comments. *Theory and Society*, Amsterdam/New York, v. 25, p. 693-716, 1996.

* * *

8
Marxismo ou elitismo?

Adriano Codato & Renato Perissinotto

Quando os problemas do poder, da política e do Estado voltaram a ocupar a atenção dos sociólogos marxistas em fins dos anos 1960, Nicos Poulantzas aproveitou a ocasião para defender a pureza teórica do marxismo teórico. Tanto em *Poder político e classes sociais*, publicado em 1968, como na polêmica que se seguiu com Ralph Miliband na *New Left Review* de 1969 em diante, Poulantzas atacou o despropósito analítico, político e ideológico que consistia em trazer para o interior da doutrina marxista a problemática das "elites políticas" (cf. Poulantzas, 1971, v. II, p. 154 e segs.; e 1969).

Os argumentos que fundamentavam essa recusa eram os seguintes: (*i*) a organização burocrática e o funcionamento do Estado capitalista devem ser explicados a partir dos vínculos objetivos (e não subjetivos, isto é, interpessoais) existentes entre esse aparelho político e a estrutura de classes (Poulantzas, 1969); (*ii*) logo, aqueles que controlam, dirigem ou ocupam os principais centros de poder do sistema estatal, independentemente de sua origem social, crenças ideológicas e motivações específicas, estão destinados, queiram ou não, a reproduzir a função objetiva do Estado, que consiste em manter a coesão social de uma determinada formação social (Poulantzas, 1971); (*iii*) isso seria válido para qualquer forma de regime político (democracia burguesa, ditadura militar, fascismo, estatismo autoritário etc.), no qual o pessoal que comanda a gestão política do Estado é sensivelmente diferente, seja em termos ideológicos, seja em termos profissionais (Poulantzas, 1970, 1975, 1978). Conclui-se daí, portanto, que o problema central para o pesquisador de orientação marxista deveria ser "que relações sociais de dominação o Estado reproduz?", e não "quem decide?" ou "quem governa?", sendo essas duas últimas questões menores e mesmo desimportantes quando comparadas à primeira.

O objetivo deste capítulo é discutir essas proposições e desenvolver, tendo em vista as críticas de Poulantzas à teoria das elites, uma argumentação para verificar em que medida se pode conjugar, na análise social, as duas tradições teóricas, a despeito de todas as suas notórias diferenças ideológicas.

Pierre Birnbaum resumiu de maneira paradigmática nosso partido teórico. Segundo ele, seria graças ao "estudo do pessoal político-administrativo francês" que se poderia "melhor apreender a natureza do Estado" francês (1994, p. 11). A eleição de um objeto de investigação desse tipo está baseada em uma hipótese que permitiria ao cientista social safar-se de duas tentações muito presentes na sociologia política derivadas seja das deduções "estruturalistas", seja das induções empiricistas:

> A fim de evitar as armadilhas das concepções puramente estruturais, que, por meio de metáforas, economizam procedimentos empíricos, mas também sem reduzir o sistema social a uma somatória de indivíduos agindo de maneira mais ou menos voluntária, é fundamental lembrar que a ação do Estado, como instituição, *depende muito do pessoal que o dirige* (Birnbaum, 1994, p. 11; sem grifos no original).

É preciso explicitar o pano de fundo da discussão a propósito das noções de "elite" e "classe" que estão no centro dessas controvérsias. Ele diz respeito, em essência, a como se deve entender a afinidade (ou o divórcio) entre o marxismo, como sistema teórico, e as ciências sociais, como conjunto variado de teorias, métodos e técnicas de pesquisa. Há, a esse respeito, três possibilidades mutuamente excludentes: o marxismo *como* ciência social; o marxismo *contra* a ciência social "burguesa"; e o marxismo como uma ciência/filosofia/ideologia revolucionária *paralela e superior* à ciência social convencional[121].

Essa terceira variante assume que o marxismo seria tanto uma visão de mundo "correta", um ponto de vista "privilegiado" etc., como a Ciência Social por excelência, ainda que não só isso. Como decorrência dessa crença, essa tradição cultural pode relativizar ou simplesmente ignorar os debates, as questões, os avanços metodológicos e as inovações conceituais da sociologia e da ciência política não marxistas, e tudo o mais que não sirva ou não contribua para a compreensão e a superação da sociedade de classes.

A segunda variante – o marxismo contra a ciência social – requer que se pense o primeiro como uma espécie de garantia de cientificidade e objetividade diante da difusão de teorias que, passando-se por "sociologia" ou "ciência política", são, na realidade, racionalizações ideológicas mais ou menos competentes de pontos de vista parciais (i.e., "de classe") ou de interesses sociais não confessados. Essa sorte de vigilância epistemológica seria tanto mais eficiente para corrigir "erros", "desvios" e vícios da própria teoria marxista quanto menos os marxistas precisassem apelar para outras tradições intelectuais.

---

121. Bobbio discutiu essas oposições, de maneira um tanto diferente, no ensaio "Marxismo e ciências sociais". Ver Bobbio, 2006, p. 167 e segs.

A primeira variante – o marxismo como uma ciência social normal – é o ponto de vista que torna possível uma relação dialógica com as teorias sociais não marxistas ou explicitamente antimarxistas. Isso tem uma série de implicações, sendo a menor delas o risco de deslizar para o terreno "ideológico" do adversário. Entender o marxismo como uma corrente, entre outras tantas, das ciências sociais implica em pôr à prova empírica seus postulados, aceitar certas premissas das teorias sociais rivais e incorporar, de forma transformada ou não, alguns conceitos que façam avançar a pesquisa científica. Um desses conceitos é o de "elite política", como procuraremos argumentar.

Dividimos este capítulo em quatro partes. A primeira dedica-se a traduzir as principais questões da teoria das elites para o marxismo, ou mais exatamente, explicá-las na língua oficial do marxismo teórico, a fim de ressaltar não suas dessemelhanças óbvias, mas as diferenças de base entre os dois modelos sociológicos. Na segunda parte sintetizamos as dificuldades e os impedimentos que Poulantzas viu na maneira de pensar a relação entre o mundo político e o mundo social conforme os elitistas. A terceira parte apresenta, de forma resumida, as soluções teóricas que o mesmo Poulantzas forneceu a fim de superar essas dificuldades. Na quarta parte sugerimos algumas condições para retomar ou instaurar o diálogo entre o elitismo e o marxismo, ponderando acertos e desacertos na crítica sociológica do segundo ao primeiro[122].

Poder, classe (dominante) e burocracia

Nicos Poulantzas proclamou que os problemas políticos, tais como formulados pela teoria das elites (isto é, quem detém o poder em uma comunidade?; quantos grupos políticos existem?; de onde vem o seu poder?; qual a essência desse poder? etc.), "não podem ser resolvidos senão na problemática científica do marxismo". Para tanto seria preciso voltar às "indicações científicas que Marx, Engels, Gramsci e Lenin nos forneceram a esse respeito" (1971, v. II, p. 155 e 154).

Dessa perspectiva, como se deveria expressar essas mesmas charadas na linguagem do marxismo, isto é, conforme o seu sistema de conceitos, e que solução teórica Poulantzas deu a eles?

Consideremos em primeiro lugar o problema da *classe dominante*. Ele divide-se, por sua vez, em dois grandes enigmas: (i) há, de fato, uma classe politicamente dominante, ou a vida política se resume a um embate entre uma infinidade de grupos de interesse e pressão concorrentes que detêm quantidades

---

[122]. Poulantzas não foi o único autor a enfrentar esses problemas no campo do marxismo. Foi, contudo, o escritor que mais conscientemente se propôs a lidar com essa questão no domínio teórico. Por essa razão, este texto o elegeu como interlocutor privilegiado. Ver, em especial, Poulantzas, 1971, v. II, p. 154 e segs.

de poder mais ou menos equivalentes?; (ii) essa classe dominante, que governa politicamente, é a mesma classe que triunfa economicamente?

A teoria das elites é uma crítica à teoria marxista da classe dominante e uma tentativa de refutar a tese segundo a qual o poder político, ou mais propriamente, "os recursos políticos da classe dominante" *derivam* do seu poder econômico – ou mais exatamente "da posse dos recursos econômicos" (Saes, 1994, p. 11). Os neoelitistas argumentarão que as transformações do sistema capitalista desde meados do século XX (a separação entre a propriedade e o controle dos meios de produção, a mobilidade social efetiva entre os grupos, a descentralização das funções de governo, a transformação dos indivíduos em "massa", os novos papéis assumidos pela burocracia de Estado etc.) teriam tornado obsoleta a ideia de uma classe *ao mesmo tempo* política e economicamente dominante. Trata-se da posição bem conhecida de C. Wright Mills, por exemplo (cf. Poulantzas, 1971, v. II, p. 155-156; Mills, 1981, p. 328, nota 372).

Em segundo lugar, há o problema da *burocracia do Estado*, problema esse que implica em outras tantas dificuldades: (i) que conexões há entre a burocracia pública e a classe dominante?; (ii) trata-se de uma relação instrumental, em que a segunda controla as ações da primeira, ou a primeira dirige os interesses da segunda?; (iii) trata-se, pelo contrário, de uma relação de autonomia recíproca, em que ambas são independentes?; (iv) se é esse o caso, a burocracia e as outras elites estatais (militares, políticas, técnicas etc.) que comandam o aparelho administrativo do Estado possuem um poder político próprio?

Para o elitismo clássico, o poder político, detido e exercido por uma burocracia autônoma (encarnada nas cúpulas estatais e nos funcionários de alto escalão), seria *paralelo* à dominação (política e econômica) de classe e muitas vezes *independente* do poder econômico. O que se pode dizer é que esses problemas antes de estarem resolvidos foram na realidade escondidos ou esquecidos pela sociologia política no século XX graças ao uso corrente da fórmula "classe política" e seus sucedâneos, como elite do poder, classe governante, categorias dirigentes etc.

A escolha entre as expressões "classe dominante" e "elite política" não é uma questão de terminologia. Há no mínimo três questões a serem enfrentadas antes de se decidir por uma ou outra fórmula. Uma questão mais teórica é a questão do *fundamento do poder* político. De onde o poder deriva? Do próprio Estado, sendo esse a fonte exclusiva do poder político (como em Weber ou Michels)?; ou de outras fontes paralelas (e não mais importantes) de poder, como o predomínio econômico? Há uma segunda questão, mais empírica, que diz respeito à *repartição do poder* político: há uma unidade das elites (como sustentam, entre outros, Mosca, Michels, Mills, Meynaud) ou uma pluralidade de elites (conforme Parsons, Aron, Dahl)? E, por fim, a questão da *relação do poder* político com o poder econômico. Em termos marxistas, como pensar as complexas ligações entre o nível político (i.e., suas instituições) e o nível econômico? Essa terceira questão é, resumidamente, a questão da "representação": elites políticas, burocráticas, científicas representam a si mesmas (seus próprios interesses) ou representam interesses sociais de classe?

Antes de elencar as soluções teóricas que o marxismo estruturalista deu a essas questões, vejamos as reprovações de Poulantzas à teoria das elites. Elas dizem respeito basicamente ao mérito de uma "teoria das elites".

A crítica teórica à teoria das elites

Poulantzas enfatizou que as críticas feitas pelos elitistas à teoria marxista do político ou se referem a ou resultam de "más interpretações do marxismo". De qualquer maneira, os problemas específicos que tais críticas suscitam – da classe dominante, da burocracia de Estado, da relação entre ambas e da fonte do poder das duas – não poderiam em absoluto ser resolvidos a partir das "perspectivas ideológicas" do elitismo clássico (1971, v. II, p. 154-155). Esses problemas resultariam na verdade de uma série de enganos cometidos pelos elitistas. Quais são eles?

O primeiro erro dos elitistas é supor que o marxismo pretende que haja uma "concentração empírica de todas as funções políticas nas mãos da classe economicamente-politicamente dominante", sendo o poder exercido, na prática, pelos "membros dessa mesma classe" (Poulantzas, 1971, p. 155).

Essa suposição não levaria todavia em conta a separação, postulada pelo marxismo clássico, entre o *poder de Estado* (isto é, o poder social exercido através das instituições do Estado capitalista), detido efetivamente pelas classes ou frações de classe dominantes, e o *aparelho do Estado*, o lugar de exercício desse poder, que pode ser ocupado e operado por quaisquer outras categorias sociais (as camadas médias, a pequena burguesia, a burocracia etc.).

O segundo equívoco é uma continuação e um exagero do primeiro. Há duas versões da crítica dos elitistas à concepção marxista da classe dominante unificada. Aquela que sustenta haver uma pluralidade das elites – sendo esses grupos definidos conforme a posição de direção que ocupam nos diversos campos da vida social (daí haver elites sindical, partidária, política, científica, religiosa etc.) – e aquela que reivindica, ao contrário, a unidade das elites políticas.

O "pluralismo elitista", representado por Dahl (1961) e Schumpeter (1984), por exemplo, está baseado num juízo de realidade: os estratos mais altos dos diferentes grupos sociais (políticos, burocratas, dirigentes sindicais, líderes empresariais) nem possuem – e por isso não representam – os mesmos interesses, nem apresentam qualquer unidade política. O problema dessa concepção seria que ela dividiria o poder político, uma substância por definição não partilhável (Poulantzas, 1971, p. 158). Mas essa concepção admite e postula certos *fundamentos* do poder diferentes daqueles supostos pela teoria marxista e esse é, para Poulantzas, seu principal defeito. Outra falta grave do pluralismo elitista diz respeito ao fato de ele não levar em conta a unidade do poder político e principalmente a centralidade do poder de Estado nas formações sociais capitalistas (um poder maior e mais importante que quaisquer outros "poderes" sociais).

O "monismo elitista", versão dessa teoria que aceita e argumenta a favor da unidade das elites, está dentro da problemática marxista original da dominação política, embora reprove o uso da concepção de "classe dominante". Em seu lugar e graças às transformações históricas do capitalismo, ela sugere a existência de uma superelite. A coesão dos grupos sociais que formam esse novo grupo político é pensada de maneira diferente (e errada, conforme Poulantzas) por Mosca (1939), Michels (1971), Meynaud (1958), Mills (1981), visto que ela é pensada ora em função de um centro unificador das elites, ora em função da ascensão de um novo grupo social (os "administradores"), graças à revolução gerencial em meados dos anos 1950; ora é reivindicada em função da dominação de uma elite em particular sobre todas as outras. De toda forma, o poder dessa superelite pode derivar tanto do controle que um grupo de elite exerce sobre as relações de produção, como do controle sobre o próprio aparelho do Estado (e que pode assumir, cumulativamente, com o controle sobre o poder econômico). Essas formulações, enfatiza Poulantzas, não só não escapam ao determinismo – acusação comum ao marxismo –, mas também restauram nas explicações uma espécie de superdeterminismo econômico (1971, p. 158-159).

Essa é, resumidamente, a crítica poulantziana ao elitismo e a partir daí já se pode intuir as premissas, os postulados e os princípios que sustentam essa ciência política. Eles travam qualquer comércio conceitual possível com outras tradições que não aceitem as "evidências" postuladas pelo marxismo teórico a partir das "indicações científicas que Marx, Engels, Gramsci e Lenin nos forneceram" (1971, p. 154): a natureza do poder político e seu caráter de classe, a unidade do poder estatal, a autonomia da burocracia de Estado diante das classes e frações dominantes etc. Vejamos esse problema mais de perto com base nas soluções teóricas que Poulantzas propôs para entender as relações entre poder social e poder político.

Um sistema conceitual alternativo

Como a teoria política marxista, segundo Poulantzas, pensa a questão da classe dominante e a questão da burocracia de Estado?

O conceito de "classe dominante" é, lembra Poulantzas, bem mais complexo do que a versão caricatural dele apresentada por Wright Mills. É possível ler nos clássicos do marxismo inúmeras análises que assinalam a defasagem e a dessemelhança entre a classe economicamente dominante e a classe politicamente dominante[123]. A concentração efetiva (ou "empírica") das funções político-administrativas nas mãos das classes e frações dominantes não só não é obrigatória (isto é, uma invariante histórica de todas as sociedades de classe), como também sua não coincidência só pode ser explicada pelo marxismo graças à compreensão efetiva desse problema a partir das variações promovidas pelas lutas de classe, pelas formas de Estado e pelas formas de regime em uma formação social concreta (Poulantzas, 1971, p. 161-162).

Outro ponto obrigatório a enfatizar aqui é o pertencimento de classe da burocracia de Estado. Só faz sentido levantar o problema da "burocracia" tendo em mente a diferença decisiva que há entre o aparelho do Estado e o poder de Estado (Poulantzas, 1971, p. 164; e Poulantzas, 1985, p. 17). Resumidamente: o aparelho de Estado é o *lugar* a partir do qual se exerce o poder; o poder de Estado é o próprio poder social das classes e frações dominantes beneficiárias das decisões do Estado, visto que o Estado por si mesmo não detém "poder" (como está suposto, por exemplo, na expressão "poder burocrático").

Partindo da definição segundo a qual a classe dominante – ou mais propriamente, a *classe* ou *fração hegemônica* do bloco das classes dominantes – é aquela cujo interesse político é garantido prioritariamente pelas principais decisões do Estado, Poulantzas avança duas noções operacionais para lidar com esse problema de quem detém/exerce que tipo de função ("poder") no processo de dominação social: a noção de "classe detentora" e a de "classe reinante". A *classe detentora* (que em geral se designa imprecisamente como a classe politicamente dominante) é a classe social que controla e administra os centros de poder do aparelho do Estado – e não a que detém o poder político (1971, p. 165). Esse é, *por definição*, das classes dominantes. A classe detentora pode ou não se identificar com a fração hegemônica, mas essa é uma questão circunstancial. A *classe reinante* é a classe social ou a fração de classe que predomina na cena política (isto é, no mundo da política institucional) e que assume, por meio do jogo e da disputa dos partidos políticos, "o papel de representação" política das classes e frações dominantes (1971, p. 162).

Todas essas diferenciações – classe hegemônica, detentora e reinante – são tanto mais importantes quanto se sabe os enganos que seu desconhecimento pode produzir. Por exemplo: "se nos colocarmos unicamente no campo da cena política a fim de descobrir as relações de [dominação de] classe, reduzindo essas relações às meras relações partidárias, somos inevitavelmente levados a erros [...]" (Poulantzas, 1971). Isso porque, no processo político, pode haver uma série de alternativas. Como regra geral, a ação da classe ou fração *reinante* recobre

---

[123]. Sirvam de exemplos os textos de Marx sobre a Revolução alemã de 1848-1849 ou a realidade política descrita pela expressão teórica "bonapartismo". Sobre esse último ponto, ver Rubel, 1960.

o papel da classe ou fração *hegemônica* na cena política, já que nem sempre é estratégico revelar sua preponderância. Todavia, pode haver uma classe ou fração que integre o bloco no poder sem que essa classe ou fração tenha, obrigatoriamente, uma organização partidária própria e esteja presente, dessa forma, na cena política; uma classe ou fração de classe pode desaparecer da cena política continuando, porém, a existir no bloco no poder; pode haver uma classe ou fração hegemônica na cena política (classe reinante) diferente da classe ou fração hegemônica do bloco no poder; no limite, "a classe ou fração de classe reinante [...] [na cena política] pode [...] não só não ser a [classe ou fração hegemônica], *mas até, por vezes, não fazer parte do bloco no poder*" (1971, p. 76). Por sua vez, "um deslocamento do índice de hegemonia de uma classe ou fração [de classe] para outra [classe ou fração integrante] do bloco no poder não coincide necessariamente com os deslocamentos da representação partidária na cena política" (p. 74); um deslocamento da hegemonia de uma classe ou fração de classe para outra do bloco no poder não "corresponde [...] necessariamente a passagens do fundo para a boca da cena" política (p. 74). Enfim, o bloco no poder pode se expressar na cena política por meio de alianças partidárias ou mesmo por meio de uma luta aberta entre os partidos (p. 76).

Se essa combinatória complicada entre três tipos de grupos sociopolíticos que atuam e predominam em domínios diferentes da vida social, deduzida por Poulantzas das análises de Marx sobre a política europeia do século XIX, corrige as visões mais simplistas do fenômeno político (e, de resto, as próprias visões simplificadoras sobre o marxismo e sua compreensão das relações de supremacia social), ela todavia não dá conta de certos fenômenos que são *apenas políticos* ou que não podem ser reduzidos – ou deduzidos – da análise classista.

Por um diálogo na pesquisa social

O propósito mais amplo deste ensaio é (re)estabelecer um diálogo entre o marxismo e o elitismo, bloqueado depois das críticas de Nicos Poulantzas à teoria das elites, que sumarizamos acima, e das censuras feitas pelo primeiro à sua incorporação acrítica por Ralph Miliband em *The State in Capitalist Society* (cf., em especial, Poulantzas, 1969). Essa pretensão não implica, de toda forma, em recusar pura e simplesmente tais críticas. Na realidade, Poulantzas tem razão em três pontos importantes.

Não há dúvida de que os teóricos do elitismo, tanto os clássicos como os contemporâneos, fazem sua crítica ao marxismo a partir de uma caricatura bastante grosseira do que seria essa teoria e do que ela teria a dizer sobre os processos de dominação política. Na maioria das vezes, o marxismo é enxergado como um economicismo, isto é, uma teoria para a qual os agentes políticos estariam a serviço dos interesses "da economia" ou, mais exatamente, dos agentes econômicos. E só isso. Essa deformação do marxismo, manobra intelectual que permite rejeitá-lo sem maiores problemas, pode ser lida tanto em Gaetano Mosca (1939), como em Raymond Aron (1991) ou em Pierre Birnbaum (1994). Seria necessário, portanto, restabelecer os princípios teóricos do primeiro antes de opô-lo (ou, da nossa perspectiva, conectá-lo) ao elitismo.

Em segundo lugar, Poulantzas acerta ao criticar os elitistas por não fornecerem uma teoria *do Estado*, isto é, especificamente sobre o Estado que é, afinal, o centro do exercício do poder político. Demasiadamente preocupados com os sujeitos do poder (como na pergunta "quem governa?"), os elitistas são incapazes de pensar o Estado como uma estrutura institucional (agentes, aparelhos, papéis, centros de poder em conflito etc.) que funcionaria como um limite às ações caprichosas dos decisores públicos. Desse modo, nunca sabemos ao certo qual é exatamente o lugar e a função do aparelho estatal e dos seus operadores, a "elite estatal", na reprodução da dominação política e social.

Por fim, é inegável que o elitismo padece de duas limitações interligadas. De um lado, atribui peso exagerado ao poder "próprio" das elites políticas, vistas como o agrupamento responsável pela condução das comunidades humanas. Nesse sentido, a abordagem elitista sofre de um voluntarismo excessivo, não sendo capaz de dar conta dos constrangimentos estruturais que limitam a ação dos grupos de elite. De outro lado, essa teoria está demasiadamente centrada nos interesses específicos das "minorias politicamente ativas" e, por isso, tende a não eleger como objeto de análise a *relação* entre a conduta das elites e certos interesses externos a ela. Somados os dois defeitos e levados às últimas consequências, as "minorias politicamente ativas" parecem agir, na compreensão do elitismo, em uma espécie de vácuo social. Desse modo, os elitistas limitam-se a analisar ou a relação elite-massa (esta última, aliás, nunca definida rigorosamente além daqueles preconceitos convencionais), ou a relação intraelites. As classes sociais, ainda que sua existência empírica seja reconhecida, não são levadas em conta na explicação dos processos de dominação política por serem consideradas agregados demasiadamente amplos de interesses e/ou porque, afinal, não produzem efeitos políticos importantes.

Mas seriam esses defeitos uma razão suficiente para suspender o diálogo entre marxismo e elitismo? Acreditamos que não e para que essa proposição seja aceita é preciso refutar algumas outras críticas que Poulantzas endereçou à problemática teórica das elites políticas. Pensamos particularmente em três pontos, destacados e discutidos a seguir.

1) Os problemas dos agentes do poder e da fonte do poder só podem ser resolvidos no âmbito do marxismo

É preciso qualificar essa postulação. Tais problemas só poderiam ser resolvidos, segundo Poulantzas, no âmbito daquilo que ele próprio considera ser o verdadeiro marxismo teórico. O fato de outros marxistas terem incorporado alguns temas e conceitos da teoria das elites – por exemplo: Miliband (1969), Bottomore (1974), Domhoff (1983) – revela que tal afirmação é discutível. Porém, além disso, ou antes disso, é preciso se perguntar se o marxismo pode, de fato, dar conta de alguns desses problemas, seja qual for a compreensão que se tenha dessa teoria.

Como discutimos acima, Poulantzas procurou resolver a dificuldade da relação entre os agentes do Estado (as elites políticas e/ou burocráticas) e a dominação política de uma classe ou fração determinada a partir da conjugação de dois conceitos: "classe detentora" e "classe (ou fração) hegemônica". O conceito de classe ou fração hegemônica identificaria a classe sistematicamente beneficiada pelas políticas de Estado, independentemente de ser essa classe ou fração um agente político coletivo e estar organizada de modo efetivo (como classe reinante na cena política através de seu partido, por exemplo). Nesse sentido, ela é teoricamente (e pode vir a ser empiricamente) diferente da classe detentora, conceito que descreve os agentes que controlam diretamente os postos estatais (a "elite estatal", na definição de Miliband (1969)).

No entanto, essa conceituação só resolve o problema eliminando-o de maneira arbitrária. Dado o fato de que a classe detentora dos postos essenciais do aparelho do Estado está condenada a realizar os imperativos da função objetiva do Estado capitalista (a reprodução de uma formação social capitalista), sendo por isso um simples efeito da estrutura estatal, ela, no fundo, não precisa ser analisada. Miliband (1970) tem razão ao afirmar que, para Poulantzas, o Estado e seus agentes só podem ser pensados como autônomos (em face da fração hegemônica) sob a condição de serem autômatos, isto é, perderem completamente a sua autonomia diante dos imperativos objetivos do "sistema" capitalista e, por conseguinte, perderem de uma vez por todas a sua importância como objeto de estudo. Mas essa desimportância da elite que governa é um derivativo arbitrário de determinados postulados teóricos e não produto de análises empíricas que a comprovem.

Os estudos sobre elites políticas demonstraram à farta e de forma convincente o valor científico de se estudar as "minorias politicamente ativas" em função dos efeitos não necessariamente intencionais que suas ações e opções estratégicas podem produzir sobre o sistema social (cf. Guttsman, 1965; Keller, 1971; Carvalho, 1980; Czudnovski, 1982; Perissinotto, 2000; Hunt, 2007; entre outros). Recordemos o ponto de partida deste ensaio: se podemos, de alguma forma, estabelecer uma relação entre (*a*) *a natureza das elites estatais* (ou da "classe detentora") e suas decisões e, por outro lado, (*b*) entre essas decisões e os efeitos que elas produzem no sistema social (efeitos reprodutivos ou não; antecipados ou não; a favor ou não da fração hegemônica), então *é forçoso reconhecer a importância das elites como objeto de estudo*, inclusive para se analisar (ou "comprovar") a reprodução/transformação das relações de dominação de classe. A questão de como domina a classe dominante, isto é, a questão dos mecanismos da dominação não é trivial.

2) O conceito de "elite" não pode dar conta efetivamente do problema da dominação porque não leva em consideração o problema da estrutura de classe da sociedade

É notório que o conceito de elite (ou "classe política" ou "oligarquia" ou "classe dirigente" e seus sucedâneos) nasceu do objetivo explícito de refutar o conceito de classe como sendo uma noção teórica pouco ou nada operacional. No entanto, essa justificativa não precisa ser aceita e, por conseguinte, os marxistas não estão obrigados a rejeitar o conceito essencial de sua sociologia sem mais.

Não se deve imaginar que o conceito de elite e suas muitas especializações – elite política, econômica, intelectual, militar etc. – possa jogar um papel análogo ao conceito de classe dentro do marxismo. Esse parece ser o caso de Ralph Miliband (1969) e Tom Bottomore (1974). Segundo esses autores, o conceito de elite é útil à medida que explica algumas realidades sociais às quais o conceito de classe não se aplica ou não se ajusta adequadamente. Ainda que essa proposição seja, em nome do bom-senso, plenamente aceitável, é preciso ir além dela. Na realidade, da nossa perspectiva, é mais razoável pensar que o conceito de elite pode ajudar a *operacionalizar empiricamente* a análise classista da política[124].

Para tanto, a análise classista não deve, por sua vez, ser reduzida a um princípio que pensa as classes apenas como *estruturas objetivas* que produzem "efeitos" no nível político, a despeito ou antes mesmo da sua constituição como agentes políticos efetivos. Por isso, esse gênero de análise não pode se limitar a identificar a morfologia do modo de produção (e dos seus estágios ou fases) a fim de concluir daí, por dedução teórica, os efeitos políticos que supostamente a estrutura de classe produz sobre o mundo político. Pelo contrário, a perspectiva classista, para se tornar instrumento da análise social de uma ciência social empiricamente orientada, exige que se pense se e como as classes podem se constituir em agentes políticos de fato relevantes.

A realização desse objetivo impõe grande dificuldade, já que não é trivial conceber as classes como atores coletivos voluntários, como já observou a propósito Olson (1999). No mínimo seria preciso explicar de que maneira a "solidariedade" entre os membros da classe (uma forma de sentir e pensar em comum) transforma-se em "cooperação" (uma forma de agir em comum) (cf. Kaplan e Lasswell, 1998, p. 60-61).

---

124. As ideias apresentadas a seguir resumem uma discussão bem mais ampla publicada em Perissinotto e Codato, 2009, e em Perissinotto, 2007.

Os marxistas poderiam refutar tais argumentos dizendo que nem eles nem o próprio Marx defenderam a ideia de que as classes sociais agem diretamente na política, como forças coletivas voluntárias (Therborn, 1989). Na verdade, as classes agiriam sempre por meio de seus "porta-vozes", isto é, por meio de partidos, sindicatos, associações civis e outras instituições que falariam em nome das classes. Como é fácil perceber, em vez de decidir a parada, esse expediente coloca mais um termo na equação, já que o problema empírico que se soma aqui é: como então provar que essas instituições veiculam, representam, de fato, os interesses das classes em questão?

É exatamente em relação a esse problema – ao problema da representação – que o conceito de elite pode ser não apenas complementar ao marxismo, mas fundamental para operacionalizar a análise de classe, tornando esse gênero de análise efetiva na ciência social. "Classe" só pode se constituir como um conceito analiticamente rentável se abandonarmos em definitivo a ideia de que ela age diretamente na política. Dito de outra forma, um uso adequado desse conceito parece exigir que se considere a classe como uma coletividade representada no campo político por uma "minoria politicamente ativa", como sustentou Therborn (1989, p. 437-438). O problema então é saber como detectar as relações de representação de classe no funcionamento da luta política cotidiana sem recorrer à chave-mestra das "funções objetivas" do Estado ou da "lógica" intrínseca do modo de produção.

A nosso ver, a análise classista da política exigiria que se cumprisse três procedimentos, hierarquizados por ordem de importância, para que se pudesse comprovar a tese da representação política de classe por uma minoria (ou por uma "elite")[125]: (*a*) o estudo do *comportamento efetivo* dessa minoria; (*b*) a análise do *conteúdo do seu discurso* manifesto; e (*c*) o estudo da *origem social* dos seus membros. Em suma, é preciso saber se os membros da minoria em questão agem de maneira coordenada e conveniente aos interesses da classe que eles, supostamente, "representam"; se falam explicitamente "em seu nome", em nome da classe; e, finalmente, se são provenientes da classe em questão. A hierarquização desses três procedimentos metodológicos é fundamental, já que eles têm impactos diferenciados na comprovação da relação de representação entre a minoria e a classe que ela supostamente (e não por definição) deve representar. Por exemplo: um grupo pode ser recrutado numa classe (contemplando assim a exigência da origem social), mas ter um discurso e um comportamento orientados pela ideologia de outro grupo social; ao contrário, a presença de uma ação manifesta e conscientemente orientada pela consecução de objetivos de classe já seria suficiente para estabelecer a relação de representação, mesmo que os membros da minoria não fossem recrutados na classe em questão e professassem a ideologia de um terceiro grupo social. Evidentemente, a presença das três dimensões –

---

[125]. Sugestões semelhantes podem ser encontradas em Therborn, 1983; 1989 e Przeworsky, 1989.

ação, filiação espiritual e procedência social – tornaria a comprovação da existência de uma representação de classe pela elite política ainda mais convincente.

3) A perspectiva elitista não pode identificar os fundamentos do poder político

É pouco discutível que a teoria das elites tende a ser excessivamente voluntarista ao analisar o poder das elites políticas já que se inclina a desconsiderar elementos exteriores à própria política como fatores condicionantes e limitativos do poder desses grupos sociais especiais. Trata-se do que se convencionou chamar de o pecado do "formalismo"[126]. No entanto, com relação a esse ponto, podemos observar inicialmente que não apenas o marxismo é deformado pelos seus inimigos teóricos, como também os próprios marxistas tendem a fazer o mesmo com seus adversários ideológicos. Não é exata a suposição de que todo e qualquer investigador que eleja as elites políticas como objeto de estudo esteja condenado ao vício do formalismo. Depois, é equivocado sustentar que qualquer teórico das elites não possa identificar os fundamentos "reais" do poder político. Eles o fazem, só que tais fundamentos não residem (e, de fato, podem não residir) na estrutura de classe, mas em outras instâncias/universos sociais. Quanto a isso, uma rápida leitura da tipologia das classes políticas formulada por Mosca serviria para superar o que poderia ser chamado polidamente de mal-entendido (1939, p. 53-60).

Antes de tudo, e a fim de evitar os inconvenientes típicos desse tipo de confronto, é preciso esclarecer o conteúdo preciso dos termos aqui discutidos. Se dissermos que elites políticas não exercem de fato o *poder político*, torna-se necessário dizer claramente o que se entende por essa locução. Parece evidente que o conceito de poder político, no caso do marxismo estruturalista, descreve a produção, pelo Estado capitalista, de políticas de governo que reproduzam a estrutura de classe (ou a estrutura de dominação) da sociedade capitalista. Nesse sentido, o Estado atende objetivamente aos interesses de longo prazo da classe dominante ou, para ser mais específico, aos interesses políticos dessa classe em particular, interesses esses que consistem, basicamente, na reprodução das características e das relações fundamentais que constituem o modo de produção capitalista. Esse é o poder em sentido estrutural.

Não há muita dúvida sobre o fato de que a estrutura da sociedade capitalista impõe vários limites às decisões, às estratégias e às margens de ação das elites políticas e sociais. No entanto, o que fazer com e o que dizer de toda uma gama de fenômenos políticos que não dizem respeito à reprodução da

---

[126]. O formalismo seria o resultado da perspectiva "internalista" adotada por alguns teóricos das elites. Eles tenderiam a explicar os fenômenos políticos e o poder das elites a partir apenas de fatores intrínsecos ao universo político. Quanto a esse ponto, ver Saes, 1994.

ordem social? Como explicá-los? Vale a pena abrir mão de compreender e comentar uma série de ocorrências políticas – que são, de resto, a maioria – só porque elas não se inscrevem naquilo que seria essencial do ponto de vista estrutural (supondo que "estrutural" é tudo o que diz respeito à reprodução do modo de produção social)?

A nosso ver, a resposta a essa questão deve ser negativa. Se as elites políticas não detêm "poder político", no sentido muito restrito tal como definido acima, elas certamente possuem, em alguma medida *a ser determinada empiricamente*, autoridade, força, prestígio, enfim, "influência política" capaz de produzir efeitos que valem a pena ser examinados. Aliás, não raro, como demonstraram vários estudos (por exemplo, Putnam, 1976; Carvalho, 1980; Skocpol, 1984; Perissinotto, 2000; Fausto e Devoto, 2004; Codato, 2008), as opções feitas pelas elites políticas podem nos ajudar a entender a configuração e a evolução de uma dada formação política, assim como os processos de conservação ou de desestabilização da ordem social.

Se isso é correto, então temos que nos dedicar a pensar e forjar conceitos que nos permitam analisar, a partir de uma perspectiva classista, as interações políticas "superficiais", isto é, os fenômenos políticos que não estão diretamente ligados ao problema da reprodução social "a longo prazo". Para tanto, talvez seja o caso de lançar mão de um conceito de poder menos abrangente e mais operacional, tal como aquele formulado pela tradição teórica weberiana. Nesse sentido, o poder seria tão só a capacidade de produzir efeitos pretendidos e garantir que os resultados sejam atingidos mesmo contra a resistência de grupos antagônicos. Esse é o poder em sentido estratégico.

Esse tipo de formulação se presta muito mais à análise das ações estratégias típicas da vida política real do que as grandes declarações do marxismo sobre o "funcionamento da dominação de classe". Por meio dela podemos acompanhar de perto as interações entre os agentes políticos e sociais, sem que tais interações sejam dissolvidas no tempo da longa duração da "reprodução do modo de produção". Essa é, de resto, a tática de análise adotada por Marx em *O 18 brumário de Luís Bonaparte*. Aí podemos vê-lo acompanhando o dia a dia da política, as decisões estratégicas dos diversos agentes, seus cálculos, suas hesitações, suas tomadas de posição diante de situações concretas. Por exemplo: a ala esquerda da Nova Montanha somaria seu republicanismo radical à ação insurrecional ; o Partido da Ordem conjugaria a aceitação prática da República com a defesa doutrinária da monarquia; os Republicanos "puros" assumiriam como plataforma política a República parlamentar; a Montanha, a da República democrática; a Sociedade do 10 de Dezembro postularia, através do bonapartismo, a restauração do Império (cf. Boito Jr., 2007, p. 142), e assim por diante. A questão central da pesquisa política orientada pela problemática marxista, a partir daqui, então seria: em que medida as estratégias adotadas pelas diversas elites políticas podem (e não "devem") ser vinculadas a uma base de classe? Afinal, é tão dogmático imaginar que as classes não têm efeito na vida política quanto supor que, por definição, devam sempre ter.

Dito isso, não há qualquer razão, a não ser extrateórica, para tomar esses dois conceitos de poder (o estrutural e o estratégico) como excludentes. Se, de um lado, é inegável que as elites agem em um contexto que restringe suas ações/opções e redefine o sentido de suas estratégias a despeito de suas intenções iniciais e dos seus "projetos", de outro lado não é menos inegável que essas elites fazem escolhas, traçam táticas, redefinem decisões, costuram alianças, calculam o alcance de suas possibilidades de poder e, por conseguinte, afetam com isso a dinâmica real do mundo social e do mundo político. Não as tomar como demiurgo desses dois mundos não exige que se veja, por isso, as elites como meros fantoches das determinações estruturais.

Referências

ARON, Raymond. Classe social, classe política, classe dirigente. In: _____. *Estudos sociológicos*. Rio de Janeiro: Bertrand Brasil, 1991.

BIRNBAUM, Pierre. *Les sommets de l'État*: essai sur l'élite du pouvoir em France. Paris: Seuil, 1994.

BOBBIO, Norberto. *Nem com Marx, nem contra Marx*. São Paulo: Editora UNESP, 2006.

BOITO Jr., Armando. *Estado, política e classes sociais*: ensaios teóricos e históricos. São Paulo: Editora UNESP, 2007.

BOTTOMORE, Tom B. *As elites e a sociedade*. 2. ed. Rio de Janeiro: Zahar, 1974.

CARVALHO, José Murilo de. *A construção da ordem*: a elite política imperial. Rio de Janeiro: Campus, 1980.

CODATO, Adriano. *Elites e instituições no Brasil*: uma análise contextual do Estado Novo. Tese (doutorado em Ciência Política). Universidade Estadual de Campinas – Unicamp, 2008.

CZUDNOWSKI, Moshe M. (ed.). *Does Who Governs Matter?* DeKalb: Northern Illinois University Press, 1982.

DAHL, Robert. *Who Governs?* Democracy and Power in an American City. New Haven and London: Yale University Press, 1961.

DOMHOFF, G. William. *Who Rules America Now?* New York: Touchstone, 1983.

FAUSTO, Boris e DEVOTO, Fernando J. *Brasil e Argentina*: um ensaio de história comparada (1850-2002). São Paulo: Editora 34, 2004.

GUTTSMAN, Wilhelm L. *The British Political Elite*. London: MacGibbon & Kee, 1965.

HUNT, Lynn. *Política, cultura e classe na Revolução Francesa*. São Paulo: Companhia das Letras, 2007.

KAPLAN, Abraham e LASSWELL, Harold. *Poder e sociedade*. Brasília: Editora da UnB, 1998.

KELLER, Suzanne. *Más allá de la clase dirigente*. Madri: Tecnos, 1971.

MEYNAUD, Jean. *Les groupes de pression en France*. Paris: Colin, 1958.

MICHELS, Robert. *Les partis politiques. Essai sur les tendences oligarchiques des démocraties*. Paris: Flammarion, 1971.

MILIBAND, Ralph. *O Estado na sociedade capitalista*. Rio de Janeiro: Zahar, 1972.

MILIBAND, Ralph. The Capitalist State: Reply to N. Poulantzas. *New Left Review*, n. 59, jan./fev., 1970.

MILIBAND, Ralph. *The State in Capitalist Society*. London: Weindenfeld and Nicolson, 1969.

MILLS, C. Wright. *A elite do poder*. 4. ed. Rio de Janeiro: Zahar, 1981.

MOSCA, Gaetano. *The Ruling Class* (Elementi di Scienza Politica). New York/London: McGraw-Hill, 1939.

MOSCA, Gaetano. *The ruling class*: elementi di scienza politica. New York: McGraw-Hill, 1939.

OLSON, Mancur. *A lógica da ação coletiva*. São Paulo: Edusp, 1999.

PERISSINOTTO, Renato e CODATO, Adriano. Classe social, elite política e elite de classe: por uma análise societalista da política. *Revista Brasileira de Ciência Política*, Brasília, v. 1, n. 2, p. 243-270, 2009.

PERISSINOTTO, Renato M. *Estado e capital cafeeiro em São Paulo (1889-1930)*. São Paulo: Annablume/Fapesp, 2000, v. 2

PERISSINOTTO, Renato M. *O 18 Brumário* e a análise de classe contemporânea. *Lua Nova*, São Paulo, n. 71, p. 81-121, 2007.

POULANTZAS, Nicos. *Fascisme et dictature*: la Troisième Internationale face au fascisme. Paris: Maspero, 1970.

POULANTZAS, Nicos. *L'Etat, le pouvoir, le socialisme*. Paris: PUF, 1978.

POULANTZAS, Nicos. *La crise des dictatures*: Portugal, Grèce, Espagne. Paris: Seuil, 1975.

POULANTZAS, Nicos. *O Estado, o poder, o socialismo*. 2. ed. Rio de Janeiro: Graal, 1985.

POULANTZAS, Nicos. *Pouvoir politique et classes sociales*. Paris: Maspero, 1971. 2 vols.

POULANTZAS, Nicos. The Problem of the Capitalist State. *New Left Review*, London, n. 58, nov./dez. 1969.

PRZEWORSKY, Adam. A organização do proletariado em classe: o processo de formação de classes. In: _____. *Capitalismo e social-democracia*. São Paulo: Companhia das Letras, 1989.

PUTNAM, Robert D. *The Comparative Study of Political Elites*. New Jersey: Prentice Hall, 1976.

RUBEL, Maximilien. *Karl Marx devant le bonapartisme*. Paris: Mouton, 1960.

SAES, Décio. Uma contribuição à crítica da teoria das elites. *Revista de Sociologia e Política*, Curitiba, n. 3, nov., 1994.

SCHUMPETER, Joseph A. *Capitalismo, socialismo e democracia*. Rio de Janeiro: Zahar, 1984.

SKOCPOL, Theda. *Los Estados y las revoluciones sociales*. México: Fondo de Cultura Económica, 1984.

THERBORN, Göran. A análise de classe no mundo atual: o marxismo como ciência social. In: Hobsbawn, Eric (Org.), *História do marxismo*. Rio de Janeiro: Paz e Terra, 1989, v. 11.

THERBORN, Göran. Why Some Classes are More Successful than Others? *New Left Review*, London, n. 138, p. 37-55, 1983.

* * *

9
Por uma análise societalista da política

Renato Perissinotto & Adriano Codato

O propósito deste capítulo é discutir, mais uma vez, a possibilidade, mas também os impedimentos de uma análise da dinâmica política das sociedades contemporâneas que enfatize a variável "classe social".

Pretendemos considerar esse tema a partir da perspectiva teórica apresentada há um bom tempo por autores como Aron (1950, 1960, 1965), Mills (1981, 1985), Miliband (1969, 1970), Bottomore (1974), Giddens (1974), Therborn (1989). Esses cientistas sociais defenderam, cada um à sua maneira, que uma forma possível para operacionalizar o conceito de classe social seria por meio de sua articulação com o conceito de elite (econômica e/ou política). Nesse sentido, não aspiramos apresentar aqui nenhuma proposição teórica inédita com relação a essa sugestão mais geral. Nosso objetivo é, acatando de saída essa suposição, enfatizar a necessidade de uma discussão acerca dos *procedimentos metodológicos* que permitiriam operacionalizar a junção das duas noções – elite e classe – de modo cientificamente rentável.

O ensaio está dividido em cinco partes. Na primeira, apresentamos algumas observações que justificam a retomada desse problema aparentemente superado pela Ciência Política contemporânea. Em seguida, resumimos as principais críticas ao conceito de "elite política", procurando mostrar que, apesar de aceitáveis em alguns pontos, tais críticas não comprometem sua validade heurística. Na terceira parte discutimos as críticas que apontam as dificuldades de se pensar a classe social como ator político e, assim como no item anterior, defendemos que a validade relativa de algumas dessas críticas também não precisa implicar na rejeição definitiva desse conceito. Na quarta parte, avançamos nossos argumentos em defesa da junção das duas ideias. Por fim, listamos algumas sugestões para operacionalizar, na análise social, o uso conjunto do conceito de elite e de classe. Acreditamos que uma discussão dessa natureza possa contribuir para fazer avançar uma análise classista da política empiricamente orientada. O argumento de fundo é que não se pode abrir mão desse tipo de análise nem dessa perspectiva sociológica.

Por um retorno à análise classista da política

Já vai longe o tempo em que o marxismo desfrutava de uma posição confortável no ambiente universitário brasileiro. De teoria social francamente hegemônica nos anos 1960 e 1970, passou a sofrer seguidos ataques. Por volta do início dos anos 1980, as críticas ainda eram essencialmente políticas e ideológicas aos aspectos políticos e ideológicos dessa sociologia. Essas censuras vieram de intelectuais de esquerda influenciados pela nova orientação do novo movimento operário ("autonomista") e pela perspectiva dos novos movimentos sociais, que possuíam outra agenda, outras formas de organização política e eram tocados por outros "sujeitos". Eles passaram a rejeitar o vanguardismo político do Partido e o conflito de classe como única fonte promotora da mudança social.

No entanto, a partir dos anos 1980 e 1990, os críticos do marxismo passaram a atacar as pretensões científicas dessa teoria. De um lado, a censura menos ameaçadora foi formulada por alguns "positivistas", no sentido pejorativo de fetichistas da estatística, que, como lembra Stinchcombe (1978), não percebiam (e ainda não percebem) que um número é a coisa menos empírica que existe. Desse ponto de vista, o marxismo deveria ser rejeitado porque suas hipóteses e proposições não admitiam quantificação – logo, verificação[127]. De outro lado, a crítica mais categórica foi elaborada por autores vinculados ao "marxismo analítico", que desafiavam o rigor lógico das explicações normalmente formuladas pelos marxistas. Muito resumidamente, os analíticos sustentavam que o raciocínio embutido nas explicações marxistas, amplamente ancoradas em um funcionalismo ao mesmo tempo rígido e simplista, dispensava a necessidade da prova, e que aquilo que deveria ser averiguado pela sondagem empírica era em geral apresentado como um ponto de partida inquestionável de suas formulações[128]. Ao lado dessas duas censuras, uma terceira, de inspiração mais remota, denunciava o determinismo da abordagem marxista, que reduzia a dinâmica política a um reflexo ora dos movimentos "da economia", ora das determinações "estruturais" do sistema capitalista, ora, enfim, da luta de classes.

O resultado desse triplo ataque ao marxismo, ao menos no Brasil, foi que os estudos de Ciência Política passaram a ser amplamente dominados por uma

---

127. Essa crítica nem é tão nova assim. Recorde-se, por exemplo, as reprovações de Paul Samuelson que ampliam a crítica de Böhm-Bawerk à teoria do valor-trabalho de Marx.

128. Cf., por exemplo, Elster, 1989a e 1989b. O caso paradigmático é o da teoria do Estado formulada pelos neomarxistas. Nicos Poulantzas, no seu *Poder político e classes sociais*, enuncia nas primeiras páginas do livro aquilo que deveria ser o resultado de investigação empírica, a saber, que "O Estado possui a função particular de constituir o fator de coesão dos níveis de uma formação social" (Poulantzas, 1971, p. 40). Sempre se pode dizer que a referida obra tem caráter teórico e tal formulação deve ser tratada como hipótese de pesquisa. No entanto, todos os demais escritos de Poulantzas partem desse pressuposto para revelar os efeitos funcionais das diferentes formas de Estado capitalista (fascista, democrático e ditatorial) para os interesses da burguesia ou de sua fração hegemônica. Ver Poulantzas, 1970.

perspectiva *institucionalista* (em prejuízo das abordagens societalistas), *quantitativista* (no lugar das análises históricas) e *politicista* (isto é, defensora da independência radical do universo político e das suas "leis"). Apesar dos avanços que essa orientação teórica, hoje hegemônica, propiciou para o conhecimento das instituições políticas no Brasil (a dinâmica do regime de partidos, o funcionamento concreto dos parlamentos, as repercussões do sistema eleitoral sobre o sistema político, os novos papéis dos "poderes" etc.), ela tem, certamente, limitações importantes. Entre elas está o fato de essa ciência da política produzir análises em que o mundo político parece funcionar em uma espécie de vácuo social (Perissinotto, 2004).

Não pretendemos apresentar, diante desse estado da arte, uma defesa convencional do marxismo *in totum*. Nossa intenção, bem mais modesta, é defender um ponto específico: a validade e a viabilidade científicas da análise de classe da política institucional. Com relação a esse ponto, que não é um artigo de fé, parece-nos importante apresentar algumas justificativas.

Nossa intenção é refletir sobre alguns problemas teóricos e metodológicos relativos à análise de classe da *política* (da vida política, da prática política etc.) e não estritamente do *Estado* – isto é, do seu aparelho, do seu poder e das suas funções. A partir de fins da década de 1960, os marxistas desenvolveram uma sofisticada teoria sobre o Estado capitalista, promovendo diversos avanços teóricos em relação ao instrumentalismo e ao economicismo até então vigentes no âmbito da ortodoxia (e da ciência política convencional, diga-se). No entanto, essa nova teoria do Estado tinha clara orientação "estruturalista" e se incomodava pouco seja com a classe social como *ator político* coletivo, seja com a *dinâmica institucional da vida política*. O centro de suas preocupações residia nos efeitos de longo prazo que as decisões estatais produziriam para os interesses gerais de uma classe que, no fim de tudo, não precisava se constituir como agente político para conquistar e/ou conservar seus objetivos[129]. O marxismo foi, por um lado, pródigo em formular teorias sobre a classe social como uma estrutura objetiva capaz de *por si só* produzir "efeitos pertinentes" na esfera política (Poulantzas, 1971, p. 79-82). Neste texto, ao contrário, interessa discutir como seria possível pensar a classe social como um ator político coletivo que age estrategicamente na arena política, e não apenas como um "lugar objetivo nas estruturas sociais", cujos interesses seriam representados automaticamente por instituições políticas cumpridoras das "funções objetivas do sistema capitalista".

Não se deve evidentemente negar o ponto de partida dessas antigas abordagens. Parecem pouco contestáveis empiricamente as teses dos neomarxistas sobre a dependência estrutural do Estado frente ao capital, tal como sugerida e desenvolvida pelos estudos dos "derivacionistas" (cf. Holloway e Picciotto,

---

[129]. Com as diferenças devidas, aqui se incluem autores tão desiguais entre si como Poulantzas, Offe, Habermas, O'Connor, Altvater, os teóricos da regulação, os intelectuais do PCF etc.

1978), ou os mecanismos de "seletividade estrutural" de interesses sociais no âmbito do processo decisório, como enfatizado por Offe (1984). No entanto, fórmulas desse tipo são tão verdadeiras quanto abstratas e, por isso mesmo, incapazes de desenvolver um instrumental analítico (ou seja, conceitos de médio alcance, noções operatórias, hipóteses falsificáveis etc.) para pensar o lugar e a função da classe social naquilo que o marxismo clássico chamou de "cena política" (cf. Codato, 2006). A cena política é o lugar da luta estratégica entre agentes políticos em torno de objetivos políticos imediatos. Ela abriga, por exemplo, os movimentos táticos de conquista e conservação do poder político; ela permite descrever, por isso, a estrutura de autoridade do campo político, o desempenho de diferentes papéis por diferentes "atores" etc. É nessa direção, isto é, contemplando essas realidades, que a análise de classe deveria se desenvolver. Como Therborn (1989) sublinhou, o maior e mais urgente problema teórico a ser enfrentado pelo marxismo *nesse campo de pesquisa* continua sendo o problema do "agente de classe". É exatamente nesse terreno – o terreno das práticas políticas e não no âmbito de uma teoria geral da dominação social – que pretendemos situar as discussões teóricas e metodológicas deste capítulo[130].

O problema do agente de classe, este é o nosso argumento, pode ser resolvido pela junção dos conceitos tão heterogêneos quanto possível de "classe social" e "elite política". Acreditamos ser possível defender a validade e a viabilidade científicas da análise de classe com a condição de que essa seja conjugada com algumas contribuições teóricas formuladas por autores vinculados ora mais, ora menos aos *pressupostos metodológicos* (e não políticos ou morais) da teoria das elites. A conexão entre os conceitos de classe social e elite política (ou mais especificamente: "elite de classe") pode tornar possíveis pesquisas empíricas sobre a dinâmica política que tenham a classe social como categoria de investigação. Nesse sentido, é justo pensar que uma classe poderia estar "representada" na cena política por meio de uma minoria politicamente ativa (uma "elite"), que agiria em seu nome, ainda que não a seu mando[131].

---

130. Uma leitura da literatura marxista mais contemporânea sobre classe social revela uma abordagem essencialmente cartográfica, que se limita a mapear os lugares e as hierarquias dos grupos socioprofissionais no capitalismo contemporâneo. Uma exceção talvez seja Lojkine (2005). Para um breve mapeamento dessa literatura, ver Perissinotto, 2007. Certamente, a análise de classe não deve reduzir as relações de classe a uma simples *histoire événementielle* (Therborn, 1989, p. 438). No entanto, parece estranho pensar uma história estrutural (focada em processos) totalmente separada dos eventos conjunturais (acontecimentos). De resto, basta lembrar as próprias tentativas de Marx, em suas obras históricas, para entender conjunturas específicas (a França entre 1848 e 1851; a Alemanha entre 1848 e 1849; a Inglaterra nos anos 1850 etc.) a partir de uma perspectiva classista.

131. Essa é apenas uma forma de pensar o lugar das classes sociais na cena política. Outra forma, também pouco ou quase nada desenvolvida pelo marxismo contemporâneo, é a que poderíamos chamar, seguindo algumas sugestões de Marx em *O 18 brumário de Luís Bonaparte*, de "representação simbólica de classe". Não discutiremos nesse texto essa forma. Quanto a este ponto, cf.

Esse movimento da Ciência Política empiricamente orientada em direção ao marxismo teórico teria o saudável efeito de "trazer a sociedade de volta" para a análise política por meio de uma das mais importantes (e não a mais ou a única) dimensões da vida social que são as relações de classe, sem necessariamente cair no vício reducionista de uma "sociologia da política" (Sartori, 1969).

Por fim: as proposições teóricas apresentadas pelo marxismo quanto ao papel político das classes sociais devem ser encaradas como uma hipótese entre outras, passíveis, portanto, de serem refutadas ou comprovadas por meio dos procedimentos típicos da ciência (social). Dito de outra forma: se a classe social se constitui em uma categoria analítica cientificamente rentável é algo que somente a pesquisa social pode responder. A análise de classe – e o papel que as classes desempenham (ou não) na vida política – não pode ser nem um dogma, nem um anátema. Pensamos que a conjugação entre os conceitos de classe social e "elite de classe" favorece o tipo de perspectiva empírica que advogamos.

As críticas ao elitismo[132]

No domínio das ciências sociais, podemos encontrar basicamente três perspectivas teóricas que recusam às "minorias politicamente ativas" o *status* de um objeto importante de análise: o estruturalismo marxista, o institucionalismo de escolha racional e a sociologia relacional de Pierre Bourdieu. Algumas das críticas dessas escolas são bastante válidas, mas aceitá-las não obriga o analista a abandonar pura e simplesmente o conceito de *elite política*. Por essa razão, reafirmar a validade teórica e heurística desse conceito é o primeiro passo para que possamos, no segundo tempo, defender a utilidade analítica da junção (e não da fusão ou da assimilação) do conceito de elite com o de classe social, em que pese as incontáveis diferenças em suas "problemáticas" originais.

1) A crítica do marxismo estruturalista ao elitismo clássico

Em fins da década de 1960, Nicos Poulantzas rejeitou categoricamente a importação da problemática (isto é, os objetos, os conceitos e as proposições) das elites políticas pelo marxismo. Os termos dessa recusa eram, resumidamente, os seguintes: (*i*) o funcionamento do Estado capitalista e o seu caráter de classe devem ser explicados a partir dos "vínculos objetivos" existentes entre essa estrutura política específica e a sociedade capitalista; (*ii*) desse ponto de vista, os indivíduos que controlam as principais posições do aparelho estatal (a

---

Perissinotto, 2008. Pierre Bourdieu (1998) e Klaus Eder (2002) são os autores contemporâneos que mais desenvolveram esse tipo de perspectiva analítica e, como se sabe, distanciando-se significativamente do marxismo.

132. Uma versão mais desenvolvida dos argumentos apresentados nesse item pode ser encontrada em Perissinotto e Codato, 2008.

burocracia), independentemente de sua origem social, crenças coletivas e motivações subjetivas que possam vir a orientar suas condutas, estão destinados a repor a "função objetiva" do Estado; (*iii*) a função global do Estado consiste em manter a coesão de uma formação social baseada na divisão/dominação de classe através da reprodução das condições de existência do modo de produção; (*iv*) aceitando-se esse sacramento, a pergunta central do marxismo deveria ser: "que relações sociais o Estado reproduz?" (Poulantzas, 1969), e não quem governa, quem decide ou quem influencia as decisões em uma determinada "comunidade" política. Os sujeitos do poder são aqui os procuradores da estrutura. Por isso conta o que eles fazem objetivamente e não aquilo que imaginam fazer.

Mesmo que se aceite o postulado segundo o qual os efeitos das decisões tomadas pela elite política não correspondem às intenções originais dos seus membros – e não é preciso ser adepto do marxismo estruturalista para acatar essa evidência singela –, ainda assim a natureza da elite governante (seus perfis sociais, atributos profissionais, valores mentais) pode vir a ser um fator importante para a explicação dos fenômenos políticos.

Imagine-se, a título de hipótese, uma elite política formada por indivíduos oriundos de um mesmo grupo social, socializados nas mesmas instituições escolares ou profissionais e que, por isso, partilham da mesma visão de mundo. Imagine-se ainda que os membros dessa elite controlem as principais posições no Estado e tenham de, a partir daí, tomar decisões com relação, por exemplo, à política industrial ou financeira. Por fim, suponha-se que essas decisões acabem por produzir consequências objetivas que não correspondam aos propósitos iniciais dos "planejadores". Ora, mesmo nesses casos seria prudente imaginar que os efeitos produzidos poderiam ter sido outros, caso a decisão fosse diferente em função de serem diferentes os decisores. O fato de o resultado final não corresponder aos alvos iniciais pretendidos "subjetivamente" pelos agentes estatais não elimina a relação causal entre ambos os fenômenos. Admitindo hipoteticamente essa correlação, evitamos cair tanto no voluntarismo, que consiste em afirmar que as elites políticas modelam o mundo de acordo com suas intenções e concepções, como naquilo que Ralph Miliband chamou de "superdeterminismo estrutural", defeito simétrico que consiste em descartar pura e simplesmente os agentes políticos e suas motivações como fatores explicativos potenciais das decisões políticas e dos seus efeitos reais sobre o mundo real (Miliband, 1970)[133].

2) A crítica do institucionalismo de escolha racional aos elitistas

Para o institucionalismo de escolha racional, o contexto institucional é a variável independente que explica a conduta de atores políticos tidos como "racio-

---

[133]. Para a operacionalização dessa ideia, ver, por exemplo, Bunce, 1981 e Hunt, 2007.

nais". Segundo G. Tsebelis, esse tipo de abordagem focaliza as coerções impostas aos atores pelas instituições e postula que a ação individual é uma adaptação ótima e previdente a um determinado ambiente institucional. Defende-se, portanto, que as "regras do jogo" condicionam o comportamento dos atores e, por conseguinte, os *outputs* do sistema político (Tsebelis, 1998, p. 51). Se a conduta dos atores é interpretada estritamente como uma reação racional aos constrangimentos impostos pelas regras institucionais, então para essa teoria decididamente não é prioritário, e nem mesmo importante, perguntar-se sobre a história pregressa, a origem de classe ou os valores culturais dos agentes políticos/sociais. Na verdade, na presença de um determinado ambiente institucional, os indivíduos são intercambiáveis, isto é, seja qual for o seu *background* social e ideológico, eles agirão da mesma maneira exatamente porque são todos atores que buscam racionalmente sempre maximizar seus objetivos (Tsebelis, 1998, p. 54-55).

Há no mínimo dois limites analíticos quando se reduz o comportamento político a uma reação coerente frente a regras institucionais predeterminadas. O primeiro grande problema do institucionalismo de escolha racional (assumido explicitamente pelos seus defensores, diga-se) reside no fato de esta teoria não ter absolutamente nada a dizer sobre o processo de *formação* dos gostos e preferências dos atores (cf. Tsebelis, 1998, p. 54, n. 36; e Becker, 1990, p. 5). Esse tipo de estratégia analítica, ainda que contribua para entender a semelhança de comportamentos entre indivíduos com orientações políticas muito discrepantes (por exemplo: a conduta parlamentar de um líder trabalhista social-democrata e de um dirigente industrial adepto do fascismo), nada diz sobre o conteúdo substantivo dessas estratégias. Sendo assim, a teoria da escolha racional pode explicar o curso, o desenvolvimento da ação, mas quase nada diz sobre o motivo real que conduz os atores a agir numa ou noutra direção.

Um segundo problema do institucionalismo de escolha racional consiste em tratar as instituições políticas como uma variável independente, desconectada do contexto social/histórico. Quanto a esse ponto, é preciso recordar um truísmo: as instituições não são entidades abstratas que surgem por geração espontânea. Ao contrário, são fatos históricos concebidos e construídos não por atores racionais socialmente desencarnados, mas por agentes sociais historicamente situados, portadores de valores específicos, com interesses socialmente determinados e com uma lista de ideias/ideologias preconcebidas acerca do que devem ser e como devem ser as instituições políticas. Desnecessário lembrar também que os constrangimentos institucionais de hoje são a expressão e a cristalização de escolhas políticas feitas no passado. Essas escolhas só poderiam ser explicadas em função dos contextos, do legado cultural, institucional e da natureza social dos agentes sociais envolvidos no processo político (cf. Immergut, 1998, p. 19-22 e Steinmo e Thelen, 1994, p. 2-3).

3) A crítica da sociologia relacional de Pierre Bourdieu à teoria das elites

Segundo Pierre Bourdieu (1998c), a Sociologia deve promover uma ruptura com a visão "essencialista" encontrada em pesquisas influenciadas pela problemática elitista e pelos adeptos do método prosopográfico de investigação e classificação. Esses estudos, ainda segundo Bourdieu, começam em geral definindo uma dada "população" para, em seguida, estudar os atributos (em sua linguagem: o capital econômico, social, político, cultural etc.) dos agentes que a compõem. Ao procederem assim, os analistas estariam sujeitos a dois enganos.

Primeiro, a teoria das elites tenderia a naturalizar as propriedades sociais distintivas dos grupos dominantes, como se fossem recursos inerentes à superioridade inata de seus membros. Esse primeiro pecado é em geral acompanhado por outro, que deriva da incapacidade de esses pesquisadores adotarem uma perspectiva relacional dos grupos estudados. Se percebessem que "o real é relacional" (Bourdieu, 1998b, p. 28), os sociólogos em questão teriam também se dado conta de que os atributos investigados como propriedades individuais são, na realidade, a expressão das propriedades derivadas das posições objetivas ocupadas pelos agentes no espaço social. Só faz sentido investigar os atributos dos agentes se esse inquérito servir ao objetivo último da Sociologia: captar a sócio-lógica objetiva que rege o funcionamento de um campo qualquer. Fora desse registro, o estudo das elites e das propriedades sociais dos agentes sociais seria pouco mais que um passatempo erudito.

Entretanto, como o próprio Bourdieu reconheceu, romper com a concepção essencialista é um tanto difícil, pois as propriedades (adscritas e adstritas) das posições sociais sempre se manifestam como atributos individuais. Nesse sentido, não há como evitar a constatação de que para reconstruir o sistema objetivo de posições no mundo social (ou mesmo num campo específico) é preciso sempre recorrer *inicialmente* ao inventário sociográfico dos predicados pessoais de uma dada "população", conferindo a esses atributos um tratamento estatístico comum (Bourdieu, 1989, p. 374). Como as informações sobre o mundo social estão associadas a indivíduos (ou inscritas neles), é a eles que devemos nos dirigir para indagar acerca das propriedades sociais que os constituem e os qualificam (Bourdieu, 1998b, p. 29).

Feitas as contas, algumas proposições de Bourdieu sobre os grupos socialmente dominantes sugerem, todavia, o retorno sob nova roupagem terminológica da abordagem "posicional" *à la* Wright Mills (1981), com base em um conceito não menos tradicional de poder ("capital"), isto é, o "poder como a posse de uma quantidade determinada de recursos". O capital é um atributo de posição e, por conseguinte, o poder também deve sê-lo. Assim, se definimos "elite" como um grupo que detém poder, estamos, ao mesmo tempo, dizendo que a elite é um grupo que ocupa uma posição dominante (i.e., uma posição que fornece aos seus membros um *quantum* maior de capital). Ter (mais) poder significa ter (mais) recursos que a posição objetiva (dominante) coloca à disposição dos agentes (dominantes), valendo o inverso para os dominados. O passo seguinte é fazer uma "sociologia das posições institucionais" (Mills, 1985, p. 63), vinculando os seus achados à teoria dos campos.

Como se vê, os pressupostos teóricos da sociologia relacional de Pierre Bourdieu não são incompatíveis com aquilo que normalmente se faz nos estudos das elites sociais e políticas. Há, aliás, certo exagero por parte da Sociologia Política francesa contemporânea na crítica aos aspectos "naturalizantes" e "essencialistas" dos estudos "elitistas". Temos dúvidas se o primeiro termo se aplica até mesmo a autores clássicos, como Mosca, em geral acusado do pecado oposto, isto é, de certo sociologismo. No que diz respeito ao segundo termo da crítica, é verdade que não há na maior parte das pesquisas sobre grupos de elite grande preocupação em sofisticar teórica e metodologicamente a visão relacional das análises sobre o poder. No entanto, é inegável que esse tipo de perspectiva está presente, ainda que de forma embrionária, em quase todos os inquéritos que têm como objeto de análise "as elites". Basta lembrar aqui o conceito de elite com o qual a maioria dos estudiosos opera, isto é, "a elite como um grupo formado por indivíduos que, no seu campo de atividade, conseguem se apropriar em maior quantidade dos bens ali valorizados". Ao mesmo tempo, reconhece-se que essa apropriação – que é, por definição, um processo de luta social – ocorre em detrimento da "não elite", definida como os desprovidos desses bens ou como aqueles que os possuem em menor quantidade ou qualidade.

Sustentamos assim que o uso pragmático do conceito de elites políticas, protegido pelos métodos (posicional, decisional, reputacional) e pelos procedimentos operacionais sofisticados que a Ciência Política contemporânea desenvolveu para o estudo desses grupos minoritários são válidos, úteis e sensatos, e devem continuar a fazer parte da agenda da disciplina. Por sua vez, o uso não ideológico desse conceito poderia potencializar a capacidade heurística do conceito de classe social. Na verdade, para ser mais enfático, pensamos que o conceito pouco operatório de classe social só pode ser analiticamente rentável para a análise política se conjugado ao conceito de elite de modo que se possa pensar em uma espécie de "elite de classe".

Antes de entrarmos nessa discussão, vejamos em que termos o conceito de classe social foi rejeitado por alguns autores exatamente com base no argumento de que ele não permite entender a dinâmica política nas sociedades capitalistas contemporâneas.

As críticas ao conceito de classe

A reprovação mais conhecida e mais controvertida ao emprego da noção de classe na política – em especial a noção de "classe dominante" – foi a formulada por Wright Mills. A razão básica para se preferir a locução "elite do poder" é que ela permitiria superar duas simplificações: a da teoria liberal, que faz do político profissional o sujeito do poder; e a da teoria marxista, que faz do empresário capitalista o verdadeiro depositário do poder político (Mills, 1981, p. 328).

Para Mills, "classe dominante" é uma expressão bastante desajeitada, já que utiliza um termo de natureza econômica – "classe" – ao lado de um termo puramente político – "dominante". O problema essencial não é tanto que eles não ornam, mas os pressupostos embutidos na fórmula convencional dos marxistas e os efeitos que eles sugerem para a análise social. A ideia de que há uma classe dominante supõe que a mesma classe que domina economicamente, domina também politicamente. Na realidade, esse fato pode *ou não* ser verdadeiro, dependendo do caso considerado, argumenta Wright Mills. Os homens que comandam os grandes negócios (os capitalistas) não tomam, sozinhos, "todas as decisões de importância nacional" (Mills, 1981, p. 328, n. 372). Essa posição, assim pensada, não atribui autonomia suficiente à ordem política nem a independência devida aos chefes políticos, além de não compreender o papel ativo dos militares no processo decisório.

Afastado então todo "determinismo econômico" para lidar com os problemas do exercício do poder em uma comunidade, é preciso considerar as interações complexas que escapam à "opinião marxista" e que só a ideia de uma *elite do poder* retém. Os negócios nos Estados Unidos, por exemplo, são conduzidos claramente por

> uma coalizão de generais no papel de diretores de empresas, de políticos fantasiados de generais, de dirigentes econômicos agindo como políticos, de servidores públicos que se tornam majores, de vice-almirantes que são também assistentes de um funcionário de algum ministério que é, por sinal, um autêntico membro da elite administrativa (Mills, 1981, p. 329).

Essa é a melhor prova de que as três ordens institucionais (política, econômica e militar), ainda que independentes entre si, funcionam, na prática, juntas, através da coalizão dos membros das suas hierarquias mais altas e não segundo a lógica instrumentalista que sustenta que o poder econômico controla os demais poderes. Que os marxistas nunca tenham entendido o conceito de "classe dominante" como uma expressão que descreve o controle direto das *funções políticas* pelos grupos economicamente dominantes parece indiferente a Wright Mills.

Raymond Aron não só aceita a reprovação-padrão de Wright Mills diante da ideia de uma "classe" que conjugue os dois tipos de poder – o econômico e o político –, visto que isso quase nunca se verifica na prática, mas vai além. Para ele nem o Estado nem o governo podem ser explicados inteiramente a partir das classes sociais e dos seus conflitos (Aron, 1960). Isso porque, entre os muitos obstáculos que o conceito de classe dos marxistas levanta, não é possível sustentar a existência de classes sociais *a priori*. É preciso primeiro demonstrar sua existência e sua influência objetiva. O termo "classe" parece pressupor uma comunidade de interesses entre seus membros, uma identidade de visões de mundo, uma consciência dessa comunidade geradora de uma vontade unificada e de uma ação coletiva que nem sempre, ou raramente, existem (Aron, 1965). Mesmo a "consciência de classe" depende da capacidade de organização e direção de seus dirigentes (Aron, 1960). Essa é a maior dificuldade para se pensar o problema da classe social como ator político.

De acordo com Aron, Marx teria insistido unilateralmente nas questões relativas às relações de classe, menosprezando as realidades identificadas pelo termo "elite". É preciso, ao invés, entender a *estrutura da elite*, isto é, a relação própria a cada sociedade entre os diferentes "grupos sociais" (Aron, 1950). Isso implica problematizar as conexões entre três atores: (*i*) as *categorias dirigentes* (diretores de empresa, funcionários de Estado, secretários de sindicato, líderes partidários, altos dirigentes do exército), elas mesmas muito pouco homogêneas e coesas (ao contrário do que pensava Wright Mills); (*ii*) as *classes dirigentes*, aqueles grupos que, sem exercerem funções propriamente políticas, não deixam de ter influência sobre aqueles que governam; (*iii*) a *classe política* propriamente dita ou o "pessoal político" (Aron, 1965), isto é, a minoria muito mais reduzida de pessoas que exerce efetivamente as funções de governo; enfim, aqueles que tomam as decisões políticas (Aron, 1960).

Tendo presente essas diferenciações e o tipo de distribuição do poder entre esses agentes, deve-se perguntar, na perspectiva de Aron, o seguinte: em que medida a classe política (legisladores, ministros etc.) decide em função dos seus próprios interesses? Em que medida ela é controlada ou comandada pelos capitalistas? Essas questões, segundo Aron, são mais empíricas do que teóricas. Ou seja: dependem "da observação e não da doutrina ou da análise de conceitos". O caso é que, ao contrário do que supõem os marxistas, a influência dos homens de negócios sobre o comportamento dos dirigentes políticos nunca foi de fato demonstrada – e parece improvável que o seja (Aron, 1960). Essa profecia sobre as capacidades heurísticas da teoria social está, como se vê, em flagrante contradição com o preceito metodológico firmado antes. Se esses são problemas que só podem ser solucionados empiricamente, a resposta a eles é então indeterminada.

A crítica que Mancur Olson formulou contra a análise de classe é ainda mais contundente. Segundo Olson (1999), a teoria social comete um erro muito frequente ao pressupor que a lógica da conduta individual se aplica também à ação coletiva. Essa suposição, presente inclusive (ou principalmente) na teoria social marxista, parece admitir, sem maiores problemas, que se um indivíduo isolado e consciente de seus interesses persegue seus objetivos racionalmente, então vários indivíduos colocados em uma situação semelhante, percebendo a similaridade dos seus propósitos, agirão coletivamente para realizá-los da melhor forma possível.

Para Olson, trata-se, no entanto, de tirar da premissa a conclusão oposta: mantido o pressuposto da racionalidade individual, necessariamente a ação coletiva será frustrada. Quando inserido em um grande grupo que pretende perseguir "benefícios públicos" (benefícios que podem ser apropriados universalmente, isto é, tanto pelos que cooperam quanto pelos que não cooperam na ação), o indivíduo racional desenvolve dois tipos de cálculo que tendem a produzir abstenção – e não cooperação. De um lado, ele avalia que é mais vantajoso abster-se porque, mesmo assim, poderá gozar o benefício público caso ele seja produzido pelo empenho dos demais membros do grupo. De outro, ele percebe que sua ação individual não produzirá qualquer efeito, ou seja, no caso de ninguém cooperar, a sua solidariedade nada produziria; pelo contrário, no caso de todos cooperarem, sua renúncia voluntária não seria sentida. Portanto, em quaisquer dos casos, abster-se seria a decisão mais racional e/ou menos custosa a tomar.

Olson argumenta que as análises de Marx lançam mão de um modelo de ação racional, isto é, que ele enfatiza o comportamento individual egoísta para descrever a conduta das classes sociais[134], o que levou alguns autores a dizerem que Marx pertence à tradição racionalista e utilitarista do liberalismo[135]. No entanto, continua Olson, alguns desses autores equivocam-se ao dizerem que a apatia política seria prova suficiente do engano utilitarista de Marx. Para Olson, ao contrário, o engano de Marx não reside na sua ênfase na racionalidade, mas sim em não perceber que "a ação de classe não ocorrerá se os indivíduos que constituem uma classe agirem racionalmente". Conclui-se assim que "a teoria marxista das classes sociais é incoerente na medida em que pressupõe uma busca racional e egoísta de interesses individuais" (Olson, 1999, p. 118-122).

A inusitada tese de Olson atinge o marxismo teórico em três pontos importantes. Primeiro, contrariando uma das teses centrais do materialismo histórico,

---

134. Para Maguire, "a explicação de Marx da ação política é instrumental racionalista, uma explicação que considera fundamental a motivação econômica, mas não universal nem essencial e que aceita, antes e depois do acontecimento, que os indivíduos na realidade fazem escolhas e tomam decisões que poderiam ter sido diferentes" (Maguire, 1984, p. 137).

135. Ver, por exemplo, as considerações de Boudon sobre o "paradigma interacionista de tipo marxiano", baseado na conduta racional e egoísta dos capitalistas, por meio da análise da lei da queda tendencial da taxa de lucro. Cf. Boudon, 1993, p. 202-215. *O Capital*, aliás, está repleto de raciocínios que apontam para os efeitos de agregação nocivos que a ação racional dos capitalistas individuais pode produzir e a necessidade de soluções coercitivas a fim de garantir a continuidade do sistema econômico. Ver, por exemplo, a terceira seção do primeiro volume, quando Marx apresenta suas considerações sobre "a produção de mais-valia absoluta": "temos observado o *instinto de prolongamento* da jornada de trabalho, a fome insaciável de trabalho excedente, em um terreno em que os abusos desmedidos, não superados, como disse um economista burguês da Inglaterra, pelas crueldades dos espanhóis contra os índios na América, obrigaram por fim a atar o capital às *cadeias da lei*" (Marx, 1973, I, p. 188, itálicos no original).

Olson está dizendo que "classe" e "interesse de classe" não existem *a priori*, separados dos indivíduos que a compõem e que o formulam. A classe e os seus interesses só existem na medida em que os indivíduos reconhecem a si mesmos como integrantes de uma mesma coletividade. Recusa, assim, a tradicional separação entre os interesses "egoístas" dos agentes que compõem a classe (por exemplo: o lucro) e os interesses "objetivos" da classe (a manutenção do sistema capitalista) enquanto coletividade que transcende os seus membros empíricos.

Sempre se poderia objetar que a teoria de Olson não leva em consideração o problema da dominação ideológica. Nesse caso, diriam os marxistas, a apatia de classe deveria ser explicada não em função da abstenção racional, mas como o resultado provável de um domínio ideológico que impede seus membros de perceberem os seus reais interesses e, por conseguinte, agir coletivamente para defendê-los. No entanto, e essa é a segunda dificuldade, a introdução da variável "dominação ideológica" não altera nem enfraquece a tese de Olson, pois até na presença de uma "consciência revolucionária" os indivíduos tenderiam antes a se abster, já que aqueles cálculos continuariam a operar, a menos que se invoque uma inefável solidariedade de classe. Indivíduos convencidos dos seus interesses, adeptos, por exemplo, da Revolução Social, não deixam de ser racionais. Como lembra Olson, suas considerações são válidas tanto para comportamentos egoístas quanto altruístas: "Mesmo que o membro de um grupo desprezasse por completo seus interesses pessoais, ainda assim ele não iria contribuir racionalmente para o provimento de nenhum benefício coletivo ou público, já que sua contribuição pessoal não seria perceptível" (Olson, 1999, p. 76).

Por fim, tais observações afirmam que o fato de uma classe (ou qualquer outro grupo latente) agir coletivamente não pode ser entendido como o resultado necessário de uma dada posição objetiva nas estruturas produtivas. A "posição de classe" pode explicar as formas possíveis de ação coletiva (seus limites, sua oportunidade etc.), mas não explica por que tal ação ocorre e nem como ocorre. A ação coletiva de uma classe deve ser ela mesma destrinchada e não tomada como um fato inevitável e espontâneo, que emana automaticamente da similaridade de interesses materiais.

No caso, os marxistas poderiam objetar, com toda razão, que nem eles nem o próprio Marx defenderam a tese de que as classes sociais agem diretamente na política, como forças coletivas voluntárias (Therborn, 1989). Na verdade, as classes agiriam sempre por meio de "porta-vozes", isto é, por meio de sindicatos, partidos, associações e outras instituições que falariam "em nome" das classes. É em relação à comprovação ou não desse ponto – a constituição efetiva de porta-vozes e o fato de eles assumirem a função social de representação – que a proposta de juntar os conceitos de classe social e elite política faz sentido, como procuraremos mostrar a seguir.

Em defesa da aproximação entre marxismo e elitismo

Podemos encontrar em Marx e no marxismo três maneiras não sistematizadas de compreender a representação política das classes sociais. A primeira delas, que poderíamos chamar de "representação objetiva de classe", foi bastante enfatizada pelo marxismo contemporâneo. Nesse caso, os interesses *gerais* de uma classe são representados por uma instituição cuja "função objetiva" é garantir a coesão da formação social em que essa classe domina, sem que ela seja um agente político consciente de seus interesses e organizado para a ação.

A segunda forma de representação de classe, que podemos identificar como "representação simbólica", foi sugerida por Marx em *O 18 Brumário de Luís Bonaparte*, e praticamente não foi analisada pelos autores marxistas contemporâneos. Nessa perspectiva, a classe é representada por atores políticos que, apesar de não falarem aberta e conscientemente em seu nome, propagam uma "visão de mundo" coerente com os interesses da classe representada.

Por fim, temos a noção de "representação subjetiva", em que a classe atua politicamente por meio de instituições e organizações que falam abertamente em seu nome. São esses porta-vozes os responsáveis por introduzir a luta de classe no âmbito das lutas político-institucionais[136]. Nesse sentido, partidos, associações, sindicatos e grupos de políticos que formam bancadas podem ser analisados em termos de "representação subjetiva de classe". A junção entre os conceitos de "elite" e "classe" permitiria dar conta especificamente dessa terceira forma de representação, o que não significa desconhecer a importância das outras duas.

Apresentada dessa forma demasiadamente abrangente e vaga, a proposição de conectar os conceitos de elite e classe nada tem de surpreendente ou original. Bottomore (1974), Giddens (1974) e Miliband (1969), procurando superar uma oposição que consideravam pouco rentável do ponto de vista científico, defenderam explicitamente a utilidade de conjugar os conceitos de "elite política" e "classe dominante".

Embora Bottomore reconheça a existência de certa tensão entre as duas locuções, ele diz que é possível e desejável estabelecer entre ambas uma relação de complementaridade. Com a ajuda desses dois conceitos, argumenta Bottomore, podemos identificar: (*i*) sociedades nas quais exista uma classe dominante e, ao mesmo tempo, elites que representem aspectos particulares de seus interesses;

---

[136]. Discuti essas formas de representação de classe mais detidamente em Perissinotto, 2007. Os principais procuradores da "representação objetiva" de classe são os autores neomarxistas responsáveis pela teoria do Estado, em especial Poulantzas, 1971, os "derivacionistas alemães" Holloway e Picciotto, 1978; Block, 1987, entre outros. A "representação simbólica" tem sido discutida fora do campo teórico do marxismo, especialmente por autores como Bourdieu, 1982, 1998 e 2004a e Eder, 2002.

(*ii*) sociedades em que não exista uma classe dominante, mas uma elite política que baseie seu poder no controle da administração ou da força militar; (*iii*) sociedades nas quais exista uma multiplicidade de elites, entre as quais o analista não consiga distinguir nenhum grupo coeso ou duradouro de indivíduos ou famílias poderosas (Bottomore, 1974, p. 43). Enfim, algumas sociedades podem ser marcadamente classistas, outras marcadamente elitistas e ainda outras podem se caracterizar por uma combinação de classes e elites com uma relação complexa entre ambas.

Anthony Giddens foi outro autor que julgou possível e prudente, em nome da análise empírica dos processos políticos, aproximar os conceitos de classe e de elite. Da sua perspectiva, eles são conceitos complementares. À medida que as duas noções recobrem dimensões distintas da vida social, não precisam ser opostos ou incompatíveis (Giddens, 1974).

Uma forma produtiva de evitar o ecletismo teórico e acatar a coabitação das duas ideias em um mesmo discurso científico é ter presente, na análise dos *processos de recrutamento* para posições de elite, aquilo que Anthony Giddens designou por "mediação institucional do poder", isto é, a forma geral do Estado (o "jurídico-político", na terminologia dos marxistas) e o estado geral da economia (o "econômico"). As condições sociais de acesso a postos de elite, o controle desigual de recursos de poder e o grau variável de influência de um grupo específico estão desde logo condicionados por sua *posição na estrutura social*. Isso determina de antemão a estrutura de oportunidades políticas e qualifica quem pode e quem não pode ascender a posições de elite (Giddens, 1974, p. xii).

Por outro lado, é preciso considerar também os *processos de tomada de decisões* por parte dessa elite, isto é, sua influência efetiva sobre o *exercício* do poder. Giddens chamou essa dimensão de "mediação de controle" do poder.

> Se este último [problema] for tratado isoladamente, o resultado é a trivialização da pesquisa, que passa a se preocupar exclusivamente com o processo decisório – tomando como dadas as estruturas econômicas, sociais e culturais no interior das quais as decisões são formuladas, ignorando assim a "face oculta do poder". Mas se [a primeira dimensão] for tratada isoladamente da segunda, a tendência é fazer inferências imediatas e ilegítimas que vão da posição [social] para a ação política (Giddens, 1974, p. XI-XII).

Ralph Miliband (1969), por sua vez, usou o conceito de "elite econômica" para descrever a diversidade de interesses que formam a classe capitalista nas sociedades contemporâneas. Dada a crescente complexidade do capitalismo, a proliferação de elites econômicas instaura uma situação de crescente concorrência e de conflito entre os interesses corporativos desses grupos. No entanto, entre esses diversos grupos não há apenas divergência. Tanto os proprietários dos meios de produção (os capitalistas propriamente ditos) como os seus funcionários (altos executivos, gerentes, técnicos qualificados) desejam a continuidade do regime de propriedade do sistema capitalista de produção. Nesses termos é que podemos falar de uma "classe economicamente dominante", formada pelo conjunto de indivíduos que, apesar de suas diferenças quanto aos seus interesses econômicos imediatos, defendem a manutenção da ordem capitalista.

Mas as sociedades capitalistas avançadas são marcadas também pela existência de uma "elite estatal". Segundo Miliband, essa elite estatal é formada pelos indivíduos que controlam as instituições do Estado (o Poder Executivo, o Poder Legislativo, o Poder Judiciário, as Forças Armadas) e, por essa razão, exercem o poder político naquelas sociedades. Por meio de um típico estudo de recrutamento político, Miliband constata que os membros da elite estatal são aliciados, na sua grande maioria, entre os membros das classes economicamente dominantes. Como decorrência dessa origem social e de sua "socialização política" claramente enviesada, os indivíduos que controlam as instituições do Estado têm forte propensão a tomar decisões que favorecem os interesses dos capitalistas. Em função disso, podemos falar da existência de uma "classe politicamente dominante" e não apenas de uma "elite do poder". O conceito de "classe politicamente dominante" descreve exatamente esse processo (o recrutamento) por meio do qual os que dominam economicamente, ou os seus representantes ideológicos, são alçados às posições de mando das instituições estatais e, por conseguinte, transformam-se também em politicamente dominantes.

A sugestão de Miliband, de que uma elite (no caso, a elite estatal) pode se tornar a representante política de uma classe, merece ser levada a sério e não há qualquer razão para aplicá-la estritamente ao campo do Estado. "Elites políticas de classe" podem ser formadas para atuar nas mais diversas dimensões da política: dentro do Estado (no Executivo, nas agências regulatórias, nos ministérios, no Banco Central etc.), no Parlamento ou simplesmente como "grupo de pressão" sobre os principais decisores. Mas nesse caso, cabe a pergunta: em que a sugestão de juntar os conceitos de elite e classe se difere da concepção pluralista de "grupo de pressão"? A resposta a essa questão deve ser dada em quatro tempos.

Primeiramente, não há diferenças do ponto de vista "lógico". Uma classe, assim como um grupo de pressão, faz-se representar por meio de uma minoria organizada. Não por outra razão, tanto o pluralismo como o marxismo, lembra Olson, sofrem do mesmo problema quando se trata de explicar o processo de constituição das classes ou dos grupos em atores políticos (Olson, 1999, p. 128-143). De qualquer forma, se grupos geram minorias organizadas que falam em seu nome na cena política, por que as classes sociais não poderiam fazer o mesmo, desde que, assim como os grupos de pressão, resolvessem o problema inicial da distribuição de "incentivos seletivos"?

Em segundo lugar, alguns pluralistas, especialmente os mais comprometidos com os princípios ideológicos da sociedade capitalista liberal, simplesmente ignoram as diferenças ("estruturais") de poder e de capacidade de pressão existentes entre os grupos. A introdução da classe social como ator político funciona como um antídoto contra esse "paraíso pluralista", denunciado por Schattschneider (1988, p. 30-35), já que esse conceito aponta exatamente para as desigualdades estruturais entre os agentes sociais no que diz respeito ao controle de recursos econômicos estratégicos que afetam mais ou menos diretamente os decisores políticos.

Em terceiro lugar, como nos lembra Domhoff (1986), uma classe pode ser representada por inúmeras organizações em diversas arenas e, por essa razão, ali onde os pluralistas veem diversidade e fragmentação, o analista de classe encontra, desde que ligue os fios, unidade e predomínio.

Por fim, reconhecer a classe como um ator político que age por meio de minorias politicamente organizadas não significa reduzir esse grupo à condição de ator no processo decisório. Agir politicamente não significa apenas decidir sobre um dado tema da agenda pública, mas pode significar também "não agir". Como lembra Crenson (1971), os grandes capitalistas podem também produzir efeitos políticos importantes por meio da suspensão ou transferência de investimentos.

Desse modo, há fortes razões, apresentadas por diversos autores, para inserir a classe social na análise política e, não raro, tal inserção se faz exatamente lançando-se mão do conceito de elite. Reiteramos, portanto, que não se trata de defender a originalidade de nossas proposições. O que pretendemos é insistir na necessidade de continuar a partir daqui uma discussão *metodológica* acerca dos procedimentos de pesquisa necessários para se comprovar empiricamente a tese da existência de uma relação de representação entre uma elite e uma classe, relação esta que nunca deve ser apenas pressuposta "em teoria". Esse problema, como se sabe, esteve presente na Ciência Política e na Sociologia Política, mas a partir da década de 1980 desapareceu da agenda de pesquisa dos estudiosos da dinâmica política nas sociedades contemporâneas, ao menos como tema privilegiado.

A análise de classe na prática: possibilidades e limites

A retomada dessa discussão exige clareza quanto aos princípios teóricos, às escolhas metodológicas e aos procedimentos técnicos para *operacionalizar* o conceito de classe. Este é um primeiro passo para "trazer a sociedade de volta" à análise política.

O primeiro passo consiste em, com base na advertência de Olson, abandonar definitivamente a ideia de que a classe, enquanto grande grupo, possa se constituir como ator político coletivo. Nesse sentido, a teoria da escolha racional seria uma observação previdente contra expressões antissociológicas tais como "a burguesia deseja", "a classe operária quer", "a pequena-burguesia almeja", sem que se revele *o modo pelo qual uma classe se constitui em agente político*.

Em seguida, como corolário do primeiro passo, é preciso defender a proposição de que o uso adequado desse conceito parece exigir que se considere a classe como uma coletividade politicamente representada no jogo institucional por uma "elite de classe", com todos os conflitos, defasagens e desajustes que essa relação comporta. O problema seguinte consiste, então, em saber como detectar as relações de representação de classe na luta política cotidiana, sem recorrer à chave-mestra que reduz (sob o pretexto de explicar) as práticas sociais à realização das "funções objetivas do Estado" ou ao cumprimento do roteiro escrito pela "lógica intrínseca do modo de produção".

Para uma análise orientada pela preocupação em identificar uma "representação subjetiva de classe" por uma elite de classe, três procedimentos, hierarquizados por ordem de importância, seriam necessários: (*i*) o estudo do *comportamento efetivo* dessa elite (as ações políticas); (*ii*) a análise do *conteúdo* manifesto *do seu discurso* (as produções discursivas); (*iii*) estudo da *origem social* dos seus membros (a fim de estipular as conexões sociais). Resumindo, é preciso saber se os membros da minoria em análise agem de maneira coordenada e conveniente aos interesses da classe que ela supostamente representa; se falam em seu nome; e se são provenientes da classe em questão.

O primeiro procedimento envolve estudos de *processos decisórios* em momentos diversos da luta política e deve aproveitar toda a sofisticação teórica e metodológica que essa especialidade alcançou nos últimos trinta anos, pelo menos. Isso implica, entre outras coisas, assumir toda a complexidade – política e burocrática – envolvida nos vários "momentos" de uma decisão. Para lembrar as etapas pelas quais passa uma *policy*, pode-se ampliar um pouco a divisão proposta por Lindblom (1981, p. 8-9) e, assim, obter-se uma ideia do trabalho completo: a identificação das demandas (pelos agentes); a articulação de interesses; a formatação das reivindicações em seus canais apropriados; a formação da agenda pública (o que entra e o que obrigatoriamente não entra em discussão); o processamento das iniciativas pelos diversos aparelhos do Estado; a tomada da decisão propriamente dita; a implementação (ou não) da medida, que não decorre necessariamente da existência da decisão; e a análise do impacto da decisão.

Análises de produções discursivas envolvem o estudo de toda manifestação, escrita ou falada, em defesa explícita dos interesses de classe: os artigos de jornais, as intervenções em periódicos especializados, as publicações de entidades de classe, os discursos parlamentares etc. A investigação dessas tomadas de posição que advogam clara e francamente determinados interesses sociais permite estabelecer com bastante segurança relações de representação entre uma classe e determinada "elite de classe" (partidos, associações, entidades culturais, instituto de pesquisas, agências estatais, bancadas parlamentares)[137].

Estudos sobre a origem social de uma "elite de classe" compreendem abordagens diferentes e procedimentos diferentes. Pode-se dispor tanto de estudos tradicionais sobre socialização quanto das modernas técnicas de construção de redes de relações entre os agentes. Para potencializar o rendimento analítico desses achados, deve-se combinar análises prosopográficas, levantamentos convencionais de perfis sociais, *surveys* de populações específicas, estudos históricos sobre grupos determinados, investigações em profundidade de agentes socialmente relevantes etc. Isso exige que se contorne purismos teóricos e partidos metodológicos (quantitativistas *versus* qualitativistas, no caso), deixando que as questões da pesquisa definam o melhor método ou a técnica mais eficaz.

Todavia, a hierarquização desses três passos – o estudo do comportamento concreto da elite, a análise da coincidência entre as representações sociais da elite e da classe, e o inquérito para determinar a combinação das origens sociais entre os dois grupos – é crucial, já que eles têm pesos específicos e impactos diferenciados na comprovação da relação de representação entre a minoria em revista e a classe em questão.

Por exemplo: um grupo pode bem ser recrutado em uma classe (contemplando assim a exigência da procedência social), mas ter um discurso e um comportamento orientados pela ideologia de outro grupo social; ao contrário, a presença de uma ação manifesta e conscientemente orientada pela consecução de objetivos de classe já seria suficiente para estabelecer a relação de representação, mesmo que os membros da minoria não fossem recrutados na classe em questão ou não falassem por ela; por último, as representações sociais expressas no discurso da elite podem ser convergentes ou coincidentes com as da classe, mas sua atuação política efetiva não. Evidentemente, a presença das três dimen-

---

137. A análise da produção discursiva não esgota o estudo das produções simbólicas. Estas não se reduzem aos discursos manifestamente favoráveis a uma classe, mas envolvem também investigar o conteúdo latente do discurso daquela parte da classe que, para usar a expressão de Marx, "fala e escreve" em seu nome, ainda que não se reconheça como sua representante. Esse tipo de análise não pode dispensar os ganhos da antropologia da política e os achados recentes das etnografias sobre políticos profissionais. Devem, porém, evitar os riscos presentes em dois tipos de abordagens: "internalistas" (análises de discurso, semiologia, métodos estruturalistas), onde as produções ideológicas, em sentido amplo, tendem a ser tratadas como totalidades autossuficientes e autorreferentes; e, igualmente, as armadilhas das abordagens puramente "externalistas", onde os simbolismos são reduzidos, quando não deduzidos dos propósitos mais ou menos explícitos dos beneficiários (potenciais ou reais) dessas representações. Há, como se sabe, não só uma autonomia relativa do campo das representações "culturais", mas uma economia específica dos interesses dos produtores profissionais de ideologias. Ver Bourdieu, 1998a, p. 10-13.

sões tornaria a comprovação da existência de uma "representação subjetiva de classe" ainda mais sólida[138].

Esses procedimentos para analisar a prática política e as relações de representação entre elite e classe têm, contudo, algumas limitações importantes. Dado o caráter altamente agregado do conceito marxista de classe social, esse tipo de análise é muito difícil de ser operacionalizado em sociedades nas quais a estrutura econômica e ocupacional é muito diversificada. A dispersão da classe por muitas categorias socioprofissionais produz uma fragmentação da classe em muitas partes diferentes. Pense-se no caso emblemático da elite de colarinho azul, que reúne de torneiros mecânicos a auxiliares de enfermaria, passando por comerciantes por conta própria. Daqui não se pode certamente deduzir nenhum "interesse de classe" comum. Justamente por isso é mais fácil lançar mão desses recursos na análise das classes economicamente dominantes, sobretudo quando são a expressão de atividades altamente oligopolizadas e podem ser divididas e descritas em poucas funções: altos executivos, grandes proprietários, acionistas com capacidade de decisão sobre investimentos etc. As classes economicamente dominadas são, em função das diferentes "situações de mercado", muito mais diversificadas quanto à ocupação, aos interesses e aos esquemas ideológicos a que estão submetidas (Offe e Weisenthal, 1984).

Além disso, o tipo de análise aqui advogado não consegue abordar o problema dos efeitos que a ação dessa minoria politicamente ativa pode produzir. Suponhamos que, valendo-nos dos três procedimentos indicados acima, cheguemos à conclusão que uma dada instituição (partido, sindicato, ou mesmo uma facção parlamentar) funciona como representante de uma determinada classe no campo político. Imaginemos também que as opções políticas feitas por essa "elite de classe" produzem, ainda que inconscientemente, efeitos contrários aos interesses da classe que ela representa. Como resolver teoricamente essa situação em que um grupo se reconhece (e é reconhecido) abertamente como representante de classe, mas que, ao mesmo tempo, adota condutas cujos efeitos contrariam os interesses dos representados? A saída para esse paradoxo é diferenciar "ações de classe" de "ações com efeitos de classe" (Lafferty, 1996, p. 53). Uma ação de classe é uma ação manifestamente orientada com vistas a realizar um interesse de classe. Nesse caso, nem sempre os agentes que a realizam controlam plenamente todas as consequências de sua conduta, o que abre a possibilidade em teoria para que efeitos contrários aos interesses da classe representada ocorram. Portanto, nem toda ação de classe produz, necessariamente, efeitos de

---

138. Essa é a estratégia analítica adotada por Thompson nas suas considerações sobre a Sociedade Londrina de Correspondência e sobre a Nova União Metodista (Cf. Thompson, 1987, caps. 1 e 2). Tentamos algo parecido para as classes economicamente dominantes da economia agroexportadora paulista em Perissinotto, 2000, e para as relações entre classe e Estado no pós-1964 em Codato, 1997.

classe. O contrário ocorre com "ações com efeitos de classe". Essas ações podem ser realizadas por minorias que em nenhum momento reivindicam abertamente qualquer vínculo de classe, mas cujos efeitos são *regularmente* benéficos para os negócios de uma dada classe[139].

Uma terceira dificuldade do nosso modelo diz respeito ao que se poderia chamar de índice de refração do campo político e do campo burocrático. As ações e as intenções de políticos profissionais e administradores públicos são sempre afetadas pelos interesses específicos de cada "corporação" e pelos valores que cada uma delas desenvolve em seus universos respectivos. Isso se deve, para ficarmos apenas no exemplo dos políticos de carreira, à tendência ao fechamento do universo político sobre si próprio, ao surgimento de interesses convenientes apenas ao mundo político e às dessemelhanças de todos os tipos entre a classe social e o grupo *exclusivamente* político que pretende falar em nome dela. Os dois fatos estão na origem da lógica própria, dos códigos próprios e dos princípios de atuação próprios da "classe política". Além disso, a estrutura do campo político pode produzir uma corrente parlamentar, uma facção partidária etc., que não deve sua existência à relação de representação de uma classe qualquer[140], mas à dinâmica específica dos conflitos em torno do benefício que define, organiza e hierarquiza esse campo: a posse de poder político.

A primeira medida para resolver esse problema é reconhecer sua existência, coisa que as teorias sociais que advogam que as ações políticas são necessariamente e em todos os casos relevantes e condicionadas pela relação entre representantes (agentes políticos) e representados (classes sociais) não o fazem, dando como óbvia a existência de uma conexão mais ou menos funcional, ainda que inconsciente, entre ambas as partes. A fórmula que Bourdieu encontrou para esse problema parece promissora: elites políticas podem ou não representar classes; mas elas cumprem essa missão enquanto representam a si mesmas (Bourdieu, 2004b, p. 201).

Um último contratempo que os procedimentos analíticos aqui propostos têm de encarar está ligado ao processo de translação dos indivíduos de uma esfera a outra (da "sociedade" para o "Estado", por exemplo) e a perda da ligação "orgânica" entre mandantes e mandatários. Isso se expressa principalmente

---

139. É importante se referir à "regularidade" dos efeitos para evitar a "falácia dos benefícios", tal como definida por Dahl (1988, p. 35). O tema dos "efeitos de classe" da ação dos atores políticos é central exatamente para os pesquisadores que analisam as formas simbólicas e objetivas de representação de classe. Embora este não seja o tema do capítulo, vale a pena observar que essas duas perspectivas são importantes para evitar uma análise excessivamente calcada nos atores e suas intenções. Sugere-se, assim, uma espécie de "sociologia dos efeitos políticos" que entende o sentido social das ações mais pelos seus efeitos objetivos e regulares do que pelos atributos e intenções dos decisores.

140. Para a inspiração dessa ideia, cf. a análise que Artous faz do "partido" do *National*, o jornal dos republicanos "puros" ao discutir o livro *O 18 Brumário*, de Marx (Artous, 1999, p. 167-168).

nos novos valores, concepções, conceitos e linguagens que os representantes passam a ostentar e nas reações dos seus constituintes a eles. De fato, é preciso reconhecer que as relações entre a elite da classe e a classe são *intermitentes*, podendo ser ora funcionais, ora disfuncionais para os interesses da segunda. Não chega a ser uma descoberta, mas pode ser uma lembrança útil: a relação "objetiva" classe/partido da classe, postulada pelo modelo dos teóricos do marxismo, é essencialmente diferente da relação subjetiva classe/grupo político, como se verifica na análise política.

Apesar das limitações apontadas, as orientações metodológicas esboçadas neste ensaio poderiam representar um primeiro passo em direção a uma retomada eficiente da perspectiva classista da vida política. Isso, por sua vez, poderia contribuir para o desenvolvimento e o fortalecimento de uma disciplina menos desfavorável a incorporar os condicionantes sociais na análise da luta cotidiana pelo poder político.

Referências

ARON, Raymond. Catégories dirigeantes ou classe dirigeante? *Revue française de science politique*, Paris, v. XV, n. 1, p. 7-27, 1965.

ARON, Raymond. Classe social, classe politique, classe dirigeante. *Archives européennes de sociologie*, Paris, vol. I, n. 2, p. 260-281, 1960.

ARON, Raymond. Social Structure and the Ruling Class. *British Journal of Sociology*, London, v. I, n. 1, p. 1-16; e v. I, n. 2, p. 126-143, 1950.

ARTOUS, Antoine. *Marx, L'Etat et la politique*. Paris: Syllepse, 1999.

BECKER, Gary S.*The Economic Approach to Human Behavior*. Chicago: The University of Chicago Press, 1990.

BLOCK, Fred. *Revising State Theory*: Essays in Politics and Postindustrialism. Philadelphia: Temple University Press, 1987.

BOTTOMORE, Tom B. *As elites e a sociedade*. Rio de Janeiro: Zahar, 1974.

BOUDON, Raymond. *Effets pervers et ordre social*. Paris: Quadrige/Presses Universitaire de France, 1993.

BOURDIEU, Pierre. A delegação e o fetichismo político. In: Bourdieu, Pierre. *Coisas ditas*. São Paulo: Brasiliense, 2004b.

BOURDIEU, Pierre. A representação política. Elementos para uma teoria do campo político. In: _____. *O poder simbólico*. 2. ed. Lisboa: Bertrand Brasil/Difel, 1998c.

BOURDIEU, Pierre. Condição de classe e posição de classe. In: _____. *A economia das trocas simbólicas*. 2. ed. São Paulo: Perspectiva, 1982.

BOURDIEU, Pierre. Introdução a uma sociologia reflexiva. In: _____. *O poder simbólico*. 2. ed. Lisboa: Bertrand Brasil/Difel, 1998b.

BOURDIEU, Pierre. *La noblesse d'État*: grandes écoles et esprit de corps. Paris: Minuit, 1989.

BOURDIEU, Pierre. *O poder simbólico*. 2. ed. Lisboa: Bertrand Brasil/Difel, 1998.

BOURDIEU, Pierre. Sobre o poder simbólico. In: _____. *O poder simbólico*. 2. ed. Lisboa: Bertrand Brasil/Difel, 1998a.

BOURDIEU, Pierre. The Mistery of the Ministry: From Particular Wills to the General Will. *Constellations*, v. 11, n. 1, p. 37-43, 2004a.

BUNCE, Valerie. *Do New Leaders Make a Difference?* Executive Succession and Public Policy under Capitalism and Socialism. Princeton: Princeton University Press, 1981.

CODATO, Adriano. O espaço político em Marx: a noção de cena política revisitada. 3º Congresso Latino-americano de Ciência Política: democracia & desigualdades. Campinas - SP. CD-Rom, 2006.

CODATO, Adriano. *Sistema estatal e política econômica no Brasil pós-64*. São Paulo: Hucitec/ANPOCS/Ed. da UFPR, 1997.

CRENSON, Mathew A. *The Um-Politics of Air Pollution*: A Study of Non-Decisonmaking in the Cities. Baltimore/London: The Johns Hopkins Press, 1971.

DAHL, Robert. *Análise política moderna*. Brasília: Editora UnB, 1988.

DOMHOFF, G. William. *Who Rules America Now?* New York: Touchstone Book, 1986.

EDER, Klaus. *A nova política de classe*. Bauru: Edusc, 2002.

ELSTER, Jon. Reflexiones sobre marxismo, funcionalismo y teoría de los juegos. In: Roemer, J.E. (comp.). *El marxismo*: una perspectiva analítica. México: Fondo de Cultura Económica, 1989a.

ELSTER, Jon. *Ulises y las sirenas*. Estudios sobre racionalidad e irracionalidad. México: Fondo de Cultura Económica, 1989b.

GIDDENS, Anthony. Preface. In: Stanworth, Philip and Giddens, Anthony (eds.). *Elites and Power in British Society*. Cambridge: Cambridge University Press, 1974.

HOLLOWAY, John e PICCIOTO, Sol (eds.). *State and Capital*: A Marxist Debate. London: Arnold, 1978.

HUNT, Lynn. *Política, cultura e classe na Revolução Francesa*. São Paulo: Companhia das Letras, 2007.

IMMERGUT, Ellen M. The Theoretical Core of the New Institutionalism. *Politics & Society*, v. 26, n. 1, p. 5-34, 1998.

LAFFERTY, George. Class, Politics, and Social Theory: The Possibilities in Marxist Analysis. *Critical Sociology*, v. 22, n. 2, p. 51-65, 1996.

LINDBLOM, Charles E. *O processo de decisão política*. Brasília: Editora UnB, 1981.

LOJKINE, Jean. *L'adieu à la classe moyenne*. Paris: La dispute, 2005.

MAGUIRE, John. M. *Marx y su teoría de la política*. México: Fondo de Cultura Económica, 1984.

MARX, Karl. *El Capital*: Crítica de la Economía Política. México: Fondo de Cultura Económica, 1973.

MARX, Karl. *Le 18 Brumaire de Louis Bonaparte*. In: _____. *Œuvres*. Trad.: Maximilien Rubel. Paris: Gallimard, v. IV, Tomo I: Politique, 1994.

MILIBAND, Ralph. The Capitalist State: Reply to N. Poulantzas. *New Left Review*, London, n. 59, jan./fev., 1970.

MILIBAND, Ralph. *The State in Capitalist Society*. London: Weindenfeld and Nicolson, 1969.

MILLS, C. Wright. *A elite do poder*. 4. ed. Rio de Janeiro: Zahar, 1981.

MILLS, C. Wright. EUA: estrutura social e política. In: Fernandes, Heloisa R. (org.). *Wright Mills*. São Paulo: Ática, 1985.

OFFE, Claus e WEISENTHAL, Helmut. Duas lógicas da ação coletiva: anotações teóricas sobre a classe social e a forma organizacional. In: Offe, Claus. *Problemas estruturais do Estado capitalista*. Rio de Janeiro: Tempo Brasileiro, 1984.

OLSON, Mancur. *A lógica da ação coletiva*. São Paulo: Edusp, 1999.

PERISSINOTTO, Renato M. *Estado e capital cafeeiro em São Paulo (1889-1930)*. São Paulo: Annablume/FAPESP, v. 2, 2000.

PERISSINOTTO, Renato M. O 18 brumário e a análise de classe contemporânea. *Lua Nova. Revista de Cultura e Política*, São Paulo, v. 71, p. 81-122, 2007.

PERISSINOTTO, Renato M. Política e sociedade: por uma volta à Sociologia Política. *Política & Sociedade*, Florianópolis, v. 5, p. 201-230, 2004.

PERISSINOTTO, Renato M. e CODATO, Adriano. Apresentação: por um retorno à Sociologia das elites. *Revista de Sociologia e Política*, v. 30, p. 7-15, 2008.

POULANTZAS, Nicos. *Fascisme et dictature*. Paris: Maspero, 1970.

POULANTZAS, Nicos. *Pouvoir politique et classes sociales*. Paris: Maspero, 1971. 2 vols.

POULANTZAS, Nicos. The Problem of the Capitalist State. *New Left Review*, London, n. 58, Nov./Dec., 1969.

SCHATTSCHNEIDER, Elmer E. *The Semisovereign People*: A Realist's View of Democracy. Fort Worth: Harcourt Brace Jovanovich College Publishers, 1988.

STEINMO, Sven; THELEN, Kathlen e LONGSTRETH, Frank (eds.). *Structuring Politics*: Historical Institutionalism in Comparative Analysis. Cambridge: Cambridge University Press, 1994.

STINCHCOMBE, Arthur L. *Theoretical Methods in Social History*. Chicago: Academic Press, 1978.

THERBORN, Göran. A análise de classe no mundo atual: o marxismo como ciência social. In: Hobsbawn, Eric. (Org.). *História do marxismo*. Rio de Janeiro: Paz e Terra, 1989, v. 11.

THOMPSON, Edward P. *A formação da classe operária inglesa*. Rio de Janeiro: Paz e Terra, 1987, v. I.

TSBELIS, George. *Jogos ocultos*. São Paulo: Edusp, 1998.

* * *

Coleção sociologia

- *A educação moral*
  Émile Durkheim
- *A pesquisa qualitativa*
  VV.AA.
- *Sociologia ambiental*
  John Hannigan
- *O poder em movimento*
  Sidney Tarrow
- *Quatro tradições sociológicas*
  Randall Collins
- *Introdução à Teoria dos Sistemas*
  Niklas Luhmann
- *Sociologia clássica – Marx, Durkheim, Weber*
  Carlos Eduardo Sell
- *O senso prático*
  Pierre Bourdieu
- *Comportamento em lugares públicos*
  Erving Goffman
- *A estrutura da ação social – Vols. I e II*
  Talcott Parsons
- *Ritual de interação*
  Erving Goffman
- *A negociação da intimidade*
  Viviana A. Zelizer
- *Os quadros da experiência social*
  Erving Goffman
- *Democracia*
  Charles Tilly
- *A representação do Eu na vida cotidiana*
  Erving Goffman
- *Sociologia da comunicação*
  Gabriel Cohn
- *A pesquisa sociológica*
  Serge Paugam (coord.)
- *Sentido da dialética – Marx: lógica e política - Tomo I*
  Ruy Fausto
- *A emergência da teoria sociológica*
  Jonathan H. Turner, Leonard Beeghley e Charles H. Powers
- *Análise de classe – Abordagens*
  Erik Olin Wright
- *Símbolos, selves e realidade social*
  Kent L. Sandstrom, Daniel D. Martin e Gary Alan Fine
- *Sistemas sociais*
  Niklas Luhmann
- *O caos totalmente normal do amor*
  Ulrich Beck e Elisabeth Beck-Gernsheim
- *Lógicas da história*
  William H. Sewell Jr.
- *Manual de pesquisa qualitativa*
  Mario Cardano
- *Teoria social – Vinte lições introdutórias*
  Hans Joas e Wolfang Knöbl
- *A teoria das seleções cultural e social*
  W.G. Runciman
- *Problemas centrais em teoria social*
  Anthony Giddens
- *A construção significativa do mundo social*
  Alfred Schütz
- *Questões de sociologia*
  Pierre Bourdieu
- *As regras do método sociológico*
  Émile Durkheim
- *Ética econômica das religiões mundiais – Vol. I*
  Max Weber
- *Ética econômica das religiões mundiais – Vol. III*
  Max Weber
- *Teoria dos sistemas na prática – Vol. I - Estrutura social e semântica*
  Niklas Luhmann
- *Teoria dos sistemas na prática – Vol. II - Diferenciação funcional e Modernidade*
  Niklas Luhmann
- *Teoria dos sistemas na prática – Vol. III - História, semântica e sociedade*
  Niklas Luhmann